하버드
6가지 성공습관

출판은 사람과 나무 사이에서 이루어지는 가치 있는 일입니다.
도서출판 사람과나무사이는 의미 있고 울림 있는 책으로 독자의 삶을
좀 더 풍요롭게 만들기 위해 최선을 다하겠습니다.

하버드대 졸업 후,
22명의 세계 최고 구루에게 성공비법을 배우다!

하버드
6가지 성공습관

감정 · 생각 · 관계 · 건강 · 사업 · 부

황정위 지음 · 강초아 옮김

사람과
나무사이

우리는 격변하는 디지털 시대를 살아가고 있다. 『하버드 6가지 성공습관』은 이 어렵고 막중한 도전에 필요한 둘도 없는 책이다. 무엇을 학습해야 하는가? 어떻게 학습해야 하는가? 학습한 것을 어떻게 실생활에 응용할 것인가? 황정위는 자신의 경험과 학습을 바탕으로 '평생공부습관'에 관해 전혀 새로운 시각을 제시한다.

— 판덩樊登, 판덩독서회 창립인

자유란 무엇인가? 많은 사람이 재정적 자유에 관심을 보이지만 사실 몸, 건강, 정신의 자유가 최고 경지다. 황정위는 자유와 관련해 자신이 새로 깨달은 사실을 우리에게 전해준다. "얻는 게 있으면 잃는 것도 있다"는 말이 있지만 정작 인생에서는 잃고 나서야 얻는 경우가 많다. 어쩌면 많이 내려놓을수록 많이 얻는다고 해야 할지도 모른다.

— 웨이저衛哲, 자위嘉禦펀드 창립자 겸 이사장, 전 알리바바 CEO

평생공부습관을 들이면 내·외부의 끊임없는 상호지원으로 잠재력을 발휘할 수 있다. 또한 자신이 평생 필요로 하는 지식, 가치, 기능, 이해를 얻고 어떠한 임무·상황·환경에서도 자신만만하고 창의적이며 즐겁게 그 능력을 모두 펼칠 수 있다. 황정위는 이 책에서 자신의 경험을 토대로 평생학습의 여러 측면을 상세히 다루며 조언을 아끼지 않는다.

— 우웨이산吳為山, 13대 중국 정협상임위원, 중국미술관 관장, 중국미술가협회 부주석

평생학습은 새 시대 발전의 필연적 수요이자 새 시대가 제기하는 중대한 명제다. 모든 사람은 자신의 자원, 잠재력, 가치를 끊임없이 계발해야 한다. 나이를 먹는다고 저절로 지혜로워지는 것은 아니다.

— 선젠궈沈建國, 11대 중국 정협위원, 10대 중국 공상련 부주석, 중국 하일대교육기금회 부이사장

사람들은 흔히 부富와 귀貴를 결합해 '부귀'라 하는데, 부는 물질적 풍요를 가리키고 귀는 물질을 초월한 소양, 태도, 정신의 풍부함을 가리킨다. 재산이 많든 적든 누구나 뛰어난 능력과 훌륭한 인품을 추구할 수 있다. 『하버드 6가지 성공습관』은 탁월한 사유와 품위를 갖추는 6가지 방법을 알려준다.

— 루퍼트 후지워프Rupert Hoogewerf, 후룬리포트 창립자

행복과 역량과 건강은 마치 중국의 쿵푸와 같은 '인생 훈련'이다. 당신은 반드시 영혼이 자유롭게 숨 쉬도록 해야 하고, 더 행복해져야 하며, 강대하고 건강해야 한다. 나는 모든 어머니들이 자신의 아이가 이런 사람이 되기를 바란다고 믿는다. 이 책은 이 모든 것을 이룰 수 있음을 가르쳐준다.

— 빔 호프Wim Hof, 세계 최고의 아이스맨, '추위 견디기' 세계 기네스 기록 보유자

인류의 비언어적 소통 능력은 타고난 것이다. 그러나 디지털화의 발전이 빨라지면서, 인류의 이러한 장점은 점점 더 우리 곁에서 멀어지고 있다. 인맥 관리, 직장 생활, 리더십 배양, 위험에의 대응 등 여러 방면에서 비언어적 소통을 파악하는 것은 필수적이고 중요하다. 독자는 이 책을 통해 중요한 실마리를 발견하게 될 것이다.

— 조 내버로Joe Navarro, 『FBI 행동의 심리학』 저자, 전 FBI 대테러정보팀 소속 정보 판독가

어느 날 찾아온 '인생의 브레이크'가
새로운 방향을 제시하다

몇 년이 흘렀지만 나는 아직도 그날 저녁을 똑똑히 기억한다. 나와 함께 창업한 친구 셋이 진지한 표정으로 내게 말했다.

"황정위, 우리 세 사람이 신중히 논의한 끝에 더는 자네와 같이 일하지 않기로 했네."

그날은 2013년 12월 23일로 회사 근처의 카페에 모인 그들은 내가 막 자리에 앉자마자 그렇게 통보했다. 솔직히 처음에는 경악스러웠다. 셋 다 형제처럼 믿었던 가까운 친구로 돈 때문에 곤란한 일을 겪고 있다는 연락이 오면 내가 선뜻 돈을 내줄 정도였다.

'경악'의 순간이 지나자 창업 이후 3년의 성장 시간이 주마등처럼 스쳐 지나갔다. 한편 마음 한구석에는 무거운 짐을 벗어버린 듯 홀가분한 느낌도 있었다.

2010년 백악관 펠로 근무를 마친 뒤 나는 중국에서 국제금융과 관련해 기술 서비스를 제공하는 회사 BCC를 창업했다. 처음부터 실리콘 밸리의 엔젤투자자 마이크 메이플스Mike Maples가 투자를 했고 이어 2년도 지나지 않아 중국 벤처캐피털 베이지광 창업투자사도 1,800만 달러의 시리즈 B(스타트업 기업이 시장점유율을 높이기 위한 용도로 자금을 투자받는 단계) 투자를 했다. 기업가치가 1억 달러 정도로 스타트업 기업치고는 성적이 꽤 훌륭한 편이었다.

나는 창업자이자 이사장으로서 회사를 다국적 금융 데이터 기업으로 키우겠다는 목표를 세웠다. 무엇보다 나는 미국, 인도, 칠레 등지에서 현지기업 인수 프로젝트를 주도했고 그 과정에서 연락과 결정을 도맡았다. 회사가 빠르게 성장하는 동안 한순간도 제대로 쉬지 못했다. 매일 회의와 접대가 늦게까지 이어졌고 또 아침에는 해외 거래처 메일을 확인하느라 일찍 일어나야 했기 때문이다.

회사는 한동안 고속 성장하다 점차 발전 속도가 느려졌다. 성장률은 여전히 50퍼센트가 넘었으나 자산규모와 영업이익이 매년 2배씩 성장하던 때에 미치지 못했고 그것이 나를 초조하게 만들었다. 여기에다 회사를 최대한 빨리 키우겠다는 내 욕심이 불규칙한 식생활, 수면 부족, 조급함, 대인관계 소홀 등의 문제를 만들어내면서 내 인생을 좀먹었지만 나는 계속 일에만 매달렸다.

물론 틈틈이 이런 생각을 하기도 했다.

'1년간 일을 내려놓고 쉴 수 있다면 그 1년을 어떻게 보낼까?'

나는 팽팽하던 신경이 느슨해진 그 순간에 1년을 '인생의 MBA 과정'이라 여기고 어떤 수업을 들을지 생각해보았다. 사업 외에 나는 무엇을 할 수 있을까? 내 인생 목표는 무엇인가? 내 인생의 진정한 의미는 무엇인가? 또한 성공은 반드시 흔적을 남긴다고 생각해 여러 성공사례를 찾아보고 내가 던져야 할 질문을 몇 가지로 압축했다.

- 성공하는 사람의 공통점은 무엇인가?
- 성공하는 사람처럼 계속 발전하고 내 한계를 극복할 방법은 무엇인가?
- 모든 방면에서 발전할 수 있는가, 아니면 어떤 방면은 부득이 포기해야 하는가?

나는 좋은 아이디어가 떠오를 때마다 계발하고 싶은 능력, 배우고 싶은 분야를 메모한 뒤 그 분야에서 세계 최고임을 인정받는 사람을 조사했다. 어느덧 그것은 하나의 계획표로 발전했고 1년여 동안 수정과 보강을 거쳐 나만의 학습 계획표로 거듭났다. 각 항목을 전부 실행하면 인생에 일대 전환점이 찾아올 듯했으나 아직은 회사를 키울 때라고 여겨 일에 매진했다.

친구들에게 더는 같이 일할 수 없다는 얘기를 들은 후 말로 다 표현할 수 없는 온갖 감정이 나를 휘감았다. 쓴웃음이 지어진 동시에 울고 싶기도 했다.
열 살에 부모님을 따라 미국으로 이민 간 나는 스탠퍼드대학교를 졸업한 뒤 인텔에서 7년간 근무했다. 그사이 하버드대학교 경영대학원에서 MBA 과정을 이수했고 2010년 백악관 펠로로 뽑혔다. 펠로 근무를 마치고 창업해서 친구들에게 동업관계를 끝내자는 말을 들은 그때 나는 고작 서른여섯 살이었다.

커다란 좌절감에 휩싸여 집으로 돌아온 나는 밤새 뒤척이다가 어느 순간 갑자기 깨달았다. 이 일은 하늘이 내게 준 기회이자 인생을 바꿔놓을 중요한 전환점이다! 내게는 오랫동안 품어온 꿈이 있었고 그것을 어떻게 이룰지 계획까지 세워둔 상태였다. 이제 그 꿈에 도전하는 것이 어떨까? 나는 인생을 바꿔줄 성장의 길을 꿋꿋이 걸어보기로 했다.

미국의 유명한 비교신화학자 조지프 캠벨은 몇십 년간 여러 나라의 신화와 문화를 연구해 독특한 신화학 체계를 세웠다. 그는 세계의 수많은 신화에서 영웅의 모험담을 수집해 공통점을 찾아냈는데 이를 '영웅의 여정'이라 부른다. 영웅의 여정은 네 단계로 나뉜다.

> 1단계, 문제가 발생한다. 예를 들어 악룡이 영웅이 사는 나라를 공격한다.
> 2단계, 악룡을 찾으러 간다. 영웅이 홀로 미지의 세계에 발을 들인다.
> 3단계, 각종 시험을 거치지만 영웅은 결국 악룡을 퇴치한다.
> 4단계, 영웅이 무사히 귀환해 자신의 여정을 사람들에게 들려준다.

문명의 발달과 상관없이 어느 곳에서든 신화는 대개 이런 형식을 갖추고 있다. 왜 그럴까? 사실 이 네 단계는 내면이 성장하는 과정이다. 우리는 모두 현실 속에서 이 같은 영웅의 여정을 경험한다. 즉 우리는 현실에서 문제와 맞닥뜨렸을 때 그 원인을 찾아 문제를 해결한다. 물론 그 과정은 녹록하지 않지만 결국 문제를 해결하고 그 경험을 다른 사람들과 함께 나눈다.

　인생은 작은 문제해결 과정의 집합체다. 혹은 수많은 문제해결 과정이 계속 순환하는 사이클이다. 한 문제를 해결했다고 더는 문제가 발생하지 않는 것은 아니다. 삶에서 문제는 끊임없이 이어진다.

　현대인은 대체로 불안과 고민 속에서 살아간다. 좋은 직장과 승진을 바라면서 안달복달하고 연애나 가정 문제로 고민하며 사업 문제로 갈등한다. 그 밖에 자녀 양육, 부모 봉양, 건강, 안전 등 우리를 둘러싼 문제는 산더미처럼 많다.

　그 모든 문제를 신화 속 영웅이 해결하려 도전하고 또 결국 해결해내는 '악룡'으로 여기면 어떨까? 인생을 계속 이어지는 영웅의 여정으로 바라보면 우리의 삶은 완전히 다른 모습으로 바뀔 것이다.

　이 책은 내가 지난 5년간 전 세계를 누비며 세계 정상급 강사와 멘토에게 배운 것을 담고 있다. 나는 부단한 학습과 응용 속에서 인생이 진보하고 완벽해진다고 믿는다. 독자 여러분이 내 경험과 함께하며 영웅의 여정을 좀 더 순조롭게 걸어가길 바란다.

차례

1장

감정 트리거를 통제하지 않으면 감정에 조종당한다

감정문제를 해결하고 싶다면 미세표정을 이해하라

감정에 맞서거나 통제하려 하지 말고 감정과 친구가 돼라

인간을 가장 밀도 있게 이해하는 법, FBI 몸짓언어 해독법

감정의 깊은 곳으로 들어가기

몸을 잘 움직이면 감정도 좋아진다

3장

당신의 삶에 가장 크게 영향을 미치고 관계를 정의하는 이가 누구인지 간파하라

4장

건강을 잘 관리해야 인생에서 오래도록 승리한다

잘 먹고 잘 사는 간단하지만 확실한 방법

운동은 건강이라는 자동차의 '엔진'이다

수면의 질을 높이는 것이 인생의 질을 높이는 지름길이다

인간의 잠재력의 한계는 어디까지일까?

5장

변화하는 미래에 어떻게 사업을 장악할 것인가?

6장

부를 쌓는 일보다
부를 일구는 생각이 더 중요하다

재테크, 중요한 것은 부에 관한 가치관이다

창업투자 세계의 잠재력은 무한하다

가치 있는 투자가 가치 있는 인생을 만든다

인간의 잠재력의 한계는 어디까지일까?

1장

감정 트리거를 통제하지 않으면
감정에 조종당한다

미국에서 중산층 이상 사람들의 절대다수는 매달 고정적으로 심리상담사에게 비용을 지출한다. 그들은 정해진 시간에 심리상담사를 찾아가 근심과 불안을 토로한다. 지금은 심리 문제가 빚어낸 약물 남용이 미국 사회의 재난으로 여겨질 정도다.

스탠퍼드대학교 웰니스센터Wellness center의 프레드 러스킨Fred Luskin 교수는 이렇게 말한 적이 있다.

"현대는 인류 역사상 생활환경이 가장 좋은 시대다. 전쟁, 자연재해, 질병 등에 따른 사망자 수가 유사 이래 가장 적은 시대이기도 하다. 또 과학기술 발달로 생활이 극히 편리하고 편안해졌다. 이 안락한 생활은 역사상 그 어느 시대와도 비교할 수 없다."

생활조건이 이처럼 좋아졌는데 왜 많은 사람이 매달 심리상담사를 찾아갈까? 왜 그들은 행복하지 않을까? 우리가 추구하는 것은 대체 무엇일까? 우리의 인생 목표는 무엇일까? 행복의 근원은 만족감, 즐거움, 성취감이다. 사람들은 대부분 행복이란 가능한 한 오래 긍정적인 감정을 느끼는 것이라고 말한다.

현대사회가 물질적으로 예전 시대보다 더 발달한 것은 맞지만 만족감, 긍정적인 감정은 전 시대나 전전 시대 사람들이 훨씬 더 강했다. 우리는 더 많은 선택지와 가능성, 자유를 가졌으나 정서적으로는 좋아지지 않았다.

많은 경우 인간은 자기감정을 통제하지 못한다. 가령 우리가 화를 참지 못하거나 자신도 모르게 불안감에 빠질 때, 그 상태는 짧게 지나가기도 하고 꽤 길게 이어지기도 한다. 우리가 그 감정적 상황을 인지하고 통제하더라도 어느 정도 시간이 지나면 또 다른 일 때문에 통제 불능의 감정 소용돌이에 빠져든다. 이런 흐름이 계속 이어지면 과연 긍정적 감정을 느낄 수 있을까? 만약 우리가 감정을 통제할 수 없다면 인생의 의의는 어디에 있을까?

처음 창업했을 때 나는 주말마다 기분이 좋지 않았다. 내가 일에 너무 몰두한 나머지 주말에 쉬는 걸 싫어해서가 아니라 주말에 벌어지는 일이 내 기분을 망쳐놓았기 때문이다. 중국식 사직에는 2가지 특징이 있다. 그것은 갑작스럽다는 것과 늘 주말에 한다는 것이다. 나는 직원이 사직하는 일을 한두 번 겪은 게 아니었다. 사전에 아무런 예고도 없이 회사 고위임원이 주말에 연락해 회사를 그만두겠다고 하면 갑자기 벼락이라도 맞은 기분에 휩싸인다. 나는 여기에 도무지 적응할 수가 없었다. 미국에서는 직접 얼굴을 마주하고 자기 의사를 전달하지만 중국에서는 체면 때문에 최대한 대면하지 않고 일을 처리하려 한다.

특히 회사 동료가 주말에 전화를 걸어오면 갑자기 공포심이 느껴지면서 온갖 생각이 든다.

'좋은 일로 전화하지는 않았을 거야. 좋은 일이면 왜 주말에 전화를 하겠어? 회사를 그만둔다고 하면 어떡하지? 내 업무와 회사의 계획에 모두 차질이 생길 텐데.'

그런 일을 여러 번 겪으면서 나는 주말에 걸려오는 모든 전화를 싫어하게 되었다. 주말만 되면 나는 긴장했고 편안한 마음으로 느긋하게 보내야 할 시간을 걱정과 불안에 휩싸여 지냈다. 당시에는 그 원인을 잘 몰랐지만 시간이 흐르면서 내 정서가 나빠진다는 것은 확실히 느꼈다.

우리가 정서를 표출하는 방식은 대개 표정과 몸짓언어다. 그래서 나는 표정과 몸짓언어가 어디에서 오는지, 그것이 어떻게 내 정서를 드러내는지 이해하고 싶어졌다. 이어 왜 정서를 관리해야 하는지, 감성지수EQ란 무엇인지, 정서 뒤에 숨은 과학적 원인이 무엇인지 궁금해졌다. 하지만 정서를 깊이 공부한 뒤 나는 이런 문제가 사실 빙산의 일각에 불과하다는 것을 깨달았다.

감정문제를 해결하고 싶다면
미세표정을 이해하라

미세표정 연구의 최고 권위자
폴 에크먼에게 미세표정 판독법을 배우다

'인생의 브레이크' 이후 나는 본래 계획대로 쉼 없이 다방면의 지식을 습득했다. 그때 참가한 워크숍 중 하나가 폴 에크먼Paul Ekman의 미세표정 강의다. 이것을 선택한 이유는 내 내면 정서가 너무 쉽게 표정으로 드러난다고 여겼기 때문이다. 결국 내 정서를 관리하려면 표정을 이해하는 일에서 출발해야 했다.

폴 에크먼은 유명한 심리학자로 미세표정 연구의 선구자이자 정서 연구 분야의 권위자다. 《타임》지가 선정한 '20세기 가장 영향력이 큰 100인'에 들기도 한 그는 베스트셀러 『텔링 라이즈』, 『얼굴의 심리학: 우리는 어떻게 감정을 드러내는가?』로 많은 독자가 미세표정을 과학적으로 탐구하는 데 도움을 주었다. 폴 에크먼을 모델로 만든 미국 드라마 〈라이 투 미Lie to Me〉는 2009~2011년 세 시즌을 이어가며 큰 인기를 끌었다.

이 드라마에서 주인공 라이트먼 박사는 인류행동학자로 인간의 표정과 몸짓을 관찰해 그가 거짓말을 하는지 아닌지 판단한다. 말하자면 인간 거짓말탐지기다. 이 드라마의 기술고문이 바로 폴 에크먼이었다. 극중 사건도 그의 경험을 바탕으로 만들었거나 그의 확인을 받고 방영했다.

폴 에크먼은 샌프란시스코에 폴 에크먼 그룹Paul Ekman Group, PEG 을 세웠는데 이 회사의 공식 웹사이트에서 미세표정 워크숍을 소개하고 있다. 이 웹사이트의 시스템으로 모의훈련 과정을 경험할 수도 있지만 좀 더 체계적으로 배우려면 인터넷 워크숍에서 기본 이론과 모의훈련을 수료해야 한다. 그런 다음 시험을 거쳐 폴 에크먼 그룹의 오프라인 워크숍에 등록할 수 있다.

나는 처음 한 달 동안 매일 2시간씩 온라인으로 공부하고 모의훈련을 받았다. 과거에는 여러 전문가가 인간의 표정은 어느 정도 문화적 차이를 보인다고 주장했다. 서로 다른 문화의 영향을 받으면 동일한 정서에 표정이 다르게 나타난다는 얘기다. 이를테면 즐거울 때 서양인은 비교적 크게 웃지만 동양인은 상대적으로 수줍어하거나 심지어 웃지 않는다고 여겼다.

여기에 이의를 제기한 폴 에크먼은 몇 차례나 파푸아뉴기니를 방문해 세상과 동떨어져 살아가는 원주민의 정서적 표정을 연구했다. 그가 내린 최종 결론은 어느 국가와 문화권에 속하더라도 기본적인 5가지 정서를 표현하는 인류의 표정은 똑같다는 것이었다.

- 즐거울 때, 눈 주변에 웃음 주름이 생긴다.
- 슬플 때, 눈 끝이 처지고 입술 끝이 약간 위로 올라간다.
- 화가 날 때, 입은 대부분 힘주어 꽉 다물고 눈은 크게 뜬다.
- 놀라거나 두려울 때(이 두 표정은 매우 유사함), 눈을 둥그렇게 뜨고 입을 약간 벌린다.
- 혐오하거나 경멸할 때(이 두 표정도 매우 유사함), 콧잔등을 찌푸리고 입술 끝이 위로 올라간다.

그 밖에도 폴 에크먼은 중요한 발견을 했다. 많은 사람이 성장 과정에서 자기감정을 숨기거나 통제하라고 교육받는다. 예를 들면 웃을 때 이를 보이지 말라는 훈계가 있다. 이런 정서 통제를 장기간 학습할 경우 사람은 자신이 원래 자연스럽게 드러내야 할 표정을 회피하려 한다. 폴 에크먼은 원래의 표정은 숨길 수 없으며 다만 인류는 아주 빠른 속도로 표정을 바꾼다고 했다. 이 표정 변화는 빠른 경우 0.1초 만에 일어난다. 이처럼 0.1초 만에 사라지는 원래의 표정을 미세표정이라고 부른다.

이 이론을 토대로 폴 에크먼은 표정 코드 시스템을 개발했다. 얼굴 근육 운동을 여러 가지 표정에 대응해 데이터로 입력한 뒤 여러 분야 연구에 권위 있는 자료로 제공한 것이다.

폴 에크먼 그룹의 웹사이트에서 제공하는 모의훈련 시스템도 이것을 기초로 만들었다. 모의훈련 시스템의 구동 방식은 아주 재미있다. 우선 한정된 시간 내에 여러 가지 표정을 지은 사람의 얼굴이 화면에 빠른 속도로 지나간다. 그때 그 사람의 진짜 감정이 어떤지 판단해야 한다. 처음에 나는 표정을 제대로 보지도 못했다. 내 반응 속도가 사진이 나타났다 사라지는 속도를 따라잡지 못했기 때문이다.

실제 생활에서 인간의 미세표정은 몹시 빠르게 변화한다. 많은 경우 인간은 다른 표정으로 진짜 감정을 덮어서 숨긴다. 가령 어떤 사람은 속으로는 나를 싫어하면서도 겉으로는 웃으면서 대화한다. 특히 사회생활을 할 때 이런 경험을 해본 사람이 많을 것이다.

나는 미세표정을 변별하는 법을 배우는 데 한참이나 걸렸다. 만약 당신이 미세표정을 잘못 잡아내면 시스템에서 왜 잘못된 것인지 설명해준다. 동시에 표정이 나타났다 사라지는 속도가 조금 느려진다. 그러면 표정을 확실히 살펴볼 수 있다. 이 모의훈련 시스템은 인간의 풍부하고 다양한 표정을 한데 모아놓은 것으로 미세표정을 보는 연습을 강도 높게 할 수 있다.

더 중요한 것은 그 온라인 과정이 내게 지식의 기초를 다져주고 과학적 관점에서 어떻게 감정과 표정을 공부해야 하는지 알려주었다는 점이다. 언뜻 주관적으로 보이는 일을 객관적으로 분석하는 방법을 알려준 것이다.

인류가 아무리 후천적으로 연습해도 원래의 표정(미세표정)을 완전히 통제하지 못하는 이유

인류의 풍부하고 다양한 표정은 어떻게 만들어지는 것

일까? 이 문제는 생물학적 기초에서 생각해야 한다. 동물의 진화사를 볼 때 인류의 대뇌는 파충류 뇌reptilian brain와 신피질 뇌neocortex(호모사피엔스의 뇌) 사이다. 이 두 종류의 뇌는 움직이는 방식이 서로 독립적이다. 즉, 신경섬유로 서로 연결되어 영향을 미치는 한편 각각 서로 다른 인체 반응에 대응한다.

파충류 뇌는 호흡, 심장박동, 신진대사 등 인류의 기본 생존 기능을 담당한다. 이것은 가장 기본적인 신체 활동이자 살아 있는 생명에게 무조건 나타나는 반응과 행동이다. 이러한 파충류 뇌는 중요한 부위인 편도체를 통해 신경계와 직접 연결되어 정서를 통제한다. 이는 우리가 빠르게 판단하고 반응하게 하는 뇌로 생각하지 않고 자신도 모르게 튀어나오는 반응을 여기서 통제한다.

반면 신피질은 대뇌 진화의 가장 고등 단계로 논리적 사고와 인지 기능을 통제한다. 쉽게 말해 언어, 예술, 학습, 기억, 창의력 등이 신피질의 역할이다. 이 진화 과정은 인류에게 매우 중요하다. 인류는 새처럼 날 수 없고 표범처럼 강하고 빠르게 달리지도 못한다. 그런데 인류는 어떻게 먹이사슬의 정점에 위치하게 되었을까? 그것은 우리가 도구를 만들어 쓰고 언어를 이용해 협업했기 때문이다. 이것을 가능하게 하는 것이 바로 신피질이다.

예전에는 많은 학자가 인류의 대뇌 중 신피질을 가장 고등 구조로 여겼고 신피질이 파충류 뇌를 지배한다고 생각했다. 그러다가 폴 맥린Paul MacLean이 이 학설을 수정했다. 파충류 뇌가 신피질이 담당하는 고급 인지 기능을 간섭하거나 심지어 저지하는 경우가 많다는 것을 알아냈기 때문이다. 더구나 신피질에는 반응 속도가 느리고 에너지 소모량이 크다는 약점이 있었다.

알다시피 생각할 필요 없이 즉각 하는 행동에 비해 '사고'는 더 많은 시간을 필요로 하는데, 우리 삶에는 생각할 시간을 주지 않는 급박한 상황이 많다. 예를 들어 아프리카 초원에서 사자가 내게로 달려오고 있다고 해보자. 이때 계속 생각만 하면서 서 있으면 사자에게 잡아먹히고 말 것이다. 바로 그 순간 신피질이 생각하기에 앞서 편도체가 파충류 뇌 반응을 곧바로 신경계에 전달해 몸이 적절한 행동을 취하도록 명령한다.

대뇌피질 구동에도 많은 에너지가 쓰인다. 이에 따라 인류는 지구에서 가장 고등 단계에 속하는 대뇌를 소유했지만 에너지를 최대한 절약하며 살아간다. 인류의 대뇌에는 '격발 모델'이 있는데 이는 대뇌의 에너지 절약 모드에 효과적이다. 우리는 과거의 기억과 경험을 바탕으로 일상 행위의 사고와 습관을 결정한다. 이 경우 대뇌를 모두 구동하지 않고, 즉 대뇌를 최대한 적게 사용하면서 지장 없이 일상생활을 할 수 있다.

가령 우리는 식당을 선택할 때 '손님이 많은 집은 맛이 나쁘지 않을 것'이라고 생각한다. 또 고객에게 선물을 보낼 때 '남에게 보여주어도 부끄럽지 않을 만큼 좋은 것'을 골라야 한다고 여긴다. 예전에는 이런 생각에 별다른 관심이 없었으나 폴 에크먼의 이론을 배우면서 이것 역시 대뇌가 에너지 절약 모드로 움직이는 것임을 깨달았다.

그럼 정서 관리 측면에서 인류는 어떻게 에너지 절약 모드를 사용하고 있을까? 대뇌는 대뇌피질로 직접적인 반응을 하지 않고 격발 모델을 사용한다. 이 정서 측면의 격발을 '감정기폭제'라고 부른다. 이것은 한마디로 트리거$_{trigger}$, 즉 총의 방아쇠 역할이다.

예를 들어 뱀에게 물리고 나면 대다수 사람이 뱀 모양의 물건만 봐도 화들짝 놀라고 공포심을 느낀다. 하지만 똑같은 경험을 해도 이처럼 심리적 트라우마를 겪지 않는 사람도 있다. 왜 이런 차이가 생길까? 뱀에 물린 후 뱀과 비슷한 물건만 봐도 두려워지는 트리거를 스스로 대뇌에 설정하면 자동 프로그램처럼 구체적인 행동이 뒤따르기 때문이다. 이 경우 뱀과 닮은 물건이 보이면 대뇌는 대뇌피질이 아니라 편도체를 통해 명령을 내린다. 그 명령이 신경계에 전달되면 아주 빠른 속도로 정서 반응이 나타난다. 반면 자신에게 트리거를 설정하지 않은 사람은 뱀을 닮은 물건을 보아도 놀라는 반응과 정서가 나타나지 않는다.

트리거를 입력한 다음에는 대뇌에서 반응을 나타내는 속도가 본능적일 정도로 빠르다. 인류가 후천적으로 아무리 연습해도 원래의 표정(미세표정)을 완전히 통제하지 못하는 진정한 원인이 여기에 있다. 우리가 아무리 빨리 감정을 감추고 표정을 바꿔도 미세표정은 여전히 남아 있다. 다만 얼굴에 머무는 시간이 상대적으로 짧아질 뿐이다. 이는 인간 대뇌의 독특한 구조와 구동 기제에 따라 결정된 일이다.

이 오묘한 내용을 이해한 뒤 나는 인간이 미세표정을 완전히 없애려면 먼저 그 뒤에 숨은 정서를 이해해야 한다고 생각했다. 그런 다음 트리거를 바꿔야 한다. 트리거를 바꾸면 정서가 바뀌고, 미세표정 역시 자연스럽게 달라질 것이기 때문이다.

감정 방아쇠 '트리거'를 통제하면
심리 문제를 해결할 수 있다

온라인 워크숍과 모의훈련을 마친 다음 나는 샌프란시스코의 폴 에크먼 그룹에 가서 사흘간 심화 워크숍을 들었다.

첫날 나는 미세표정 워크숍을 들으러 오는 사람들이 크게 두 부류로 나뉜다는 것을 알아냈다. 한쪽은 상품판매 관련 종사자고 다른 쪽은 법률 관련 종사자였다. 그도 그럴 것이 상품판매자는 수많은 잠재고객 중 구매의사가 있는 목표고객을 제대로 골라야 한다. 법률 관련 종사자는 다양한 사람들과 만나 대화하며 그들의 말이 진실인지 분별해야 한다. 그들이 타인의 미세표정을 읽을 수 있으면 당연히 업무에 큰 도움을 받을 것이다.

쉬는 시간에 나는 내 앞줄에 앉은 변호사에게 왜 미세표정을 배우느냐고 물어보았다. 그는 의뢰인이 감정적으로 일을 처리하는 경우가 많은데 왜 그런 현상이 벌어지는지 이해하고 싶어 했다. 의뢰인들이 감정에 휩싸여 엄청난 시간과 돈을 들여 아무런 이득도 없는 소송을 한다는 것이었다. 그래서 도대체 감정이 어떻게 만들어지는지 이해하고 그 지식으로 의뢰인이 좀 더 이성적으로 일을 처리하도록 돕고 싶다고 했다.

사건 당사자들이 소송에 나서는 이유는 대개 억울하고 분해서 그대로 참고 넘길 수 없기 때문이다. 실제로는 소송할 필요도 없는 사안이지만 분을 풀기 위해 혹은 한순간의 오기로 고소하는 경우도 많다. 그 변호사도 그러한 사실을 인식했을 테고 소송할 필요가 없는데 사건 당사자들이 고집을 피워 소송을 벌이는 때가 많았을 것이다.

한마디로 이것은 감정 문제지만 당사자들은 그것을 직접 드러내지 않는다. 그래서 미세표정을 읽고 그들이 보여주는 모습 뒤에 숨은 진짜 감정을 알아내는 것이 중요하다. 그들의 트리거를 찾을 경우 문제를 처음부터 다르게 해결할 수 있다.

온라인 워크숍이 기초이론을 전수해 과학적 관점으로 감정이 만들어지는 맥락을 분명히 보여주었다면 심화 워크숍은 수강생 각자의 내면으로 깊이 파고들었다. 그 과정에서 나는 많은 시간을 들여 내 표정을 관찰했다. 이는 자기 자신을 체계적으로 이해하기 위해서다. 우리는 대부분 다른 사람의 표정을 보는 데는 익숙하지만 자신의 표정은 잘 모르는 경우가 많다. 나는 모의훈련 시스템에서 다른 사람의 표정을 강도 높게 관찰하고 판단하는 경험을 한 다음 내 표정을 관찰했다.

그때 관찰하는 순간의 감정과 심리 상태가 결합하면 내 미세표정이 세세하게 잘 보인다는 것을 깨달았다. 그건 아주 기묘한 경험이었는데 실제로 심리 상태는 정서에 커다란 영향을 미친다. 나는 여전히 본래의 나 자신이었지만 왠지 내가 알던 내가 아닌 것 같았다. 새로운 시각으로 나 자신을 탐구하자 더욱더 진실한 나 자신을 이해할 수 있었다.

둘째 날에는 폴 에크먼의 딸 이브 에크먼이 '어떻게 좋은 심리 상태를 만들 것인가'를 주제로 강의를 했다.

표정은 감정을 드러내는 가장 직접적인 방식이다. 만약 감정이

트리거로 일어난다면 그 트리거의 근원은 무엇일까? 트리거는 그 사람의 심리 상태와 관련이 있다. 진정 심리 상태가 좋다면 부정적인 미세표정은 나타나지 않는다.

이브 에크먼은 이 주제를 놓고 많은 시간을 들여 우리와 토론했다. 사실상 우리가 심리 상태를 조절하는 것이 관건이라면 트리거를 바꿀 방법을 찾아야 한다. 어떻게 그걸 바꿀 수 있을까? 이브 에크먼은 폴 에크먼이 불교도의 심리 상태가 아주 평온하다는 것을 발견한 뒤 불교의 좌선, 명상 등을 과학적으로 연구하는 데 푹 빠져 있다고 했다. 폴 에크먼이 고령의 나이에도 여전히 열정적으로 오래된 지혜를 학습한다는 얘기였다. 내 평생학습 목록에 명상과 평온한 심리 상태를 위한 공부가 들어 있었기에 개인적으로 나는 그 기회가 행운이라는 생각을 했다.

일련의 미세표정 수업으로 나는 많은 것을 배웠다. 내가 전에 몰랐던 문을 하나 열어젖힌 것 같았다. 물론 이런 기술을 진정 내 것으로 만들려면 오랫동안 꾸준히 훈련을 해야 한다. 일반적으로 숙련 수준에 이르려면 족히 100시간은 훈련해야 할 것이다. 다행히 우리에게는 생활 속에서 미세표정을 읽는 연습을 할 기회가 자주 있다. 나는 집에서 TV를 볼 때 무음모드로 해놓고 드라마 속 인물의 표정만 보고 내용을 추측하는 연습을 한다.

개중에는 희로애락을 겉으로 잘 드러내지 않는 사람도 있지만 미세표정은 속일 수 없다. 입술 끝을 삐죽이거나 눈썹이 올라가는 등 얼굴 근육의 작은 움직임만으로도 내면의 정서가 외부로 드러난다.

사실 이 기술은 많은 사람에게 특별히 어려운 것도 아니다. 많은 사람이 사회생활을 하면서 자신도 모르게 다른 사람의 표정을 살피는 기술을 익힌다. 전문적으로 배운 것은 아니지만 상대방이 화가 났는지, 기분이 좋은지 등을 판단하는 것은 가능하다. 다시 말해 우리는 매일 인식하지 못한 채 미세표정 읽기 연습과 실전을 쉼 없이 치르고 있다. 우리의 대뇌에는 자신만의 미세표정 데이터베이스가 있다.

미세표정 워크숍은 체계적인 학습으로 감정과 미세표정을 과학적으로 해석하는 것을 비롯해 과학적인 방식으로 엄밀하게 관찰하고 그 기술을 이용하는 방법을 알려주었다.

다른 한편으로 그것은 나 자신의 미세표정 데이터베이스를 완벽하게 다듬고 수정하는 데도 도움을 주었다. 예를 들어 예전에는 사람들이 타인을 업신여길 때 입술 끝이 위로 올라가는 것에 주의를 기울이지 못했다. 그러나 워크숍 이후 관찰해보니 그 표정이 명확히 보였다.

나는 이러한 기술을 이용해 상대방이 화가 났는지, 즐거워하는지 판단할 수 있다. 비록 정서 뒤에 숨은 원인까지는 이해하지 못해도 미세표정은 어느 정도 상황을 파악하는 데 도움을 준다. 이 정보만으로도 상대방의 진짜 감정과 겉으로 표현한 감정 사이의 차이를 느끼고 그 차이를 만드는 진정한 원인도 알아낼 수 있다.

인간은 자신이 만든 트리거 공식에서 벗어나기 힘들다. 내가 주말에 전화벨이 울리면 나쁜 소식을 연상한 것도 트리거 프로그램을 대뇌에 입력한 후 그것이 내 마음에 일종의 '심리 문제'로 자리

잡은 탓이다. 퇴근 후나 휴일에 혹은 한밤중에 전화벨이 울리면 우리는 '무슨 일이 생겼나?', '뭔가 좋지 않은 일이 있나?' 하는 생각을 한다.

심리 문제를 해결하려면 이 공식을 고쳐야 한다. 나는 나중에 이 심리 공식을 이렇게 수정했다.

'이미 벌어진 일은 받아들이는 수밖에 없다. 이것은 회사 창업 과정에서 피할 수 없는 일이다. 회사가 발전하려면 계속 새로운 인재를 받아들여야 한다. 이것을 새로운 성장 기회로 삼자.'

심리 공식을 새롭게 정의하자 과거의 트리거가 점차 사라졌다. 이제는 주말에 사직을 알리는 전화를 받아도 우울해하지 않고 오히려 상대에게 이런 말을 건넨다.

"그렇군요. 내가 도와줄 일은 없습니까?"

사람들은 대부분 자신도 제대로 이해하지 못하는 어떤 두려움을 갖고 있다. 그리고 그것을 자신에게 존재하는 어떤 특별한 점으로 여기면서 스스로 '나는 원래 그랬다'라며 체념한다. 즉, 두려움을 감정상의 문제로 인지하고 해결하려 하지 않는다. 혹은 문제가 존재하는 것은 알면서도 어떻게 바꿔야 할지 몰라 내버려둔다.

미세표정 읽는 법을 배우면 자신과 타인의 표정을 관찰하면서 감정이 표정으로 드러나는 메커니즘을 이해할 수 있다. 또 부정적인 감정 트리거는 새로운 감정 공식을 만들어 수정하고 개선할 수 있다.

감정에 맞서거나 통제하려 하지 말고
감정과 친구가 돼라

감정 심리학의 대가 대니얼 골먼에게
'감정과 좋은 관계를 맺는 법'을 배우다

EQ 개념은 참 흥미롭다. 사람들은 EQ를 인간관계 처리 능력과 동일시해 EQ가 높은 사람은 인간관계를 잘 맺을 것이라고 생각한다. 그러나 EQ는 사교 능력이 아니며 인간관계를 잘 쌓는 것은 EQ의 일부분에 불과하다.

EQ의 진정한 의미는 무엇일까? 1990년대 초 미국 심리학자이 자 예일대학교 총장을 지낸 피터 살로베이Peter Salovey는 그것을 '정서지능'이라고 명명했다(감성지수, 감성지능이라고도 한다). 즉, EQ의 핵심 의미는 정서와 관련이 깊다.

하버드대학교 심리학 박사인 대니얼 골먼Daniel Goleman은 베스 트셀러 『EQ 감성지능Emotional Intelligence』(1995)에서 EQ가 IQ보다 더 중요하다고 주장하며 EQ에 6가지 실질 의미를 부여했다.

첫째, 자신의 정서를 일정 수준 인지할 수 있음을 의미한다. 특히 그 정서가 막 발생했을 때 잘 인지한다. 정서가 막 발생했을 때는 편도체를 통해 직접 신경계에 전달되므로 인위적으로 통제할 수 없다. 그렇다면 정서가 막 생긴 순간 어떻게 하면 자신이 정서 반응을 보인다는 사실을 재빨리 알아차릴 수 있을까? 그것을 알아차려야 정서 반응을 바꿈으로써 빠르게 트리거 상태를 지나 정서 통제 불능 시기를 벗어날 수 있다.

둘째, 자신의 정서를 어떻게 관리하고 조절하는가를 의미한다. 어떤 정서가 폭발하는 시기에 있을 때 그 감정에 얼마나 머물 것인가? 가령 커다란 슬픔에 맞닥뜨린 사람은 보통 몇 시간이나 며칠씩 슬픔에 잠겨 있다. 어떤 사람은 슬픔에서 벗어나지 못하고 우울증을 앓기도 한다. 그러나 극단적인 감정은 가능한 한 짧게 지속하도록 조절해야 한다. 슬픔뿐 아니라 어떤 감정이든 극단적인 상태로 너무 길게 이어지는 것은 좋지 않다. 인간은 대부분의 시간을 슬프지도 않고 기쁘지도 않은 평온한 상태로 보낸다. 이처럼 담담한 감정이 몸에 가장 좋은 상태다.

셋째, 자신이 한 가지 일에 집중하도록 충분한 동력을 제공하는 힘을 의미한다. 동력과 감정은 밀접한 관계가 있다. 인간이 충분히 집중하고 온 정신을 쏟을 때 사실 거기에는 어느 정도 감정이 끼어든다. 굉장히 좋아하는 일이거나 오랫동안 원하던 일일 경우 누구나 마음을 다 쏟아 집중한다. 반면 마음이 움직이지 않는 상황에서 기계적으로 하는 일이면 그 반대로 마음을 쏟지 않는다. 그 일을 좋아하지 않고 재미도 느끼지 못하기 때문이다. 어떤 일에 집중해 잘 해내고 싶으면 그 일을 대할 때 긍정적인 감정을 느껴야 한다.

넷째, 타인의 감정을 관찰하고 식별해내는 능력을 의미한다. 앞의 3가지는 감정과 관련된 의미지만 이것은 미세한 감정신호로 타인의 욕구와 생각을 민감하게 알아차리는 힘을 가리킨다. 이는 타인과 원활하게 소통하고 순조롭게 관계를 맺기 위한 기초 능력이다.

다섯째, 타인의 감정에 협조하고 상대의 감정을 효과적으로 관리하는 능력을 의미한다. 많은 사람이 EQ가 어떻게 타인과 좋은 관계를 맺는지, 어떻게 타인의 감정을 어루만지고 다독이는지를 의미한다고 생각한다. 엄밀히 말해 그 정의도 틀린 것은 아니지만 이것은 EQ의 여러 가지 의미 중 일부에 지나지 않는다. 물론 타인의 감정을 잘 관리한다는 것에는 자기감정 역시 잘 관리한다는 전제가 깔려 있다.

여섯째, 집단과 관계 맺는 것을 처리하는 능력을 의미하는데 이는 가장 중요한 내용이다. 단체와 개인의 차이는 무척 크다. 사회학자들의 연구 결과에 따르면 인간은 집단 속에서 자아를 잃기 쉽다. 말하자면 당신이 어느 집단에 속해 있을 때는 종종 혼자일 때 하지 않을 행동도 한다. 예를 들어 영국의 거친 축구팬을 가리키는 '훌리건'은 축구경기에서 승리한 기쁨이나 패배한 분노 때문에 공공시설을 부수고 폭력을 휘두른다. 그들이 혼자 있을 때도 그렇게 할까? 대부분 그렇게 하지 않을 가능성이 크다.

골먼이 눈앞의 문제와 현재 감정을
말로 표현하라고 제안하는 이유

미세표정 워크숍을 들은 뒤 나는 인간의 뇌가 어떻게 구
성되어 있는지, 인간의 감정이 어떻게 생성되는지 이해하게 되었
다. 또 여러 감정과 표정 간의 관계나 긍정적인 심리 상태가 인간
에게 얼마나 좋은 영향을 미치는지도 깨달았다. 그러나 어떻게 해
야 자기감정을 조절하고 관리해 긍정적인 심리 상태를 지속할 수
있는지는 배우지 못했다. 그것을 주제로 깊이 있게 토론한 적도 없
었다.

더 많은 탐구가 필요하다고 판단한 나는 2014년 9월 대니얼 골
먼의 유명한 EQ 워크숍에 등록했다. 이틀간 진행하는 그 워크숍
은 뉴욕주 라인벡의 오메가 인스티튜트Omega Institute에서 열렸다.
시간에 늦지 않으려고 서둘러 오메가 인스티튜트에 도착했을 때
나는 깜짝 놀랐다. EQ 워크숍에 등록한 수강생이 나를 제외하고
전부 백인이었기 때문이다. 또한 80퍼센트가 중년에서 노년까지
의 기혼 여성이었다.

사실 EQ를 높일 경우 일상생활에서 가장 크게 도움을 받는 쪽
은 남성보다는 여성이다. 여성의 손길 없이 가정이 화목하기는 어
려우며 그만큼 여성은 가정에서 중요한 역할을 맡고 있기 때문이
다. 그러므로 가정에서 결정적인 역할을 맡은 여성이 EQ를 중요
시하는 것은 당연한 일이다. 다들 EQ의 최고 권위자 대니얼 골먼
에게 직접 배울 기회를 얻는 게 쉽지 않음을 알았는지 수강생 중

에는 나처럼 먼 곳에서 일부러 시간을 내 찾아온 사람이 많았다. 수강생은 대부분 EQ 관련 서적을 읽은 사람들이었기 때문에 이틀 간의 강의는 주로 '어떻게 실천할 것인가'에 초점을 맞췄다.

대니얼 골먼은 EQ를 높이기 위한 6가지 실천법을 제안했다.

- 감정 포착 능력을 길러라. 감정을 발견하라는 얘기다.
- 자신의 문제를 입 밖으로 소리 내어 말하라.
- 목표를 새롭게 세워라.
- 결과를 예측하라.
- 해결방안을 선별하라.
- 결정한 해결방안을 실행에 옮겨라.

감정이 생겼을 때 자신의 상황을 분명하게 인지할 수 있을까? 이는 자기감정을 포착하는 능력을 시험하는 것이다. 언뜻 간단해 보이지만 아무런 훈련도 받지 않은 사람이 자기감정을 알아차리는 것은 쉽지 않다.

사람마다 감정 폭발을 유발하는 트리거는 다르며 그것이 사람에게 미치는 영향과 지속시간 등도 다 달라서 복잡하기 짝이 없다. 더 중요한 사실은 인간이 자신도 모르게 화를 내거나 성질을 부릴 때가 있다는 점이다. 옆에 있는 사람이 감정이 격해져 목소리가 점점 커지는 상황을 상상해보자. 이때 당신이 "목소리 좀 낮춰"라고 말하면 상대는 보통 "내 목소리가 컸어?" 하는 반응을 보인다. 실제로 감정이 올라오면 다른 사람의 말이 귀에 잘 들어오지 않는다.

그러다가 감정이 좀 가라앉으면 방금 자신이 한 행동을 인지한다. '감정 포착'이 중요한 이유가 여기에 있다.

이것을 해낼 수 없다면 반복 훈련으로 자신의 감정 상태를 더 민감하게 인지하는 능력을 길러야 한다. 자기감정을 포착할 경우 심호흡을 하면서 속으로 수를 세며 감정의 흐름을 가다듬는다. 그러면 감정이 조금 가라앉으면서 대뇌가 생각하기 시작한다.

우리는 대뇌가 무엇을 생각하게 할 수 있을까? 어떻게 해야 대니얼 골먼이 제시한 6가지 실천법 중 두 번째에서 여섯 번째 실천법으로 이어갈 수 있을까?

대니얼 골먼은 먼저 눈앞의 문제와 현재 감정을 말로 표현하라고 제안한다. 이런 것을 용감하게 입 밖으로 소리 내 말하면 진정 무슨 일이 일어난 것인지 인지할 수 있다. 언뜻 이것은 쉬워 보이지만 실제 행동으로 옮기기는 어렵다.

감정이 올라올 때 우리는 속으로 억울함과 불편함을 느낀다. 왜 이렇게 되었는지 모르겠다고 생각하거나 자신이 그런 감정을 겪고 있다는 것을 부정하기도 한다. 감정을 말로 표현하는 것은 아주 좋은 완화법이자 문제를 좀 더 명확히 하는 방법이다.

예를 들어 지금 굉장히 부정적인 감정 상태에 놓여 있다고 해보자. 심지어 눈앞에 있는 컴퓨터를 부수고 싶을 정도라면? 자신이 그러한 감정 상태라는 것을 인지하면 다음 예시대로 시뮬레이션을 해본다. 스스로 질문하고 대답해보는 것이다.

질문: 오늘 무슨 일이 있었던 거니? 지금 어떤 기분이야?

대답: 주가가 떨어져서 큰 손해를 봤어. 정말 우울하고 화가 나.

질문: 왜 이런 일이 생겼을까? 똑같은 일이 또 생기지 않게 하려면 뭘 해야 하지?

대답: 내가 제대로 투자하지 못한 탓이야. 앞으로 투자 기술을 더 익혀서 실수를 줄여야겠어.

질문: 투자 기술을 익히려면 구체적으로 무얼 해야 할까?

대답: 먼저 관련 서적을 읽어야 해. 투자 기술 워크숍도 들어야지. 주식투자 고수에게 조언을 구하는 것도 좋고. 또 더 많은 내부 정보를 수집하는 일도 필요해.

이처럼 혼자 속으로 질문과 대답하는 단계를 거치면 놀랍게도 자신이 상당히 많은 해결방안을 떠올렸음을 깨닫는다. 이제 다섯 번째 단계로 넘어가 여러 가지 해결방안을 서로 비교한다. 가령 내부 정보 수집은 공정거래법에 저촉되므로 이 선택지는 폐기해야 한다. 이처럼 비교한 다음 여섯 번째 단계에서 한두 가지 가장 좋은 해결방안을 선별해 실행에 옮긴다.

알다시피 인간은 감정을 아예 없앨 수 없다. 그렇다고 감정이 올라오는 것을 겁낼 필요는 없다. 걱정해야 할 것은 계속 그 감정에 빠져 있는 것이다. 감정에 빠져 허우적대는 것은 문제해결에 전혀 도움을 주지 않는다. 일단 훈련으로 자기감정을 민감하게 포착하고 통찰력을 기르자. 그리고 자문자답 방식으로 해결방안을 찾아내 실행하자. 이처럼 문제해결 방식을 찾아내는 가장 좋은 방법은 제때 자기감정을 말로 표현하는 것이다.

감정문제로 인간관계에 문제가 생길 땐 내면의 '이야기'를 바꿔라

대니얼 골먼의 강의 중에 많은 여성 수강생이 자신의 경험담을 들려주었다. 이는 가장 훌륭한 해결방안을 찾기 위한 단계다. 예를 들어 한 수강생은 남편과 말다툼을 할 때 그가 자신을 이해해주지 않는 것으로 느껴져 점점 화가 났다. 그래서 늘 남편은 다른 사람을 돌볼 줄 모르고 전혀 다정하지 않다는 논리와 입장으로 사고하는 것이 반복되었다.

대니얼 골먼이 그녀에게 제시한 방법은 우선 감정을 가라앉히라는 것이었다. 냉정을 찾은 뒤 이렇게 생각한다.

'이 이야기는 재미없어. 다른 이야기로 바꿔보자.'

머릿속으로 자신이 처한 상황을 다른 이야기로 바꾸는 것이다.

'남편은 요즘 직장 일로 너무 바쁘다. 업무 스트레스가 심해 짜증을 내는 것이지 그가 세심하지 않거나 다정하지 않은 게 아니다. 너무 바빠서 내 기분까지 헤아리지 못하는 것뿐이다.'

아니면 이렇게 바꿔본다.

'남편은 꽤 괜찮은 남자야. 다만 남자들이 대체로 좀 건성일 뿐이지. 내가 뭘 바라는지 잘 모르는 거야. 나도 남편에게 정확히 요구한 적이 없었고.'

이처럼 이야기를 바꿔가는 동안 마음은 조금씩 평온해진다. 이어 문제해결을 위해 어떻게 해야 하는지 생각해보면 의외로 쉽게 해결방안이 떠오른다.

해결방안을 몇 가지 떠올린 다음에는 그것을 글로 적어보자. 남편에게 편지를 써서 자기가 느끼는 문제를 분명히 전달하거나 멋진 저녁식사를 준비한 다음 서로 기분이 좋을 때 이야기를 꺼내는 것도 좋다. 이렇게 방법을 정리한 뒤 그중 가장 좋은 방법을 골라 실행한다.

어느 가족에게든 문제와 갈등은 있게 마련이다. 이럴 때 많은 사람이 다음 과정을 거치며 문제를 매듭짓는다.

'문제 발생 → 분노 → 다툼 → 냉전 → 둘 중 한 사람이 양보 → 잠깐의 평화'

이 순환은 단지 갈등을 잠시 멈추는 것에 불과하며 이를 해결로 볼 수는 없다. 대니얼 골먼의 제안은 내면의 '이야기'를 바꾸라는 것이었다. 말을 바꾸면 문제를 다른 관점으로 살펴볼 수 있다. 그런 다음 몇 가지 긍정적인 해결방안을 찾아낸다.

이틀간의 워크숍 동안 대니얼 골먼은 온 힘을 다해 자신의 이해와 지식을 전달하려 애썼고 그중 다음의 관점이 내게 깊은 인상을 남겼다.

첫째, 사회가 발전하면서 EQ를 바라보는 인식이 크게 달라졌다. 예전에는 EQ라는 말조차 쓰지 않았지만 지금은 누구나 EQ를 알고 있고 EQ의 중요성도 다들 이해한다. 하지만 EQ의 진정한 의미나 EQ를 효과적으로 높이는 방법 면에서는 아직 인식이 부족한 편이다. 그래서 그는 각종 EQ 향상 방식을 세상에 알리는 데 집중한다.

둘째, EQ는 어릴 때부터 길러야 한다. 어릴 때부터 EQ를 훈련하면 부정적 심리 상태와 그에 따른 문제를 많이 피할 수 있다. 친구와 싸웠을 때, 실패했을 때 아이가 자기감정을 표현하고 스스로 '나는 내 이야기를 바꿀 거야'라며 문제를 해결하는 것은 커다란 도움을 준다. 또 학교에서 선생님이 EQ를 높이는 수업을 진행할 경우 아이들이 어릴 때부터 EQ 능력을 쉽게 키울 수 있다.

폴 에크먼과 대니얼 골먼은 서로 다른 분야를 연구하지만 내가 보기에 그들의 주장은 하나로 귀결된다. 폴 에크먼은 감정이 어떻게 생성되는지 보여주었다. 감정이 생성될 때는 파충류 뇌가 직접 관장하며 대뇌피질을 거치지 않는다. 대니얼 골먼은 자신이 설정한 일련의 과정을 거쳐 대뇌가 점차 감정 통제권을 파충류 뇌에서 대뇌피질에 넘겨주게 한다. 내 관점에서 이성적 사고 과정을 거친 후 선택한 해결책이 가장 훌륭한데 그것이 바로 EQ다.

살다 보면 이유 없이 화가 나거나 어쩌다 보니 싸우는 때도 있다. 나중에 생각해보면 별것 아닌데 그 순간에는 감정을 컨트롤하지 못하는 것이다. 대니얼 골먼이 내게 준 가장 중요한 가르침은 내가 어떤 감정을 느끼는지 인식해야 한다는 사실이다. 그 관문을 넘어서면 훨씬 더 많은 선택지를 만난다.

어떤 사람은 순간의 감정을 있는 그대로 표출하고 또 어떤 사람은 문제를 능동적으로 해결하려 한다. 우리가 둘 중 하나를 선택하게 된 전제는 무엇일까? 바로 감정이다.

나는 감정 분야의 세계 정상급 권위자들을 만난 뒤 비밀 하나를 더 발견했다. 그들은 모두 고대 인류의 지혜를 부지런히 연구하고 있었다! 왜 그럴까? 오늘날의 시각에서 고대 성인들은 그 시대의 과학자인 셈이다. 그들은 자아수행으로 문제를 해결하는 길을 찾았고 이것은 누구나 할 수 있는 방법이다.

이제 현대 과학자들도 오늘날의 과학기술이 인체 구조를 분명히 이해할 만큼 발달하고 감정 생성 과정도 추론할 수 있지만, 그것이 감정 문제를 가장 좋은 방법으로 해결하게 해주는 것은 아니라는 사실을 알아차렸다.

현대인뿐 아니라 과거 세대도 이러한 문제를 겪으며 살아갔다. 그러므로 고대 성인과 현자가 문제를 어떻게 해결했는지 살펴보는 것은 나쁘지 않은 방법이다. 즉, 그들의 해결방안을 공부하고 이해하는 한편 거기에 현대과학을 접목해 과거의 지혜와 현대 과학을 긴밀히 결합해야 한다. 고금의 지혜가 결합하면 우리는 감정 관리 능력을 더 키우고 미지의 세계를 더 탐구할 수 있을 것이다.

인간을 가장 밀도 있게 이해하는 법, FBI 몸짓언어 해독법

'인간 거짓말 탐지기' 조 내버로에게 몸짓언어 해독법을 배우다

미세표정 해독 수업을 마친 뒤 나는 인간의 미세반응 영역에 관심을 기울였다. 미세표정과 몸짓언어는 밀접한 관계가 있으므로 미세표정에 이어 몸짓언어를 이해할 필요가 있었다. 어차피 배울 거라면 관련 분야의 권위자를 물색하는 것이 나을 듯해 나는 조 내버로를 찾아갔다.

조 내버로는 잘 알려진 몸짓언어 전문가로 미국연방수사국FBI의 전임 특수요원 출신이다. 대테러정보팀에서 정보 판독가로 활약한 그는 FBI 내에서 '인간 거짓말 탐지기'로 불렸다. 몸짓언어와 관련된 책을 잔뜩 읽은 나는 조 내버로의 정보와 연락처를 검색해 그가 교육기관을 설립해서 운영하고 있다는 사실을 알아냈다.

나는 곧바로 교육 과정에 등록했다. 그의 교육생 선발 기준은 매우 엄격했고 신체 부분 자료만 해도 몇 주 동안이나 반복 확인하고 대조했다. 오바마 정부 때 백악관 펠로십 과정을 경험한 나는 이미 FBI의 엄격하고 신중한 심사 과정을 거쳤지만 조 내버로는 나를 다시 한 번 꼼꼼히 조사했다. 이는 자신의 지식을 범죄 성향이 있는 사람이 배우지 못하도록 하려는 조치다. 범죄자가 몸짓언어 해독 기술을 배울 경우 수사기관이 그를 상대하기가 얼마나 어렵겠는가.

여기에다 조 내버로는 내게 직접 이메일을 보내 왜 이 교육 과정을 이수하려 하는지 물었다. 그는 자신이 몹시 바쁜데도 이 수업에 일대일 과정이 있어서 시간을 많이 할애하기 때문에 소수의 교육생만 선발한다고 했다.

"왜 이 과정을 이수하려 하는지 알려주기 바랍니다. 또한 당신이 이 교육 과정에 얼마나 많은 시간과 노력을 투자할 수 있는지도 말씀해주십시오."

나는 이렇게 답장을 썼다.

"나는 나 자신에게 1년이라는 시간을 주고 얼마나 발전할 수 있는지 살펴보려고 합니다. 이 교육 과정에 등록하기 전 폴 에크먼에게 미세표정 수업을 들었고 당신의 책도 읽어보았는데 무척 놀라웠습니다. 표정이 몸짓언어의 일부라는 것을 알게 되었지요. 정서반응을 제대로 알려면 인간이 어떻게 감정을 몸짓으로 표현하는지 알아야 한다고 생각했습니다. 그래서 몸짓언어를 배우려고 합니다. 당신은 이 분야의 절대적인 권위자이므로 꼭 당신에게 배우고 싶습니다.”

며칠 후 나는 답장을 받았다.

“당신을 가르치기로 결정했습니다.”

모든 교육 과정을 이수하는 데는 1년 반 정도가 걸린다. 나와 조 내버로는 매번 이메일로 연락했는데 그는 내게 학습과제를 주고 몇 가지 문제를 제시했다. 내가 학습과제를 완수하고 그가 제시한 문제에 답변하면 그가 내게 다시 문제를 내는 식이었다. 혹은 구체적인 사례를 두고 나와 토론하기도 했다. 우리 둘은 이 방식을 끊임없이 반복했다.

어느 정도 수업을 진행하자 나는 조 내버로가 하는 말을 이해할 수 있었다. 이처럼 진정한 의미의 일대일 교습을 진행하려면 교육생 1명당 상당한 시간과 에너지가 들어간다. 나중에 나는 조 내버로에게 왜 이런 교육 방식을 선택했는지 물어보았다. 그는 그래야 배우는 사람이 더 많이 얻을 수 있기 때문이라고 대답했다.

몸짓언어는 강의 몇 번, 책 몇 권으로 제대로 배울 수 있는 분야가 아니다. 반드시 빈번하게 접촉하면서 배우는 사람의 사고력을 길러주고 그가 배운 것을 실천하도록 이끌어주어야 한다.

“당신의 결론이 잘못되었을 경우 누군가가 사망할 수도 있습니다”

쿠바에서 태어나 여덟 살에 미국으로 이민을 온 조 내버로는 처음에 언어가 통하지 않아 다른 사람의 몸짓언어에 특별히 주의를 기울였다고 한다. 몸짓언어는 상대방의 의도를 파악하는 데 도움을 주었고 그 경험이 쌓이면서 차차 몸짓언어 해독 기술에 빠져들었다는 것이다.

몸짓언어는 인류가 수백만 년의 진화를 거치는 동안 점진적으로 발전하면서 형성되었다. 이러한 몸짓언어는 크게 두 종류로 나뉜다. 하나는 개방형 언어고 다른 하나는 폐쇄형 언어다. 간단히 말해 우리는 적극적인 감정을 표현할 때는 개방형 몸짓언어를 사용하고, 반대로 소극적인 감정을 표현할 때는 폐쇄형 몸짓언어를 사용한다.

그러면 우리는 몸짓언어를 구체적으로 어떻게 표현하는가? 예를 들어 우리는 낯선 사람이 다가오면 자신도 모르게 뒷걸음질 치거나 무의식적으로 손을 가슴 앞에서 교차해 자기 몸을 감싸는 동작을 한다. 반대로 친구가 다가올 때는 팔을 벌려 상대방을 껴안으려는 동작을 한다. 그 사람이 위험하지 않음을 알고 있기에 우리 몸이 자연스럽게 개방형 몸짓언어를 표현하는 것이다.

인류와 가까운 친척인 영장류 동물도 이와 유사한 행동을 한다. 원숭이 무리의 우두머리 수컷은 대개 강한 위세를 보인다. 우두머리 수컷은 이동할 때 가슴을 쭉 펴고 어깨를 뒤로 젖힌 자세로 걷는데 이는 몸집을 더 커 보이게 한다. 반면 다른 수컷과 암컷은 등을 구부리고 가슴을 가리는 듯한 자세로 걷는다. 가능한 한 몸을 웅크려 자신의 낮은 지위를 드러내는 것이다. 계급 차이에 따른 몸짓언어는 인간사회에서도 흔히 볼 수 있다. 즉, 몸짓언어는 고도로 발달한 인류 문명의 고차원적 부산물이 아니라 원시적·본능적 반응이다.

악수도 몸짓언어를 대표하는 본능 반응이다. 악수를 하려면 두 사람 모두 손바닥을 펼쳐야 하는데 인간관계에서 이 과정은 몹시 중요하다. 원시시대에는 인간이든 영장류든 손에 돌이나 나뭇가지 같은 무기를 들고 공격을 했다. 손바닥을 펼쳐 보여주는 것은 상대방에게 무기를 들지 않았음을 증명하는 과정이다. 그래서 악수는 적극적이고 개방적인 몸짓언어로 분류한다.

그럼 폐쇄형 몸짓언어는 어떨까? 가장 전형적인 사례가 손과 발의 배치다. 대화할 때 상대가 줄곧 손을 주머니에 넣고 있으면 대개 그 사람이 무언가를 숨기거나 거짓말을 한다고 추측한다. 물론 현재 놓인 상황이 불편해서 자신도 모르게 폐쇄형 몸짓언어를 드러낼 가능성도 있다.

앉아 있을 때 다리를 꼬거나 모으는 것은 일종의 방어 자세로 자기보호 태도로 본다. 인간은 편안한 상태일 때 다리를 벌리게 마련이다. 아무런 경계심 없이 팔다리를 펼친 자세는 편안한 심리 상태를 보여주는 몸짓언어다.

그러나 몸짓언어를 연구할 때는 개인의 몸짓 습관에 근거해 분석해야 한다. 보다 정확한 판단을 내리려면 그 사람의 기본 상황을 이해할 필요가 있다. 예를 들어 어떤 사람이 주머니에 손을 넣고 있을 경우 그 몸짓언어는 다른 요인과 함께 종합적으로 판단해야 한다. 그날 날씨가 추웠다면 이는 무언가를 숨기는 것이 아니라 단지 체온을 유지하려는 행동이었을 것이다. 어쩌면 그 사람의 주머니에 무언가가 들어 있어서 대화하는 동안 그것을 만지작거리고 있었을지도 모른다. 그 동작이 그의 습관이라면 그가 거짓말을 하고 있었을 가능성은 낮다.

결국 보편적인 몸짓언어 정보만으로 어떤 사람의 심리 상태를 판단하면 잘못된 결론을 내리기 십상이다. 그러므로 상대방의 기초 정보를 파악하는 것이 특히 중요하다. 그 순간의 상황과 상대방의 기초 정보에 차이가 있을 경우 몸짓언어로 판단하는 것은 더 정확해진다.

어쨌든 몸짓언어에는 미세표정과 마찬가지로 인간이 자기 뜻대로 통제하지 못하는 부분이 어느 정도 존재한다. 몸짓언어는 인류의 진화 과정에서 나타난 본능 반응에 더 가깝기 때문에 의도하지 않아도 감정 상태에 따라 자연스럽게 밖으로 드러난다. 그렇지만 우리에게는 후천적 환경의 영향을 받아 만들어진 고유한 습관도 있다. 이것이 '개인의 기초 정보'다. 몸짓언어를 연구할 때는 이 2가지를 잘 결합해야 몸짓언어로 그 사람의 심리를 제대로 판단할 수 있다.

몸짓언어 해독 기술을 배우는 동안 나는 조 내버로의 교습법이 일반 교수들과 크게 다르다는 점을 깨달았다. 강단에서 강의하는 교수들은 대개 이론에 치우치며 그것을 실제로 어떻게 활용할지 언급하는 비중은 크지 않다. 반면 조 내버로는 전형적인 '실전파'였다.

조 내버로의 풍부한 지식은 오랫동안 쌓은 업무 경험에서 비롯된 것으로 그는 내게 이렇게 말했다.

"매일 15분씩 다른 사람을 관찰하십시오."

나는 시간만 나면 도로변의 카페에 앉아 유리창 너머로 행인을 관찰했다. 그때 조 내버로에게 배운 방식으로 그들의 몸짓언어를 분석하면 전에는 전혀 인지하지 못했던 사소한 부분이 눈에 들어왔다. 많은 경우 우리는 길에서 스쳐 지나가는 사람들을 보아도 본 것이 아니다. 의식적으로 관심을 기울여도 얼굴 생김새, 옷차림, 가방, 머리카락 모양 등 단지 겉모습을 보는 데 지나지 않는다. 그 사람의 몸짓언어가 전해주는 정보를 입수하는 경우는 거의 없다.

한번은 내가 카페에서 행인들을 관찰하는데 짙은 색 양복을 입은 남자 3명이 연이어 지나갔다. 그들의 겉모습은 비슷했으나 나는 그 세 사람에게서 각기 다른 느낌을 받았다.

첫 번째 남자는 등이 살짝 굽었고 걸으면서 습관적으로 한쪽 손을 주머니에 넣고 있었다. 그의 양복은 다른 사람에게 빌려 입은 듯 몸에 잘 맞지 않았다. 걸음걸이는 느리고 두 발을 교차하면서 앞으로 걸어가는 모습이 무언가 망설이는 듯했다. 자기가 길을 제대로 가고 있는지 줄곧 확인하는 것 같은 모습이었다. 심각한 표정으로 눈썹을 잔뜩 찌푸린 그는 약간 의기소침해 보이기도 했다. 방금 직장을 잃었거나 그다지 성공적이지 못한 구직 면접을 보고 나오는 길은 아닐까?

두 번째 남자는 옷차림만 보면 첫 번째 남자와 비슷했으나 느낌은 전혀 달랐다. 그는 고개를 들고 등을 쭉 편 자세로 팔을 크게 흔들며 빠른 속도로 경쾌하게 걸었다. 그 세부적인 동작에서 그의 자신감이 느껴졌다. 그는 중요한 업무를 잘 끝내고 회사로 돌아가는 듯했다.

세 번째 남자는 귀에 이어폰을 꽂고 빠른 속도로 걸으면서 가끔 한 번씩 고개를 흔들었다. 음악에 맞춰 리듬을 타는 것처럼 보였다. 편안하게 미소를 띤 그는 두 손을 주머니에 넣었지만 바깥으로 나와 있는 엄지손가락으로는 역시 신나게 리듬을 타고 있었다. 나는 그 남자의 동작을 보면서 직장생활이 안정적이고 편안하다는 느낌을 받았다.

세 남자 모두 겉모습은 평범한 직장인처럼 보였으나 몸짓을 보니 각자 심리 상태가 다르다는 것이 확연히 느껴졌다. 조 내버로의 말처럼 올바른 결론을 내리려면 충분한 근거가 뒷받침되어야 한다. 하지만 미세표정이나 몸짓언어가 드러내는 수많은 정보를 입수하면 아무 정보도 없는 상태보다 분석하고 추리하기가 훨씬 더 쉽다.

몸짓언어를 읽는 능력은 내 업무에 큰 도움을 주었다. 내가 종사하는 금융투자업계에서는 무엇보다 인간을 통찰하고 세상물정을 꿰뚫어보는 '안목'이 필요하다. 그래서 나는 투자 상담을 할 때 상대방의 말을 경청하는 것 외에도 그 사람의 몸짓언어와 표정을 주의 깊게 살핀다. 그리고 그 관찰을 바탕으로 어떤 질문을 할지 판단한다.

가령 어떤 사람이 대화를 시작할 때 가슴을 펴고 손짓을 하며 이야기한다고 해보자. 그런데 그가 어떤 대목에 이르러 손을 부자연스럽게 주머니에 넣는다면? 그럴 때 나는 언급한 주제에 좀 더 깊이 파고들어 무슨 문제가 없는지 확인하는 질문을 던진다. 이렇듯 내가 배운 미세표정과 몸짓언어 지식은 투자업계에서 일하는 데 큰 도움을 주었다.

물론 세상의 어떤 일이든 100퍼센트 정확한 것은 없다. 특히 타인의 내면에 숨은 정보를 탐색할 때는 더욱 그렇다. 몸짓언어를 읽어내는 능력은 보다 정확한 방향을 알려주지만 그다음에는 그 방향을 파고들어 질문하고 해답을 찾는 과정이 필요하다.

조 내버로의 실전파다운 면모는 그가 질문하는 방식에도 있다. 내가 과제를 완수하고 답변을 제출할 때 그는 간혹 이렇게 말했다.

"좋은 답변입니다. 왜 이런 결론을 내렸습니까? 혹시 다른 답안이 더 있습니까? 만약 있다면 그렇게 생각한 까닭은 무엇입니까?"

이처럼 연속해서 질문에 맞닥뜨리면 나는 모든 정보를 동원해 최대한 다른 각도에서 문제를 살펴보려고 애썼다. 내가 다른 답안을 다시 제시하면 조 내버로는 꼭 이렇게 물었다.

"확신합니까? 당신의 결론이 잘못되었을 경우 누군가가 사망할 수도 있습니다. 그래도 당신의 답안을 확신합니까?"

조 내버로의 추궁을 받을 때마다 사실 나는 상당히 스트레스를 받았다. 내 답안이 잘못되었을 경우 누군가가 사망할 수도 있다니 이 얼마나 무서운 말인가! 그런데 곰곰이 생각해보면 조 내버로의 업무는 바로 그런 일이었다.

만약 내가 FBI에서 일했다면 매일 삶과 죽음을 마주했을 것이다. 그 상황에서는 실수를 용납받기 어렵다. 그러므로 나는 내 가설에 다양한 방식으로 도전해 매번 완벽한 답안을 도출해야 한다. 만약 내 가설이 틀리면 그 파급력은 무시무시할 수밖에 없다. 어쩌면 누군가의 생명을 좌우할지도 모른다.

그러한 관점으로 접근하면 배우는 태도가 완전히 달라진다. 나는 답안을 제출할 때마다 의식적으로 다양한 각도에서 신중하게 고찰하려 애썼다. 그 태도는 교육기간 동안 몸짓언어 해독 기술 외에 조 내버로가 내게 준 귀중한 가르침이었다.

감정의 깊은 곳으로 들어가기

감정에 조종당하지 않으려면
감정일기를 쓰며 관찰하고
'트리거'의 근원을 찾아라

감정은 우리의 삶 곳곳을 주재한다. 작게는 일처리 태도부터 인간관계까지, 크게는 인격 수양에도 영향을 미친다. 감정은 우리가 습관적으로 인식하는 주관적 사물보다는 과학적 내용을 풍부하게 담고 있다. BCC에서 일할 때 한 동료가 내게 물었다.

"네 표정 때문에 다들 다가가기가 어렵대. 왜 그러는데?"

내가 깜짝 놀라 "내가 어렵다고?" 하며 반문하자 그가 말했다.

"잘 웃지 않잖아. 표정이 딱딱하고 늘 '수치! 목표!'만 강조해서 네게 말을 못 걸겠단다."

정말 그랬다! 지금까지 살면서 도대체 웃어본 적이 언제인가 싶었다. 왜 내가 이토록 긍정적인 감정과 멀어진 것일까? 그때 나는 할 일이 너무 많아 항상 마음이 편치 않았고, 좋은 소식을 들어도 산더미 같은 문제에 치여 즐거운 기분을 느낄 새가 없었다. 특히 함께 창업한 친구들 사이에 갈등이 생기면서 불쾌감이 쌓여가는 것이 커다란 문제였다.

창업할 때 우리는 업무를 분명하게 나누지 않았고, 비록 내가 대표이사이기는 했어도 모두 대등한 관계였다. 그래서 많은 일을 모두가 동의해야 진행할 수 있었는데 회사 규모가 커질수록 그 방식에 한계가 보이기 시작했다. 결국 업무를 마케팅, 기술개발 등 핵심분야로 나눠 맡고 각자 자기 분야를 총괄하는 시스템으로 정리했다. 최종결정을 내릴 때는 다시 대등한 관계로 한자리에 앉아 토론했는데 여기서 새로운 문제가 나타났다. 각자 관점과 생각이 달라 갈등과 마찰이 끊이지 않았던 것이다.

한번은 월 목표치를 못 채워 매출 문제를 어떻게 해결해야 할지 논의했는데 그 부문을 담당한 친구가 내 마음에 불을 질렀다.

"원래부터 전략과 지표가 다 합리적이지 않았어. 그래서 애초에 목표를 완수할 생각이 없었네."

함께 논의하고 동의해 결정한 목표인데 그 목표를 채우지 못하니 이제 와서 딴소리를 하는 것은 문제를 회피하는 것에 불과하다는 생각이 들었다. 우리는 격하게 말다툼을 했고 모두들 불쾌감을 안고 헤어졌다. 왜 목표를 달성하지 못했는지 의견을 교환하려 회의를 열었다가 서로 비난만 하다 헤어진 꼴이다. 그 일로 우리는 서로 감정이 깊이 상했다.

나는 곧바로 친구들과 소통하려 했으나 다들 일하느라 바빠서 모이기가 힘들었다. 그러다 보니 몇 년 동안 쌓아온 우정이 있으니 당장 해결하지 않아도 괜찮겠지 하면서 시간이 흘러갔다. 다음에 다시 얘기할 기회가 있을 거라고 생각해 미뤄둔 것이다. 그런데 다음에 한자리에 모였을 때 보니 갈등이 여전했고 감정의 앙금도 그대로였다. 여기에다 새로운 문제가 생기면서 다시 말다툼을 벌였고 상한 감정이라는 눈덩이는 굴릴수록 커졌다.

혹시 뒤늦게 감정이 나를 조종한다는 것을 인식한 적이 있는가? 뒤늦게 깨닫지 않으려면 감정을 촉발하는 기제를 알아야 한다. 내 경험과 공부한 지식에 따르면 트리거는 후천적 원인으로 형성된다. 내게는 어떤 감정기폭제가 있을까? 그것은 어디서 왔을까? 그것을 바꾸거나 없앨 수는 없을까?

폴 에크먼의 미세표정 워크숍 수료 후 나는 매일 감정을 기록하는 습관을 들였다. 일종의 감정일기다. 부정적 감정이 치솟으면 나는 그것을 기록한 다음 그 뒤에 숨은 원인을 찾아보았다.

내가 감정일기를 쓰면서 처음 찾아낸 트리거가 지금도 기억난다. 4년 전 친구들과 함께 미얀마로 여행을 갔을 때였다. 일행과 함께 배를 타고 강을 거슬러 올라가던 중 화장실에 갔는데 휴지가 없었다. 배의 승무원에게 휴지를 요청하자 그의 태도가 몹시 불친절해 나는 화가 났다. 예전의 나였다면 당장 그 자리에서 따졌을 테지만 그때 막 미세표정 워크숍을 수료한 터라 불만을 직접 분출하지는 않았다.

왜 나는 화가 난 것일까? 승무원이 자기 일을 책임감 있게 하지 않아서인가, 아니면 내가 책임감에 나만의 기준을 세워서 그런 것인가? 내가 세운 책임감 있는 태도의 기준에 도달하지 못하면 나는 상대가 책임감 있는 사람이 아니라고 단정해 화가 난다.

그날 밤 나는 내가 느낀 트리거를 기록하고 그것을 새롭게 정의하려 했다. 승무원의 서비스 태도가 만족스럽지 않을 경우 그 원인을 더 찾아낼 수 있지 않을까? 가령 그 사람이 전문적인 훈련을 받지 못해 그런 태도로 일하는 것이라고 해보자. 책임감 있는 훌륭한 승무원이 아니긴 하지만 그것이 그 사람에게는 최선이라면? 경험을 새롭게 정의하면 감정이 많이 누그러진다. 더 중요한 것은 더 많은 해결방안을 생각할 수 있다는 점이다. 그러면 화가 나게 만드는 트리거를 없앨 수 있다.

그때 이후 나는 부정적인 트리거를 기록했다가 차근차근 그 근원을 생각해본다. 곤혹스럽게도 어떤 경우에는 트리거의 근원을 찾아내기 어렵다. 그럴 때는 어떻게 해야 할까?

감정 악순환의 시작점과 트리거의 근원을 이해하고자 '랜드마크'의 '자아 한계 돌파' 워크숍을 수강하다

이런 의문을 안고 나는 랜드마크Landmark의 '자아의 한계 돌파' 워크숍을 수강했다. 랜드마크 웹사이트는 자사를 개인 발전을 위해 노력하는 국제 포럼과 수련원이라고 소개하고 있다. 주요 수련 내용은 성공 메이킹, 심리 만족, 인간관계 재구축 등이다.

웹사이트의 소개에 따르면 랜드마크는 성장 사고법을 전수하는 곳으로 지식과 주변 문제를 새롭게 정리하는 과정을 알려줌으로써 직업에서의 발전과 생활의 질을 높이는 것을 목적으로 한다. 내가 이해한 내용은 우리의 과거가 현재에 직접 영향을 미치고 미래와 관련되어 있다는 점이다. 구체적으로 말해 랜드마크에서는 의식 깊은 곳에 존재하는 어린 시절 경험이 이후 비슷한 상황에 놓였을 때 그 감정과 행동 반응을 다시 불러일으킨다고 한다. 즉, 과거 경험이 반복적으로 발생한다는 얘기다. 이는 마치 우리가 감정의 악순환 속에 사는 것과 같다.

랜드마크는 감정 악순환의 시작점이자 트리거의 근원이 언제 어떻게 왜 만들어졌는지 밝히고 그것을 어떻게 없애거나 바꿀지 연구한다.

랜드마크 워크숍은 초급과 고급으로 나뉘며 각 워크숍은 5일간 진행한다. 나는 초급반 워크숍을 듣고 나중에 고급반 워크숍에도 등록했다. 당시 나는 랜드마크의 홍콩지사에서 강의를 들었는데 그곳 멘토는 모두 미국에서 왔다고 했다. 랜드마크의 멘토는 엄격한 훈련과 자질 검증을 거쳐 선발한다. 멘토가 되려면 부멘토 단계를 거쳐 마지막 선정단까지 통과해야 하기 때문에 기초이론이 탄탄하고 실전 경험도 풍부하다.

트리거에는 모두 근원이 있는데 랜드마크 워크숍은 먼저 그 근원을 분석한다. 만약 어린 시절에 겪은 심리적 트라우마가 있으면 그로 인해 세 종류의 트리거가 만들어진다. 그것은 자아를 보호하고 심리적 상처를 회피하기 위한 기제다.

첫째, '나는 그럴 만한 가치가 없다'는 생각이다. 가령 어린아이가 컵을 깨뜨려 부모에게 심하게 혼이 났다고 해보자. 부모의 그러한 감정 반응은 아이를 두렵게 만들고 어떤 일은 하면 안 된다는 인식이 자리 잡는다. 만약 그런 일을 하면 사랑받지 못하고 감정적 상처를 받는다고 여긴다. 이후 그 트리거가 나타나면, 즉 어떤 일을 망치면 그것이 감정에 영향을 미친다.

둘째, '나는 여기에 속하지 않는다'는 생각이다. 간혹 어린아이가 어른의 일을 방해하거나 부모가 "너는 여기에 있으면 안 돼"라고 말하는 경우가 있다. 나중에 이 트리거가 나타나면 어떤 사람이 자신을 배척한다고 느낄 때 감정이 치솟을 수 있다.

셋째, '나는 혼자다'라는 생각이다. 어린 시절 갑자기 가족과 떨어져 혼자 모든 것을 책임져야 했거나 가족의 관심이 물질 방면으로만 주어질 때 형성된 트리거는 물질에서 안정감을 느끼게 만든다. 이에 따라 성장한 뒤 안정감을 찾기 위해 물질을 얻는 것을 가장 직접적인 방식으로 여긴다.

어린 시절 이런 상황을 겪으면 사람들은 대부분 자기도 모르는 사이 마음속에 트리거를 심는다. 그러나 그들은 트리거가 어떻게 형성되었는지 알지 못할 뿐 아니라 심지어 트리거가 형성되었다는 사실 자체를 인지하지 못한다. 어른이 된 뒤 자신의 감정 반응을 보면서 '나는 원래 이렇다'라고 여기기 십상이다. 이 경우 문제를 해결하기는커녕 반복해서 감정의 악순환에 빠져 똑같은 문제를 계속 겪을 수밖에 없다.

마음 깊은 곳의 '인생 각본'과
정면으로 마주하고 각본을 다시 써라

인생 여정에서 결혼은 매우 중요한 부분이다. 사회에서 결혼이라는 주제는 늘 뜨거운 이슈지만 그 다양한 목소리 중 과학적 근거와 체계를 갖춰 인간의 내면 깊은 곳에 자리 잡은 문제를 해결하도록 돕는 내용은 거의 없다.

나는 아직 미혼으로 사실 이 문제를 진지하게 생각해본 적이 없다. 물론 훌륭한 여자친구가 있지만 결혼 이야기가 나오면 어찌된 일인지 늘 좌불안석이었다. 그런데 랜드마크 워크숍에서 세상에 문제없는 사람은 없다는 사실을 깨닫고 결혼과 관련해 감정의 악순환이 생긴 근원을 고찰하기 시작했다.

첫 번째 문제는 자신의 감정 트리거를 찾아내는 것이다.

수강생 중에 어릴 때부터 자신감이 없었고 쉰 살이 다 된 나이에도 짝이 없어 외롭다는 사람이 있었다. 더러는 일을 하다가 결과가 나오지도 않았는데 직감으로 '나는 안 될 거야'라는 생각을 한다고 했다. 그가 멘토에게 물었다.

"더는 이렇게 살고 싶지 않습니다. 어떻게 해야 할까요?"

랜드마크에서는 사람의 감정과 행동 뒤에 더 깊은 차원의 원인이 존재한다고 본다. 어쩌면 실패는 당신의 잘못이 아닐지도 모른다. 원인은 당신이 생각지도 못한 부분에 존재할 수도 있다.

강의실에서 멘토는 그 사람에게 이렇게 대답했다.

"이 문제를 해결하려면 어릴 때 발생한 어떤 사건이 당신의 자신감을 잃게 했는지 생각해봐야 합니다. 왜 다른 사람은 자기 자신을 더 알리려 하는데 당신은 수그러들고 두려워하고 위축되는 걸까요? 당신의 첫 반응이 공포라면 당신이 그것을 거절한다는 의미인데 그러한 감정 트리거는 무엇일까요?"

그 수강생은 한참 생각하다가 말했다.

"어릴 때 잘못을 저질러 아버지에게 얻어맞은 적이 있습니다. 나중에 나는 '혼나거나 지적당하거나 얻어맞지 않는 방법은 잘못하지 않는 것뿐이다. 잘못하지 않으려면 아무것도 하지 않으면 된다'라고 생각했어요."

사실 이 논리는 어린아이의 자기합리화다. 우리는 어릴 때 자신을 보호하려는 본능에서 혹은 부모에게 더 많은 사랑과 관심을 얻어내기 위해서 어떤 일을 했고 이것은 감정 트리거를 형성했다. 그러나 이 수강생은 더 큰 문제를 해결해야 했다. 바로 그의 부모님이다.

어릴 때는 스스로 옳고 그름을 판단하는 능력이 없어서 부모의 말이나 반응을 기초로 판단한다. 그 수강생의 감정 트리거는 어릴 때 형성되었고 성인이 되어서도 영향을 받고 있다. 현재 그는 부모에게서 독립했으나 강의실에서 자신의 경험을 발표할 때까지도 부모를 용서하지 않았다.

"어릴 때 부모님은 저를 학대했습니다. 저를 사랑하지 않았고 학교 진학도 도와주지 않아 제가 평생 성공하지 못하게 만들었습니다. 저는 지금껏 결혼도 못하고 쉰 살이 다 되었습니다. 저는 지금 몹시 고독합니다. 부모님은 둘 다 돌아가셨지만 저는 아직도 부모님을 미워하고 있습니다."

감정 트리거가 그의 행동과 사고방식에 깊이 영향을 미친 것 같았다. 행운이라면 그가 그 사실을 인지한 후 자기 이야기를 새롭게 쓸 기회를 얻었다는 점이다.

만약 어떤 수강생이 해답을 찾지 못하면 어떻게 해야 할까? 감정 트리거는 대부분 어릴 때 형성되는데 그중 우리가 직시하고 싶지 않은 것, 인정하고 싶지 않은 것이 있다면 어떻게 해야 할까?

결국 두 번째 문제는 감정 트리거를 직시하는 것이다.

나는 랜드마크 강의에서 불륜 문제를 털어놓고 해답을 얻으려고 하는 부부를 만났다. 그 부부는 둘 다 학력이 높고 직업도 훌륭하며 수입이 많다고 했다. 또 생활이 넉넉하고 얼마 후면 첫아이가 태어난다는 것도 알았다. 남편이 자신을 소개하는 말투는 마치 회사에서 업무보고를 하는 것처럼 전문가다웠고 진지했다. 나는 그것만 보고도 그가 대기업에서 고위임원으로 가는 훈련을 받았음을 알 수 있었다.

수강생이 전부 그의 이야기를 경청하고 있는데 그가 정중하게 한마디를 덧붙였다.

"제가 불륜을 저질렀습니다. 아내도 이 사실을 알고 있습니다. 아내는 헤어지자고 하지만 우리 사이에 아이가 생겼고 저는 여전히 아내를 사랑하고 있습니다."

그는 관계 파탄을 막고자 여러 가지 방법을 시도했지만 별 소득이 없었다고 했다. 부부 관계 문제를 다루는 전문 심리치료사도 만나보았고 또 친구의 소개로 반신반의하며 랜드마크 강의에도 등록했다고 했다. 처음에는 아내가 강의를 거절했지만 그가 설득해서 함께 참석했다고 한다. 남편은 스스로 불륜 사실을 알리는 것이 수치스럽지만 가정의 행복을 위해, 아내와 아이를 위해 용기를 냈다고 했다.

"저는 최대한 노력할 생각입니다. 저 역시 즐겁지도 않으면서 왜 그런 행동을 했는지 이해가 가지 않습니다. 아무튼 저는 아내에게 큰 상처를 주었습니다. 이 강의를 듣고 저 자신의 감정 트리거를 인지하고 싶습니다."

멘토가 질문했다.

"왜 그런 행동을 했나요? 왜 불륜을 저질렀는지 생각해보았습니까? 아내를 사랑하지 않나요?"

"저는 아내를 무척 사랑합니다."

그의 아내는 연단 아래에서 고통과 원망이 섞인 초췌한 얼굴로 남편을 바라보고 있었다. 첫아이를 임신했으니 불륜만 아니었다면 가족이 가장 행복할 시기인데 오히려 관계가 완전히 깨질 위기에 놓이고 만 것이었다. 멘토가 집중적으로 질문했다.

"아내를 사랑한다면 왜 불륜을 저지른 겁니까? 스스로 생각하는 이유가 무엇인지 말해주겠습니까?"

그는 곧바로 대답하지 못했다. 나는 앞줄에 앉은 아내의 뺨에 눈물이 흘러내리는 것을 보았다. 그녀는 눈물을 닦을 생각도 하지 않고 멍하니 남편만 바라보고 있었다.

멘토는 그 남자와 대화를 계속했고 자연스럽게 그의 어린 시절 이야기가 나왔다. 랜드마크 강의에서는 어린 시절 기억을 중요하게 다룬다. 어린 시절 경험이 한 사람의 일생을 구성하는 각본이 된다고 보기 때문이다. 흔히 사람들은 그 각본에서 설정해둔 캐릭터처럼 행동한다. 멘토가 다시 물었다.

"당신이 어렸을 때 겪은 사건 중 지금의 문제를 일으키는 데 영향을 미친 일이 있나요?"

"사실 그 원인을 잘 알고 있지만 다른 사람에게 말하지 못했습니다. 제 아버지도 외도를 했어요."

이 대답은 논리적으로 보이지만 멘토는 문제의 근본 원인이 아니라고 생각했다. 많은 사람이 자신의 문제를 말할 때 '다른 사람 때문에 내가 이렇게 되었다'고 얘기한다. 이는 자신의 감정 트리거가 무엇인지 말하는 게 아니다. 이럴 때는 다음 질문을 던져야 한다.

다른 사람이 그런 행동을 했다고 당신도 그렇게 행동한 이유는 무엇인가? 아버지가 불륜을 저질렀다고 아들도 반드시 불륜을 저지르는가? 불륜의 원인이 아내가 아니라 자신에게 있다는 것을 알면서도 왜 불륜을 저지른 것인가?

멘토가 조목조목 지적하자 남자는 잠시 생각에 잠겼다가 대답했다.

"어릴 때 불륜은 정상적인 일이라는 잠재의식이 생겼습니다. 저는 아버지를 미워하지 않았고 오히려 어머니가 아버지를 제대로 관리하지 못해 아버지가 불륜을 저질렀다고 여겼습니다. 그건 어머니의 잘못이고 아버지와는 관계없는 일이라고 생각했죠. 나중에 제게 여자가 잘하지 못하면 남자의 혼외 관계는 당연하다는 관념이 만들어졌습니다."

멘토의 말에 따르면 여러 사례를 보건대 남자들은 대개 이렇게 말한다고 한다.

'내 아내는 자신을 꾸미지 않는다. 그녀는 자기 관리에 느슨하다. 그런데 바깥에 나가면 아름다운 여자들을 만난다.'

이들은 사실을 절반만 말하는 셈이다. 지금 불륜 이야기를 털어놓는 남편처럼 어린 시절 경험까지 분석해야 자신의 감정 트리거를 직시할 수 있다. 남편은 잠시 침묵했다가 말했다.

"제가 여기에 온 것은 오랫동안 품어온 의문을 해결하기 위해서입니다. 불륜을 저지른 후 저는 부끄럽고 괴로웠습니다. 아내에게 용서를 구하고 관계를 회복하고 싶었습니다. 그렇지만 사실은 다음에 또 이런 일이 없을 거라고 보장할 수 없었지요."

이어 남편은 멘토를 향해 말했다.

"선생님과 대화하고 나서 저 자신의 '각본'을 인지했습니다. 전에는 불륜을 향한 인식이 아버지에게서 나온 것이었습니다. 아버지는 성공한 남자였고 불륜 관계를 맺었지요. 저는 그것이 합당하다고 생각했어요. 성공한 남자는 다들 그렇게 한다고 여겼어요. 만약 어머니가 아버지의 외도를 싫어했다면 아버지를 잘 관리했어야 한다고 말입니다. 마찬가지로 저도 외도를 했습니다. 그러면서 책임은 제가 아니라 아내에게 있다, 아내가 나를 만족시키지 못해 내가 새로운 자극을 찾게끔 했다고 생각했어요."

여기까지 말한 남편은 목이 메었다. 그는 갑자기 고개를 돌려 수강생 쪽을 바라보더니 정중하게 말했다.

"이제 이 모든 것이 제 문제라는 것을 알았습니다. 제 책임일 뿐 아내의 잘못이 아닙니다. 만약 제가 그녀를 진심으로 사랑한다면 다시는 그녀에게 상처를 주는 행동을 해서는 안 됩니다."

말을 마치기도 전에 후회의 눈물을 쏟아낸 남편은 잠시 감정을 가라앉힌 뒤 말을 이었다.

"아내가 저를 용서해줄지 모르겠습니다. 하지만 제가 달라질 수 있음을 알게 되었습니다. 반드시 제 '각본'을 부수고 설정된 행동을 깨뜨릴 겁니다."

그는 다시 임신한 아내를 바라보았다.

"저는 좋은 아버지가 될 겁니다."

그는 연단을 내려가 아내 옆에 앉았지만 두 사람 사이에는 여전히 거리감이 느껴졌다. 아내 역시 눈물을 흘렸으나 남편과 눈을 마주치려 하지 않았다.

이제 세 번째 문제는 트리거를 새롭게 정의하고 감정 조종에서 벗어나는 것이다.

랜드마크의 멘토는 경험이 풍부했다. 그는 먼저 말하지 않고 아내를 가만히 바라보다가 그녀에게 뭔가 할 말이 없는지 물었다. 그녀는 옷매무새를 정리하고 연단으로 올라갔다. 멘토가 휴지를 건넸고 아내는 눈물을 닦은 다음 입을 열었다.

"사실 여기 오기 전에는 강의를 듣는 것에 큰 희망을 두지 않았어요. 우리의 부부 관계가 회복될 가능성은 거의 없다고 생각했거든요. 저는 너무 고통스러웠어요. 남편의 불륜을 알았을 때 화가 나기보다 고통스러웠어요. '내가 뭘 잘못했지? 왜 나를 배신한 걸까?' 하는 생각도 들고 죄책감도 느껴졌어요."

남편이 외도를 했는데 왜 아내가 죄책감을 느끼는 것일까? 멘토가 물었다.

"죄책감을 느꼈다고 했는데 당신이 잘못했다고 생각했나요?"

눈물을 흘리던 그녀는 한참 후 자신의 심리적 각본을 털어놓았다. 어렸을 때 그녀의 어머니는 그녀를 자주 비난했다.

"너는 여자니까 무슨 일을 하든 조심해야 한다. 절대로 잘못된 일을 하면 안 된다."

그녀의 부모는 사이가 좋지 않고 늘 다퉜는데 둘 사이에 끼어 어찌할 바를 몰랐던 그녀는 점차 집에서 벌어지는 나쁜 일을 모두 자신의 탓으로 돌렸다. 그것이 습관이 되면서 어릴 때부터 쉽게 죄책감을 느꼈고 심지어 부모 사이에 갈등이 생겨도 그게 자기 탓이라고 여겼다. 점점 그녀는 자신이 만든 각본 속에 함몰되었다.

"저는 줄곧 그 각본 속에서 같은 행동을 반복하며 살았습니다. 이제야 제가 그 각본을 수정할 수 있다는 것을 알게 되었어요. 하지만 각본을 수정해도 제가 남편을 다시 신뢰할 수 있을지 잘 모르겠습니다. 그가 방금 한 말에 저도 감동을 받았고 남편이 많이 달라진 것도 사실이지만 여전히 남편을 다시 믿을 수 있을지 모르겠어요."

멘토가 물었다.

"남편을 믿을 수 없는 이유는 두렵기 때문이에요. 당신은 무엇을 두려워하는 겁니까?"

그녀는 대답하지 않았다. 멘토가 또 물었다.

"남편이 한 말이 진심이라고 생각하나요?"

"네."

"남편이 한 말이 진심이라면 그는 앞으로 달라진 모습을 보이겠군요."

"그럴 거라고 생각해요. 그의 말은 진심이고 정말로 달라질 거예요. 남편이 실제로 달라진 모습을 보여줄 거라고 믿어요."

"남편이 진심이라는 것도 믿고 달라질 것도 믿는데 왜 그를 다시 믿을 수 없다는 겁니까?"

"저는 또다시 상처받을까 봐 두려워요. 남편이 한 말을 믿지만 그를 믿는다는 선택을 하고 싶지는 않아요. 다시 상처받는다면 견디기 어려울 거예요."

"당신 말이 맞습니다. 사실 남편이 무슨 말을 하든 또 잘못을 저지를 가능성은 있습니다. 나쁜 일이 일어날 확률이 아무리 낮아도 100퍼센트 일어나지 않는다고 말할 수는 없으니까요. 당신이 걱정하는 것, 두려워하는 것은 분명 가능성이 있는 일입니다. 당신이 남편을 믿듯 저도 그를 믿습니다. 그렇지만 남편이 당신을 또다시 배신할 가능성은 여전히 존재합니다."

멘토는 잠시 침묵했다가 그녀의 배를 보며 말했다.

"이 모든 상황이 지나간 뒤 결국 두 사람이 헤어졌다고 합시다. 당신의 아이는 어떻게 생각할까요?"

"전 여전히 남편을 사랑해요. 남편이 좋은 아버지가 될 거라고 믿습니다. 우리 아이가 좋은 아버지를 두기를 바랍니다."

"당신은 부부 관계를 회복한 후 다시 고통을 겪거나 상처받을 가능성이 있음을 인지하고 있습니다. 물론 두 사람이 끝까지 행복할 가능성도 있지요. 당신은 그 가능성을 시도해볼 생각이 있나요? 있을지도 없을지도 모르는 고통을 겪어볼 생각이 있나요?"

그때 아내는 둑이 무너지듯 눈물을 쏟아냈다. 남편도 양복이 젖을 정도로 눈물을 흘렸다. 이 부부는 화해할 수 있을까, 아니면 그대로 관계가 끝날까? 한참 후 그녀는 고개를 들고 멘토에게 말했다.

"다시 남편을 믿고 싶어요. 또다시 상처받을 가능성이 있다고 해도요."

"그럼 남편에게 직접 말씀하시겠습니까?"

그녀가 몸을 돌리고 남편을 쳐다보며 말했다.

"난 여전히 당신을 사랑해요. 당신과 가정을 지켜가고 싶어요."

그 순간 강의실이 폭발하듯 박수가 터졌고 수강생들은 힘껏 박수를 치며 눈물을 닦았다. 아내가 연단을 내려가 자리로 돌아가자 남편이 일어나 두 팔을 벌려 아내를 안아주었다. 몸짓언어를 배우지 않은 사람도, 그들의 지난 이야기를 모르는 사람도 둘 사이의 깊은 감정을 느낄 수 있을 정도였다.

멘토가 분위기를 정리하며 말했다.

"많은 사람이 상대가 먼저 바뀌어야 그 사람을 믿겠다고 말합니다. 그러나 그것은 수동적인 태도로 자신의 트리거를 새롭게 정의할 기회를 잃고 맙니다. 남편의 말은 진심이었고 변화한 모습도 보였습니다. 자신의 각본을 수정했지요. 아내 역시 남편을 믿고 싶어했습니다. 또 상처받더라도 자신을 바꾸고 새롭게 시작할 용기를 낸 것입니다. 두 분을 축복합니다. 그리고 두 분 같은 부모를 둔 자녀에게도 축복의 말을 전합니다. 지금의 이 경험이 두 분의 사랑을 더욱 견고하게 만들어줄 겁니다."

감정일기 쓰기 4년 만에
내 안의 감정트리거를 90개 발견하다

　나는 왜 결혼하지 않았을까? 여자친구도 있고 좋은 여자를 만나지 못한 것도 아니다. 그런데 연애를 하다가 결혼 이야기가 나오면 매번 두려움이 찾아왔다. 전에는 이 감정을 자연스러운 것으로 여겼다. 결혼을 두려워하는 마음은 누구에게나 있는 게 아닌가. 나는 정말 바빴고 아직 해야 할 일도 많았다.

　랜드마크 강의를 수료한 뒤 나는 이 문제를 진지하게 생각하기 시작했다. 그러고 보니 결혼 이야기가 나오기도 전에 나는 늘 나 자신에게 묻곤 했다.

　"그녀는 내게 이상적인 여성일까? 조금만 더 기다려볼까?"

　나는 이 생각이 감정 트리거일지도 모른다고 생각했고 그것이 어린 시절에 시작되었음을 깨달았다. 내가 중학생일 때 내가 가장 사랑하던 아버지가 갑자기 세상을 떠났다. 당시 어머니는 내 손을 잡고 이렇게 말했다.

　"애야, 앞으로는 너 자신밖에 의지할 사람이 없단다."

　나는 나를 보호하기 위해, 다시는 그런 아픔을 겪지 않기 위해 가능한 한 친밀한 관계를 만들지 않으려고 애썼다. 그것이 내 마음속에 깊이 숨어 있던 트리거였다.

트리거를 찾아내는 방법은 사랑과 결혼 문제를 해결하는 데 중요한 역할을 하지만 다르게 응용할 수도 있다. 실제로 나는 그 방법을 다양한 방면으로 활용했다. 과학적 관점에서 감정은 인류의 긴 진화 과정에서 만들어진 것이다. 이 감정은 훈련으로 통제할 수 있다. 나 역시 내 감정이 어디에서 오는지 인지하고 감정 관리 방법을 배우자 다른 사람의 감정을 더 잘 이해하고 다룰 수 있게 되었다.

나는 지금까지 감정일기를 쓰는 습관을 유지하고 있는데 이것은 두 부분으로 이뤄진다.

첫째, 이것은 무슨 감정인가?

둘째, 이 감정을 일으킨 외부 도화선은 무엇인가?

예를 들어 식당에서 종업원이 친절하지 않으면 나는 화가 난다. 내 생각에는 종업원이 제대로 일하지 않았으니 화가 나는 게 당연하다. 예전의 나였다면 큰 소리로 항의하거나 한참 동안 화를 가라앉히지 못했을 것이다. 살다 보면 가끔은 이런 일을 겪게 마련이다.

그럴 때 나는 감정일기에 이렇게 기록한다.

"오늘 어떤 일 때문에 기분이 좋지 않았다. 식당 종업원의 태도가 나빴다."

이것은 일기의 서두일 뿐이며 이어 다음 3단계를 거친다.

1단계, 감정 트리거를 찾는다.

"내 감정 트리거는 무엇인가? 그 종업원이 자기 일을 제대로 하지 않았다고 생각하는 것이다."

2단계, 감정 트리거를 직시한다.

"똑같은 상황에서 어떤 사람은 웃으며 넘어간다. 실은 대부분의 사람들이 그렇다. 왜 나는 화가 날까? 내가 종업원과 말다툼을 하거나 화를 낸다고 해서 문제가 해결될까?"

3단계, 감정 트리거를 새롭게 정립한다.

"만약 종업원이 자신이 할 수 있는 최대한의 서비스를 해준 거라면? 혹은 내가 평온한 상태로 종업원과 소통한다면? 내가 문제를 해결하는 동시에 그 종업원이 더 좋은 서비스를 제공하도록 도울 수 있지 않을까?"

나는 이렇게 새로운 트리거를 정립하고 내가 보다 적극적으로 해답을 찾고 문제를 해결하게 한다. 그러면 이후 비슷한 상황에서 갑자기 화를 내는 일은 없을 것이다. 시간이 흐르면서 나는 감정일기의 장점을 더 많이 찾아냈다.

우선 부정적인 감정을 기록하면 다음에 똑같은 감정이 치솟을 확률이 줄어든다. 기록한 뒤 트리거를 새롭게 정립하고 잠재의식에서 똑같은 잘못을 하지 않도록 나 자신을 일깨우기 때문이다.

또한 똑같은 감정이 치솟더라도 내가 빠르게 반응을 보인다. 즉, 감정 지속시간이 훨씬 짧아진다. 처음에는 화가 나도 스스로 부정적인 감정에 빠져 있음을 인지하고 금세 그 감정에서 빠져나와 문제를 해결할 가장 좋은 방법을 찾게 마련이다.

그렇지만 솔직히 말해서 이 과정은 무척 괴로운 일이다. 생각해보라. 40년 가까이 축적된 감정 트리거가 내면에 얼마나 많겠는가. 이것을 바꾸는 일이 말처럼 쉽지는 않지만 하나씩 바꿔가다 보면 감정을 기록하고 트리거를 찾아내 수정하는 일이 삶에 큰 도움을 준다는 것을 느낀다. 나는 예전에 비해 기분이 나쁜 시간보다 좋은 시간이 훨씬 길어졌다.

지금까지 감정일기를 4년째 써오고 있는데 그동안 기록한 내 감정 트리거만 자그마치 90여 개에 이른다. 나는 감정에 휩싸였을 때마다 스마트폰으로 그 자리에서 곧바로 기록할 수 있다. 물론 기록으로 그치는 게 아니라 감정 트리거가 무엇인지 그것을 어떻게 바꿀지도 고민해야 한다.

어린아이라면 모르겠지만 이미 어른이 되었다면 누구나 자기감정을 바꿀 능력을 충분히 내면에 간직하고 있다. 감정을 바꾸고자 하는 강력한 의지만 있다면 말이다. 그렇다. 스스로 만든 트리거이므로 우리는 그것을 찾아내고 바꿀 능력도 우리 안에 갖추고 있다. 이점을 기억하자.

감정을 개선하면 인생이 행복해진다

감정은 다양하지만 실망감, 무력감, 분노, 공포, 죄책감, 원망, 자포자기 같은 부정적인 감정이 우리에게 미치는 영향은 대개 비슷하다.

랜드마크의 강의는 5일간 매일 9~10시간 훈련으로 구성되어 있다. 수강생은 매시간 정신을 집중하며 각각의 사례를 주시하고 사고한다. 마치 영화관에 온 것 같지만 그것은 영화와 달리 허구가 아니라 우리 주변에서 벌어지는 일이다.

쉰 살이 넘도록 혼자인 남자와 파경 위기에 놓인 부부의 공통점은 무엇일까? 어쩌면 공통점이 거의 없을지도 모른다. 그러나 감정 부분에서는 자신을 포함해 자신의 '감정 순환'에 갇혀 있다는 공통점이 있다. 우리는 자신의 트리거를 찾아내고 자신에게 더 유익한 방향으로 이야기를 새롭게 써 나가야 한다.

모든 일에는 다양한 측면이 존재한다. 왼쪽으로 갈지 오른쪽으로 갈지 그 결정권을 누구에게 주어야 할까? 한편에는 '오른뺨을 때리거든 왼뺨도 내밀어라'라는 말이 있지만 다른 한편에는 '이에는 이, 눈에는 눈'이라는 말도 있다. 당신은 어느 쪽을 선택할 것인가? 멘토가 말을 이었다.

"곁에 없는 사람을 향한 감정을 여전히 내려놓지 못하고 있으면 감정 순환을 바꿀 수 없습니다. 그러면 그들은 저승에서도 우리를 통제하는 셈입니다."

랜드마크가 성공한 이유는 문제해결 방법을 제공할 뿐 아니라 적절한 환경도 만들어주기 때문이다. 혼자 고민하지 않도록 동료를 만들어주는 것이다.

무엇보다 한 사람의 능력에는 한계가 있다. 랜드마크는 감정 문제를 해결하는 데 '집단지성'을 활용한다. 여러 사람이 모여 하나의 문제를 놓고 대응법을 고민할 경우 해결책을 찾기가 쉬워진다. 다른 사람의 문제가 내 문제와 달라도 우리는 그들의 감정을 쉽게 이해할 수 있다. 우리 역시 언젠가 그런 일을 겪을 수 있기 때문이다. 감정이입은 우리를 함께 전진하도록 돕는다.

나아가 눈앞의 위기는 공포를 회피하려는 심리를 자극한다. 다른 사람의 격려를 받으면, 모든 사람의 목표가 일치하면 우리는 혼자 고독하게 문제를 겪고 있다는 생각에서 벗어나 보다 긍정적인 태도로 문제를 대하게 된다.

또한 감정은 우리가 문제를 대하는 태도에 영향을 미친다. 경험이 틀릴 수도 있다. 문제가 머릿속에 자리를 잡고 나면 그것이 벗어날 수 없는 악순환을 만들어낸다. 그 안에 있으면 잘 보이지 않지만 바깥에 있는 사람에게는 분명히 보이는 일도 있다. 다른 사람들과 함께 자신의 문제를 마주할 경우 '공식'을 얼마든지 수정할 수 있음을 인식하기가 쉽다.

사실 가장 가까운 사람도 우리가 처한 문제를 다 해결해주지는 못한다. 심지어 가까운 사람들이 문제를 털어놓았을 때 우리는 상대를 질책하기도 한다.

"왜 이혼하겠다는 거니?"

반면 세심하게 준비한 환경에서 전문가의 조언을 받으면 우리는 더 많은 객관적 의견과 건의를 받아들이며 허심탄회하게 남의 의견을 경청하고 사고한다. 그럴수록 내 감정 문제를 개선하는 효과가 크다.

인생은 짧다. 때가 되면 사랑하는 사람이 내 곁을 떠나고 나도 사랑하는 사람을 떠난다. 이처럼 바뀌지 않을 사실은 그대로 받아들여야 한다. 그래서 나는 언젠가 상처받더라도 남편과 아내의 진정한 사랑, 부모와 자식 사이의 사랑은 온 마음을 다해 경험해보아야 할 진귀한 일이라고 여긴다. 그런 인생이야말로 가치 있고 의미가 있지 않을까.

사람은 누구나 행복을 원한다. 오늘 당신은 행복한가? 개선하고 싶은 어떤 부분이 있는가? 설령 당신에게 문제가 있더라도 해결할 마음만 있다면 반드시 그 답을 찾아낼 수 있다. 나는 누구나 진정으로 바라면 자기감정에 관한 '랜드마크'를 찾아낼 수 있다고 믿는다.

몸을 잘 움직이면 감정도 좋아진다

‘대중강연의 넘사벽’ 토니 로빈스에게
하루 18시간 ‘잠재력 촉발하기’ 워크숍을
수강하다

내가 처음 토니 로빈스Tony Robbins의 워크숍을 들은 것
은 2014년 말 개설한 입문 과정 잠재력 촉발하기Unleash the Power
Within, UPW였다. 워크숍은 댈러스 컨벤션센터에서 열렸는데 당시
재미있는 일화가 있다.

강의를 개설했을 무렵 아프리카에서 에볼라 바이러스가 크게
번졌고 한 미국인이 아프리카에서 댈러스로 돌아온 후 에볼라 바
이러스에 걸렸다는 진단을 받았다. 이는 미국 본토에서 처음 발병
한 에볼라 바이러스라 댈러스는 도시 전체가 긴장했다.

그런 상황에서 컨벤션센터에 들어선 나는 2만 개의 좌석이

꽉 차 있는 모습에 깜짝 놀랐다. 토니 로빈스의 워크숍 등록비는 1,000달러에서 1만 달러까지 차등을 두고 있는데 이는 유명가수의 콘서트 표보다 비싼 수준이다. 워크숍 시간도 독특했다. 책에서 소개하기로는 매일 아침 7시에 강의를 시작한다고 했으나 끝나는 시간은 적어놓지 않았다. 강의를 준비하는 진행자에게 끝나는 시간을 물어보니 그때그때 다르다고 했다.

"어떤 때는 밤 10시에, 또 어떤 때는 새벽 1시에 끝납니다."

그 말에 나는 깜짝 놀랐다. 일반적으로 자기계발 워크숍은 아침 9시에 시작해 오후 5시면 끝난다. 그런데 아침 7시부터 새벽 1시라면 워크숍을 18시간이나 계속한다는 얘기다. 처음 겪는 일이라 나는 호기심을 참지 못하고 진행자에게 강사가 몇 명이냐고 물었다. 주요 강사는 토니 로빈스 한 사람뿐이라고 했다. 그렇다면 그처럼 강도 높은 강의를 사흘 연속 진행하면서 많은 청중을 휘어잡는다는 얘기가 아닌가. 절대 쉬운 일이 아니다.

드디어 워크숍을 마친 뒤 나는 토니 로빈스에게 대중 강연 분야에서 다른 사람이 따라올 수 없는 재능이 있음을 깨달았다. 그는 쉬는 시간 없이 대여섯 시간을 강의했는데 그사이 물을 마시거나 화장실을 가지도 않았다. 도대체 그는 체력 관리를 어떻게 하는 것일까? 틈이 날 때마다 여러 진행자에게 물어봤지만 다들 만족스런 대답을 하지 못했다. 토니 로빈스의 체력은 지금까지도 내게 수수께끼로 남아 있다.

첫날 수업에서 그는 아침 7시부터 오후 1시까지 쉬지 않고 연속 강의를 했다. 점심시간도 없었다. 어느 순간 그는 갑자기 "잠시 쉬었다 합시다"라고 말했고 그제야 수강생들은 얼른 점심을 때웠다. 그런 다음 계속 강의를 이어가다가 밤 10시가 넘어서야 저녁을 먹었다. 저녁을 먹고도 강의는 이어졌고 결국 새벽 1시에 첫날 강의가 끝났다. 그런 강의는 난생처음이었다. 그날 나는 허기지고 피로에 찌들어 숙소로 돌아오자마자 곯아떨어졌다.

첫날을 힘들게 보낸 나는 둘째 날부터 간식을 잔뜩 준비해갔다. 언제든 필요하면 먹을 수 있게 이것저것 챙겨간 것이다. 한데 나머지 이틀의 강의는 첫날처럼 강도가 세지 않았다. 토니 로빈스는 아침 9시쯤 강의를 시작해 오후 5시 무렵 강의실을 떠났다. 남은 시간은 그의 예전 강의 영상을 보는 것으로 대체했다. 첫날에 비하면 그 강의 구성은 아주 편안할 정도였다.

토니 로빈스는 왜 강의 시간에 갑자기 춤추자며 수강생을 선동할까

첫날 수업을 시작할 때 토니 로빈스는 다른 자기계발 워크숍과 비슷하게 자기소개를 했다. 무엇보다 기억에 남는 것은 고등학생 때 대뇌 뇌하수체에 종양이 생겨 성장호르몬이 과다 분비되면서 1년 사이에 17~18센티미터나 자랐다는 얘기다. 당시의 의학기술로는 종양을 제거할 수 없었고 지금까지도 종양이 뇌 속에 남아 있는데 그의 키는 거의 2미터에 달한다.

그가 자기소개를 마치자 강의실에 음악이 울려 퍼졌다. 토니 로빈스는 직접 이런저런 춤 동작을 선보이며 수강생들에게 일어나서 같이 춤을 추자고 선동했다. 이것도 그의 워크숍에서 볼 수 있는 하나의 특징이다. 일정 시간이 지나면 다 같이 일어나서 춤을 추는 것이다. 처음에는 그 강의 형식에 적응하기 어려웠으나 기왕 강의를 들으러 왔으니 토니 로빈스가 시키는 대로 해보자 싶어 열심히 따라 했다.

어떤 일을 경험하기로 결정했다면 당연히 끝까지 해봐야 한다. 그래야 제대로 된 체험이라고 할 수 있다. 나는 많은 사람이 경험하기도 전에 잠재의식에서 그 일을 부정하는 경우를 많이 본다. 이럴 때는 경험을 해도 진정한 의미에서 몰입하지 않으며 이러한 경험은 대개 실패한다. 그러면 실패를 그 경험은 불필요한 것이었다고 증명하는 데 쓴다. 이는 현명한 태도가 아니다.

한번은 친구 몇 명과 함께 밥을 먹는데 한 친구가 말했다.

"나는 생선회가 싫어. 한 번도 먹은 적이 없어."

친구들이 그에게 생선회를 먹어보라고 끈덕지게 권하자 그는 젓가락을 생선회에 올려놓았다가 회에 닿았던 젓가락 끝을 혀에 대더니 말했다.

"이상한 맛이야. 마음에 들지 않아."

"적어도 한 점은 먹어보고 결론을 내려야 하는 것 아니야? 더구나 다른 생선은 먹어보지도 않았잖아."

경험한 것처럼 보이지만 실은 진심으로 발을 들이지 않은 일이 누구에게나 있다. 건성으로 시늉만 내는 것은 경험한 게 아니다. 나는 이왕 워크숍을 들으러 왔으니 마음을 다해 몰입해보자고 마음먹고 음악에 맞춰 신나게 춤 동작을 따라 했다. 실제로 경험해보니 중간 중간 춤을 추는 것이 오랜 시간 앉아서 강의를 듣는 데 큰 도움을 주었다.

혹시 이것이 토니 로빈스가 수백만 명의 청중을 사로잡은 이유 중 하나가 아닐까? 하루 18시간 가까이 강의를 하는데 계속 앉아 있기만 한다면 다들 졸음을 견디지 못할 것이다. 그래서 일정 시간이 지나면 토니 로빈스는 일어나 춤을 추자고 권한다. 이것은 그가 계속 강조하는 관점과 일치한다.

행동이 곧 감정이다!

'마음의 닻'을 찾으면 감정은 조절된다

조 내버로도 몸짓언어 워크숍에서 이와 비슷한 관점을 언급한 적이 있다. 그는 우리가 실망감에 젖어 있을 때 고개가 아래로 숙여지고 등이 구부러지는 몸짓언어를 보인다고 했다. 사람의 몸이 오그라들 듯 위축된다는 얘기다. 반대로 기분이 좋을 때 우리는 가슴을 펴고 머리를 위로 치켜든다.

무슨 일을 하면 내 감정을 바꿀 수 있을까? 어떤 사람은 음악을 들으면서 스트레스를 완화한다. 사실 음악을 듣다가 리듬을 타며 몸을 움직이면 기분이 좋아진다. 많은 사람이 운동을 좋아하는 것도 운동이 인체의 엔도르핀(천연 흥분제) 분비를 촉진하기 때문이다. 장기적으로 꾸준히 운동을 한 사람은 스스로 인지하지 못하는 사이 몸짓언어가 훨씬 더 생기 넘치는 모습으로 바뀐다. 그래서 많은 의사가 심리장애를 앓는 환자에게 스트레스나 압박감이 심할 때는 집 밖에 나가 운동을 하라고 권한다.

알고 있을지도 모르지만 기분이 좋지 않을 때 적극적으로 운동에 몰입하는 사람은 거의 없다. 운동을 하거나 어떤 일에 온통 정신을 쏟고 있으면 점점 기분이 좋아진다. 이는 감정이 몸의 움직임에 어느 정도 영향을 받는다는 의미다.

인간의 활력은 시계추와 같다. 이것은 몸이 늘 같은 속도로 에너지를 내보내는 게 아니라는 의미다. 누구에게나 정력이 왕성할 때와 기력이 쇠할 때가 있다. 세계 최고의 권투선수도 3분마다 쉬면서 체력을 회복한다. 그런 휴식시간이 없으면 권투선수들은 3라운드를 다 뛰지 못할 것이다. 내 친구 하나는 45~60분간 일하면 반드시 5~10분을 쉰다. 그 시간에 산책을 하거나 좋아하는 음악을 들으며 기력을 회복한 다음 다시 1시간을 온 정신을 쏟아 일한다.

'잠재력 촉발하기' 워크숍에서 토니 로빈스가 가장 중요하게 다룬 3가지는 이것이다.

- 감정은 몸의 움직임에 영향을 받는다. 행동은 종종 긍정적 감정을 불러일으킨다.
- 무슨 일이든 온 마음을 다해 몰입해야 한다. 그래야 성공할 확률이 높아진다.
- 자신의 긍정적인 감정을 불러일으키는 '마음의 닻'을 찾아내 꼭 기억하라.

좋아하는 음악을 들을 때 리듬에 따라 몸을 편안히 늘어뜨리면 긍정적인 감정이 움직이기 시작한다. 또한 운동으로 몸을 풀어줄 경우 더 쉽게 정신을 집중할 수 있고 일처리가 빨라진다.

성공한 사람들은 대개 자신이 좋아하는 일을 찾으라고 말한다. 좋아하는 일을 할 때 정신을 집중하고 마음을 다 쏟기 때문이다. 여기에다 그 일을 지속해 나갈 동력도 얻는다. 알다시피 집중과 지속은 성공할 확률을 높여주는 요인이다.

긍정적인 이유 5가지를 찾아낼 수 있으면 부정적인 이유는 더 많이 찾아낼 수 있고, 부정적인 감정 아래서는 점점 더 나쁜 것만 생각하게 된다. 말만으로는 부족하다. 초조할 때는 잠깐 생각을 멈추고 운동을 하라. 기분이 좋아진 뒤 다시 생각하면 전보다 더 좋은 해결책을 찾을 수 있다.

토니 로빈스는 과거에 특별히 기분이 좋았던 때를 최대한 떠올리라는 제안도 했다. 가장 기뻤던 날을 떠올려 당시 어떤 감정을 느꼈는지 이야기해보라고 했다.

가장 기뻤던 순간의 감정을 떠올릴 때 우리 몸 어디에서 그 '감각'이 가장 강하게 나타날까? 심장이 빨리 뛸 수도 있고 가슴이 부풀 수도 있으며 관자놀이에서 열이 날 수도 있다. 토니 로빈스는 그 특별한 감각을 찾아낸 다음 손으로 그 부위를 만져보라고 했다. 그것을 가장 기뻤던 순간 느낀 감정을 조종하는 의식적인 동작으로 삼아야 한다.

그가 말하는 내용은 신경언어 프로그래밍Neuro-Linguistic Programming, NLP과 비슷한 데가 있다. 그도 그럴 것이 토니 로빈스는 자기계발 강연으로 유명해지기 전에 한동안 신경언어 프로그래밍 강사로 일한 적이 있다. 신경언어 프로그래밍에서는 이 방법을 '마음의 닻 내리기anchoring(앵커링)'라고 부른다. 감정상의 닻을 설정해 그것을 기억 속에 새겨두고 몸의 어느 부위에서 특수한 반응이 일어나는 것을 경험한다. 나중에 그와 비슷한 감정을 일으켜야 할 때 손으로 그 부위를 만지면 예전의 그 감정이 일어난다. 이 경우 시간을 들여 과거 경험을 복기하지 않아도 된다.

이 방법을 사용하면 감정 트리거를 수정하면서 부정적인 감정을 천천히 제거할 수 있다. 또한 감정 트리거를 긍정적인 감정으로 바꿔서 축적하는 것도 가능하다. 특히 온 정신을 쏟아 몰입할 경우 마음의 닻이라는 특정 의식(몸의 어느 부위를 만지는 행위)을 거쳐 긍정적인 감정을 이끌어낼 수 있다. 이 몇 가지 방법만 잘 숙지하면 무슨 일을 하든 큰 도움을 받을 수 있지 않을까?

우리는 모두 성공을 갈망하지만 그것은 쉽게 얻을 수 있는 것이 아니다. 어떤 일을 잘 해내고 싶을 때는 반드시 긍정적인 심리 상태를 유지하고 정신을 집중해서 힘을 쏟아야 한다. 만약 원하는 순간 긍정적인 심리 상태와 에너지를 집중하는 마음자세를 갖출 수 있다면 성공에 보다 가까워질 것이다.

토니 로빈스는 바로 이 부분에 신경언어 프로그래밍을 결합해 실용성이 뛰어난 방법을 고안했다. 이는 가장 기뻤던 기억과 몸의 어느 부위를 연결하는 것으로 손이 처음 그 부위에 닿았을 때 마음의 닻을 내리고, 이후 그 감정을 끌어내고 싶을 때 손을 대기만 하면 된다. 이것은 정말 좋은 방법이다. 나는 좌절감을 느낄 때마다 예전에 느낀 좋은 기억을 떠올리며 그 방법을 사용한다. 그러면 기분이 바닥에서 순식간에 위로 쑥 올라온다.

'잠재력 촉발하기' 워크숍에서 가장 유명한 수업은 '뜨거운 숯 위를 걷기'다. 이 수업은 전체 강의의 마지막 날에 진행하며 수강생은 모두 뜨거운 숯 위를 걷는다. 처음 시도할 때 수강생은 대부분 겁을 내며 숯 위를 걷지 못한다. 어떤 사람은 반쯤 걸어가다가 포기하고 빠져나오기도 한다. 이때 강의 진행자들은 수강생을 격려하고 인도하며 용기를 북돋우면서 멈추지 말고 걸으라고 말해준다. 사실 잠깐이라도 멈추면 오히려 더 크게 다친다.

이 체험은 내게 깊은 인상을 남겼다. 인간은 두려움 앞에서 2가지 특징을 보인다. 하나는 두려워하면서 결정을 내리지 못하는 것이고 다른 하나는 위축되고 중도 포기하는 것이다. 이 2가지는 우리가 실패하는 주요 원인이다. 나는 뜨거운 숯 위를 걸은 다음 뒤를 돌아보았다. 그제야 숯의 뜨거움은 그다지 무서운 게 아니라는 것을 알았다. 무서운 느낌은 내가 '두렵다'는 감정을 관리하지 못해 그 감정에 조종당한 결과였다.

감정 관리는 심리학의 주요 연구 분야다. 만약 당신이 긍정적인 심리 상태에 놓이지 못하고 늘 분노나 편집증, 걱정 속에 파묻혀 있다면 어떨까? 생각만으로도 끔찍할 것이다. 감정 관리는 보편적인 기본 학습 과정으로 대중에게 보급해야 한다. 무엇보다 이해하기 쉬운 방식으로 전달해 더 많은 사람이 감정 관리법의 도움을 받도록 해야 한다. 자기감정을 관리하고 사고방식을 새롭게 정립하면 삶이 더 원만하고 온전해진다.

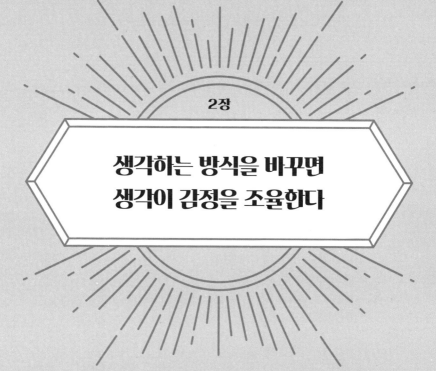

2장

생각하는 방식을 바꾸면
생각이 감정을 조율한다

미국은 21세기에도 아프가니스탄, 이라크 두 곳에서 전쟁을 치렀다. 전쟁을 직접 경험한 많은 병사가 전선에서 돌아온 후 심각한 생활장애를 겪으며 사회에 적응하지 못한다. 이들은 구직난, 가정파탄, 외상후스트레스장애PTSD 등에 시달리는데 불행히도 대부분 외상후스트레스장애에 패배한다.

1960~1970년대 베트남 전쟁 이후 외상후스트레스장애가 오랫동안 미국 사회를 괴롭혔다. 군대에서 가장 흔한 치료법은 증상에 따른 약물 처방이며 이런 식으로는 심리 질병의 근본 문제를 치료할 수 없다. 여기에다 약물 처방 부작용으로 군대나 퇴역군인 사이에서 약물 오남용이 심각한 문제로 떠올랐다. 전장에서 구사일생의 경험을 한 병사들은 몸의 상처는 치유했지만 정신적 고통은 없애지 못했다. 특히 죽음이 주는 공포나 잔혹한 장면을 본 기억은 평생 따라다니는 악몽으로 남는다. 전쟁이 없는 평화로운 지역에서 생활하는 사람들은 이런 것을 상상조차 하기 힘들다.

미국 재향군인회Veterans Affairs, VA에서 조사한 결과 1979년부터 2014년 사이 매년 자살한 퇴역군인이 8,000명에 달한다. 내가 참가한 어느 포럼에서 이라크 전쟁에 참전한 퇴역군인이 경험담을 들려준 적이 있다. 임무 수행 중 가장 친한 전우가 지뢰 폭발로 사망하는 장면을 목격한 그는 피와 살점이 사방으로 흩어지던 그 참혹한 광경을 여전히 잊을 수 없다고 했다.

밤이면 그의 머릿속에 전쟁의 온갖 참상과 생사고락을 함께한 전우의 모습이 영화 화면처럼 끊임없이 눈앞을 지나갔다. 멀쩡히 살아 있던 전우의 피와 살을 곁에서 뒤집어쓴 그는 깊은 무력감과 죄책감에서 벗어나지 못했다. 왜 전우들은 죽고 나만 살았나? 그와 동시에 그의 정신은 팽팽한 긴장감에 휩싸여 주변에서 작은 소리만 들려도 화들짝 놀라 다시 전쟁터로 돌아간 것 같은 기분에 빠졌다.

"그런 죄책감을 갖지 말아요. 전쟁터였잖아요. 당신 탓이 아니에요."

"너무 괴로워하지 말게. 산 사람은 살아야 하는 거야."

"죽은 전우를 위해, 당신 자신을 위해, 곁에 있는 가족과 친구를 위해 더 꿋꿋이 살아야죠."

친구와 가족이 그를 위로했지만 소용이 없었다. 심리상담 역시 치료 효과가 제한적이었다.

트라우마에서 벗어나는 일, 특히 전쟁이 안겨준 잔혹한 경험에서 벗어나는 것은 쉽지 않다. 더욱이 퇴역군인은 전쟁 기억을 다 잊는 것은 전우를 배신하는 것이라는 미안함까지 끌어안고 있다. 그 퇴역군인은 그것을 내려놓지 못하면 알코올이나 약물 중독, 우울증으로 망가질 것이라는 사실을 알지만 차마 전우를 잊을 수가 없다고 했다.

"우리 역시 전쟁의 피해자다. 전쟁터에서 그토록 많은 희생을 치렀는데 세상에 돌아오니 전쟁을 했다고 비난을 받는다. 지금 내가 전우들을 잊어야 한다면 우리가 함께한 시간, 노력은 모두 잘못된 것이었단 말인가? 아무리 고통스러워도 나는 전우들을 위해 끝까지 전쟁을 기억할 것이다."

전 세계 기술을 선도하고 군사력이 가장 강력한 미국도 전쟁에 따른 정신적 고통을 해결하는 문제에는 힘이 미치지 못하는 부분이 많다. 정부도 민간도 이 문제는 해결하기 어려운 난제로 여긴다.

인간의 감정과 정신 분야에서 결정적인 작용을 하는 것은 우리의 사고방식이다. 감정을 긍정적으로 유지하려면 어떻게 생각을 바꿔야 하는지부터 알아야 한다. 우리는 자신의 생각을 결정할 수 있고 그 생각이 바로 감정을 결정한다.

NLP는 어떻게 감정을
효과적으로 다루는가

NLP 트레이너가 베트남전 참전
퇴역군인의 트라우마를 치유한 방법

NLP는 신경언어 프로그래밍의 약자로 이것은 신경계의 작용 방식, 언어와 행동 모델 사이의 관계 등을 연구한다. 내가 앞서 말한 포럼에 참가한 것도 NLP 연구 활동을 위해서였다.

그 포럼에 참가한 어느 NLP 트레이너는 젊은 시절 베트남 전쟁에 참전한 사람으로 퇴역군인이 처한 상황을 누구보다 잘 이해했다. NLP 치료 과정에서 많은 도움을 받은 그는 NLP의 특별한 효과를 굳게 믿고 있었다. 그 트레이너는 앞서 말한 퇴역군인에게 NLP를 적용하기 위해 함께 대화를 나눴다. 먼저 트레이너가 질문을 했다.

"지금도 그 사건이 떠오르나요?"

"그럼요! 매 순간 생각합니다. 눈만 감으면 보이는 걸요."

"머릿속에 떠오르는 그 전쟁의 화면은 얼마나 크지요?"

"아주 큽니다. 온 세상을 다 덮을 만큼 큽니다. 사방이 불길과 연기로 가득하고 폭탄 파편이 이리저리 날아다닙니다. 저는 그런 것에 둘러싸여 꼼짝도 못합니다."

"그 화면의 주된 색채는 무엇입니까?"

그 순간 퇴역군인이 눈을 감았다. 표정도 삽시간에 고통과 증오로 바뀌었다.

"전우의 피가 뿜어지는 것이 보입니다. 온통 붉은색입니다. 피가 제 초록색 군복을 물들였어요."

"흑백사진을 본 적 있죠? 어렸을 때 할아버지 댁에서 보던 사진들 말입니다. 그런 사진은 시간이 많이 흐르면 색이 바랩니다."

퇴역군인의 표정이 조금 평온해진 것을 본 NLP 트레이너가 계속 그의 심리를 유도했다.

"이제 머릿속에서 지뢰가 터지던 순간을 흑백사진 모습으로 상상해보세요."

그 말을 들은 퇴역군인은 갑자기 평온해졌다. 눈은 여전히 감은 상태였고 얼굴에 긴장감이 어려 있었지만 방금 전처럼 두려운 기색은 아니었다.

"지금도 어떤 소리가 들립니까?"

"여전히 폭발음이 들립니다. 그 비명소리! 너무 무섭습니다. 전우들이 도와달라고 외치고 있어요. 여기까지 생각하면 매번 식은 땀이 흐릅니다."

"음, 이렇게 해봅시다. 서커스단의 어릿광대를 알죠? 어릿광대는 어떤 소리를 내나요?"

"어릿광대의 목소리는 아주 웃겨요. 이상하지요."

서커스단에서 어릿광대는 헬륨가스 풍선의 가스를 한 모금 마신 뒤 입을 열어 가늘고 높게 변한 목소리로 웃음을 자아낸다.

그 순간 퇴역군인의 얼굴에 미소가 떠올랐다. 어린 시절에 본 따뜻하고 즐거운 서커스단의 기억을 떠올린 것이다. 그의 주의를 다른 쪽으로 돌리자 퇴역군인의 머릿속에 있던 포탄 연기가 자욱한 전쟁터의 화면이 달라진 셈이다.

NLP 트레이너는 마지막으로 치료를 종결하는 심리를 유도했다.

"그럼 상상해봅시다. 머릿속 입체 화면을 평면으로 만들 수 있을까요? 영상이 아니라 사진처럼 만들어보세요. 흑백사진으로요. 아주 낡은 흑백사진이지요. 그런 다음 다시 상상하는 겁니다. 사진이 점점 작아집니다. 당신에게서 멀어지는 거죠. 1미터, 2미터, 5미터, 10미터……. 이번에는 어릿광대 목소리가 들리네요. 아주 웃긴 목소리군요."

잠시 후 NLP 트레이너가 미소를 지으며 물었다.

"지금은 느낌이 어떻습니까?"

그때 퇴역군인의 어조는 전처럼 격앙되지 않았고 느릿느릿 대답했다.

"아, 정말 확 달라졌어요. 내가 여전히 그 장면 속에 있는 것 같은데 그 일이 예전에 일어난 것처럼 느껴집니다."

'현대 최면술'의 아버지 밀턴 에릭슨에게 전수받는 NLP 응용 3단계

NLP는 1976년 심리학자 리처드 밴들러Richard Bandler와 언어학자 존 그린더John Grinder가 공동 창시했다. NLP의 N Neuro은 신경 혹은 신경계를 가리키며 대뇌와 사고 과정을 통제하는 신경을 포함한다. 신경은 우리의 정신 활동을 담는 저장장치로 잠재의식에서 우리가 외부세계에 보이는 반응, 즉 조건반사, 논리적 사유, 감정 반응 등을 통제한다. 신경계에는 지휘본부처럼 자신만의 운영방식이 있다. 성인의 대뇌에는 약 100억 개의 신경세포가 있지만 그것이 어떻게 활동하는지 지금까지 알려진 것은 거의 없다.

NLP의 L Linguistic은 넓은 의미의 언어를 가리킨다. 이것은 사람들이 일상적으로 소통할 때 사용하는 단어, 문장, 어조, 언어를 비롯한 일체의 몸동작을 포함한다. 물론 우리가 마음속으로 하는 '자아와의 대화'도 여기에 들어간다. 가령 앞서 퇴역군인이 머릿속에 담아둔 전쟁 장면이나 상상 역시 여기서 말하는 '언어'에 포함된다. 다시 말해 언어에는 외재적 표현과 내재적 존재가 있어 매우 넓은 의미를 포괄한다.

NLP의 P Programming는 말 그대로 프로그램이며 대뇌와 사고가 결정한 후 우리에게 하달하는 구체적인 집행 명령이다. 만약 우리가 컴퓨터 프로그램을 잘 이해하면 그것을 어떻게 수정해야 하는지도 알 수 있다. 마찬가지로 우리가 대뇌 프로그램을 알 경우 스스로를 변화시킬 수 있다.

누구나 마음속에 뿌리 깊은 생각을 많이 지니고 있다. 그래서 우리는 자신의 일처리 방식을 습관이나 천성으로 해석한다. 사실 이 뿌리 깊은 생각에는 형성 원인이 있으며 컴퓨터 프로그램처럼 실제로 우리가 수정할 수 있다.

우선 우리는 이 프로그램의 관련 정보를 어떻게 입력하는지 알아야 한다. 내가 가장 먼저 한 것은 NLP와 관련된 책을 읽는 것이었다. 그 저자들 중 두 전문가가 내게 깊은 인상을 주었는데 한 명은 NLP의 세 번째 창시자로 여겨지는 로버트 딜츠Robert Dilts다. 다른 한 명은 정신병리학 전문가로 '현대 최면술의 아버지'로 불리는 밀턴 에릭슨Milton Erikson(1901~1980)이다.

밀턴 에릭슨은 인간이 실은 시각적 동물이라는 중요한 발견을 했다. 시각은 우리의 대뇌 신경을 직접 건드리고 논리적 사고와 기억회로, 감정 반응 등을 불러일으켜 우리의 행동양식에 영향을 미친다. 이것은 내가 NLP를 중요하게 인식한 이유 중 하나다. 심지어 다음 3단계 응용은 내게 특히 커다란 수확이었다.

1단계, 이미지를 새로 정립하고 기억을 변경한다.

많은 사람이 나이가 들면 기억력이 떨어지는 것을 당연하게 여긴다. 그러나 현대 연구 결과에 따르면 실제로는 그렇지 않다. 기억력 전문가들에 따르면 나이가 들수록 기억력이 좋아진다고 한다. 인간의 언어 능력은 단어를 기억하지 못하는 것처럼 나이가 들수록 쇠퇴하지만 대신 이미지 기억력은 매우 활발해진다.

앞서 말한 퇴역군인은 당시의 수많은 세부사항까지 새로운 기억처럼 생생하게 떠올렸다. 그에게는 군복과 피의 색깔, 전우의 몸이 터지는 모습 등이 깊은 기억으로 남아 떨쳐버릴 수 없는 악몽이 되었다. 머릿속 이미지란 도대체 무엇일까? 이 문제는 매우 복잡하지만 어떤 부분은 명확하다. 머릿속 이미지는 진짜 기억을 기초로 생성된 것이 아니다. 언어는 우리가 쉽게 볼 수 없거나 보고 싶어 하지 않는 사물도 이미지로 만들어낸다. 예를 들어 사나운 용이 수영장 다이빙대에 서 있는 장면을 생각해보자. 이는 현실이 아니지만 머릿속으로는 아무런 장애 없이 그 화면을 형성할 수 있다. 더구나 신묘하고 황당무계한 색채까지 아주 선명하게 느낄 수 있다.

만약 퇴역군인이 참혹한 이미지를 기분 좋은 이미지로 바꾸면 감정은 자연스레 그 이미지를 따라 변화한다. 나아가 우리는 머릿속 세부사항으로 새로운 정립과 조정을 진행하려 한다. 인지 역시 이들의 변화에 따라 새롭게 만들어진다.

2단계, 이미지를 운용해 원동력을 찾는다.

오늘날 많은 사람이 건강에 관심을 기울이지만 건강을 돕는 행동은 소홀히 하기 일쑤다. 대개 건강에 유익한 행동을 몇 번 실천한 다음 흐지부지되고 만다. 왜 그럴까? NLP 이론 중 이미지로 시각화하는 방법을 살펴보자. 도대체 무엇이 사람을 행동하게 만들까? 여기에는 2가지 해결방법이 있다.

하나는 힘든 부분을 드러내 구체화하는 것이다. NLP를 배운 뒤 나는 나 자신을 향해 말했다.

"생활방식이 건강하지 못할 때 가장 직접적인 결과는 비만이다."

이때 머릿속에 내가 비만해진 모습을 진짜처럼 생생하게 떠올린다. 살이 쪄서 길을 걸으면서도 숨을 헐떡이며 힘겨워하는 것처럼 구체적인 모습일수록 좋다. 스스로 받아들이기 힘들 만큼 모습이 엉망이면 건강하지 않은 생활방식이 얼마나 나쁜지, 그 정도가 얼마나 심각한지 깨닫고 당장 생활방식을 바꾸려 애쓸 것이다.

우리가 어떤 문제를 소홀히 하는 것은 잠재의식에 '그건 그냥 작은 결점일 뿐'이라는 생각이 있기 때문이다. 그 결점을 추상적이고 모호하게 인지할 경우에는 더욱 그렇다. 반면 우리가 그것을 심각한 문제로 시뮬레이션하고 이미지를 이용해 진짜 같은 장면으로 구체화하면 문제를 정면으로 직시하게 된다.

다른 하나는 즐거움을 확장하고 구체화하는 것이다. 다시 말해 건강한 식생활과 꾸준히 운동하는 것의 장점을 상상한다. 예를 들어 몸매가 멋진 자기 자신을 상상하거나 수영복을 입고 해변을 걷는데 주변에 사람들이 구름처럼 몰려든 장면을 떠올려보자. 이런 상상은 건강한 생활방식을 실천할 더 큰 원동력으로 작용하지 않을까?

3단계, 이미지를 이용해 감정을 변화시킨다.

전통 심리 상담에는 언어 상담만으로 치료하려 한다는 단점이 있다. 물론 언어로도 타인의 생각을 이해하고 문제의 원인을 찾아내며 심리장애가 있는 사람을 긍정적인 방향으로 이끌 수 있다. 그러나 사람마다 언어 표현 능력에는 큰 차이가 있고 자신의 심리 문제를 직시하는 것도 쉽지 않아 자세한 설명을 듣기가 어렵다. 결국 언어로만 치료하는 것으로는 부족하다.

NLP는 직접 시각으로 개입하는 방식을 주장한다. 한마디로 상대방의 머릿속에 이미지를 주입한다. 이미지는 중립적이라 보통 명확한 입장이나 비판의 느낌이 없기 때문에 이를 주입해도 저항감이 적다. 앞서 나온 NLP 트레이너는 "이미 지나간 일이니 더 생각하지 마세요. 미래를 생각하세요"라고 말하지 않았다. 퇴역군인에게 감정적 필터가 있어서 그런 말을 쉽게 받아들이지도 않았을 것이다.

NLP 트레이너는 이미지를 이용해 퇴역군인을 유도했다. 트레이너가 그에게 떠올리게 한 이미지는 모두 고통과 전혀 관계없는 것이었다. 또한 본래의 관념과 충돌하지 않으면서도 정확히 아픈 곳을 짚어주었다. 트레이너는 퇴역군인이 깨닫지 못하는 사이에 그의 감정적 필터를 걷어냈고 고통은 컬러에서 흑백으로 바뀌었다가 점점 색이 바래듯 옅어졌다.

평소 사용하는 감각기관 용어를 간파하면 정확한 치료 방법을 찾을 수 있다

인간은 시각, 청각, 후각, 미각, 촉각이라는 5가지 감각기관으로 정보를 수집한다. 그래서 어떤 사람이 좋아하는 감각기관을 이용하면 그의 감성에 커다란 영향을 발휘할 수 있다. NLP 연구자들은 누구나 자주 사용하는 1~2가지 감각기관이 있음을 밝혀냈다. 자세히 관찰해보면 사람마다 특히 좋아하는 감각기관

용어가 있음을 알 수 있다. 예를 들어 어떤 사람은 의문을 표시할 때 이렇게 말한다.

"그는 성실해 보이지 않아."

또 다른 사람은 다르게 말한다.

"그 일은 진짜처럼 들리지 않네."

의미하는 바는 비슷하지만 전자는 '보다'를, 후자는 '듣다'를 사용했다. 이는 그들이 정보를 수집하고 타인과 소통할 때 주로 사용하는 감각기관이 한쪽은 시각, 다른 쪽은 청각이라는 뜻이다.

이 연구에 기반해 상대방이 평소 어떤 감각기관 용어를 사용하는지 진지하게 관찰할 경우 그 사람에게 딱 맞는 치료 방식을 찾을 수 있다. 또 그 사람이 편안하게 느끼는 감각으로 소통함으로써 설득력을 높이고 신뢰를 얻을 수도 있다. 상대방이 "어떻게 들려요?"라고 물었다면 "내가 볼 때는 좋은 것 같아요"라고 대답하면 안 된다. "그가 하는 말을 들어보니 의미가 있는 듯해요"라고 말해야 그에게 더 좋은 영향을 미친다.

'사실을 제시하고 논리적으로 설득하는' 것은 사람들이 타인을 설득할 때 흔히 쓰는 방식이다. 그러나 인간의 대뇌에는 이성뿐 아니라 감성 부분도 있다. 감성 반응은 이성보다 빠르며 그 영향력은 신경계 깊은 곳까지 직접 전달된다. 많은 경우 우리는 감성 요인에 따라 결정을 내린다. 따라서 논리를 사용하는 것은 소통의 일환에 불과하며 감성으로 상대방의 인정을 이끌어내야 효율적인 소통이 가능하다.

현실을 보자면 '사실을 제시하고 논리적으로 설득하는' 방식은 그다지 통하지 않는다. 실은 여러 감각기관을 이용해 감성을 일깨우고 상대방 머릿속의 이미지를 변화시켜 생각이 바뀌도록 유도하는 NLP가 훨씬 더 효율적이다.

이것을 기초로 몸동작도 사람의 생각을 바꿀 수 있다. 사람들은 보통 자신이 매우 논리적이고 올바르다고 생각한다. 특히 고정관념이 있을 때는 몸동작도 같은 자세만 취하며 같은 자리에서 움직이지 않으려고 한다. 그것이 마치 자신의 굳은 결심과 동요하지 않는 모습을 보여주는 상징이라도 되는 것처럼 말이다. 이때 그 사람을 움직이게 만들면 새로운 관점에서 생각하도록 유도할 기회가 많아진다. 덕분에 나는 NLP 기술을 좀 더 잘 활용할 방법을 발견했다. 이미지뿐 아니라 행동과 상황까지 고려하게 된 것이다. 예를 들어 고민에 빠진 사람을 만나면 다른 곳으로 이동하자고 권한 뒤 묻는다.

"이렇게 몇 발짝 걷는 순간 당신이 고민하는 문제를 해결할 수 있다면 기쁘지 않겠습니까? 그 기쁜 상황을 상상해보세요."

이어 그를 좀 더 유도한다.

"현실 속의 몇 가지 행동, 그러니까 몇 발짝 걷는 일이 지금 고민하는 문제를 해결할 수 있다고 상상해보세요."

예를 들어 높은 사다리를 타고 올라가는 훈련을 생각해보자. 바람이 불 때마다 몸이 흔들려 겁이 나지만 트레이너는 보통 계속 위를 보고 대담하게 올라가라고 권한다. 이 훈련을 창업 과정의 어려움과 위험에 대입해 상상해볼 수도 있다. 가족이 응원해주지 않으면 어쩌지? 융자를 받는 데 실패하면 어쩌지? 좋은 동업자를 만나지 못하면 어쩌지? 고객이 우리 상품을 싫어하면 어쩌지? 다른 사람과 네거티브 경쟁을 하게 되면 어쩌지?

그러다가 가장 높은 곳까지 올라가 두 손을 놓고 앞으로 한 발 내딛으면서 눈앞의 철봉을 붙잡는다. 두려움을 극복하고 이 도전에 성공하면 커다란 성취감이 느껴진다. NLP를 배우기 전 나는 이러한 신체훈련 항목을 단순히 고소공포증을 극복하게 해주는 방법이라고 생각했다. 지금은 여기에 그보다 더 깊은 은유적 의의가 있음을 이해한다. 이는 NLP를 이용해 머릿속 이미지로 심리 상태를 바꾸는 방법과 통하는 데가 있다.

소통은 우리가 반드시 배워야 할 필수과목이다. 어떤 사람의 EQ가 높다고 평가할 때는 대개 그 사람이 말을 잘한다거나 두세 마디로 다른 사람의 심리를 꿰뚫는 것을 의미한다. 훌륭한 강연자는 심오한 내용을 다루면서도 생생한 묘사나 쉬운 표현으로 우리의 마음을 건드리고 공감을 이끌어낸다. 사실 그가 말하는 것은 우리도 원래 알고 있는 내용인 경우가 많다. NLP가 성공한 이유는 이처럼 추상적 기교를 실제 활용법으로 제시했기 때문이다.

최고의 스토리텔링이란?

스토리텔링의 황제, 도널드 데이비스에게 스토리텔링을 배우다

사람과 사람 사이의 흔한 소통 방식은 메시지나 이메일로 비교적 단편 정보를 교류하는 것이다. 오늘날에는 다른 사람에게 직접 이야기할 기회가 점점 줄어들고 있지만 상대를 진정 감화하려면 스토리텔링에 의존하는 수밖에 없다. 특히 마케팅 분야에 종사하는 사람들은 가장 확실한 영업 전략은 상품 그 자체나 브랜드 가치가 아니라 스토리텔링을 파는 것임을 잘 알고 있다. 많은 사람이 상품이 아닌 상품이 표현하는 이야기나 브랜드가 대표하는 의미와 그 뒤에 존재하는 이야기를 구매한다.

이야기를 싫어하는 사람이 있을까? 이야기에 열중하는 것은 인간의 타고난 특성이다. 우리는 모든 물건에 이야기와 의미를 부여하기를 좋아한다. 또한 우리는 이야기로 이 세계와 사회를 이해하고 다른 사람에게 영향을 미치려고 한다. 더구나 큰일을 하려면 많은 사람의 지지와 응원이 필요하다. 이를 위해서는 협력이나 공감을 바탕으로 한 신념과 역량을 이끌어내야 한다.

어떻게 해야 그게 가능할까? 그것은 스토리텔링으로 해야 하므로 스토리텔링에 능숙해질 필요가 있다. 그 점에서 랜드마크 워크숍은 내게 많은 도움을 주었다. 랜드마크 수업은 어린 시절 부주의하게 넘긴 사건이 많은 감정 트리거를 만들었고, 어떤 트리거를 없애려면 대뇌에 깊이 박힌 그 이야기를 수정해서 써야 한다고 알려주었다. 그 이야기를 어떻게 고쳐 쓰고 또 들려줄 수 있을까?

이 질문의 답을 찾기 위해 나는 스토리텔링의 황제로 불리는 도널드 데이비스Donald Davis를 찾아갔다. 2014년 유타주 솔트레이크시티에 개설한 그의 스토리텔링 전문 워크숍에 등록한 것이다.

도널드 데이비스의 워크숍이 솔트레이크시티에서 열린다는 것을 처음 알았을 때 나는 약간 의아하다는 생각을 했다. 유타주는 미국에서 단일종교 비율이 가장 높은 주로 70퍼센트가 넘는 주민이 몰몬교를 믿는다. 그런데 도널드 데이비스는 기독교 목사를 지냈던 사람이니 당연히 이상할 수밖에 없었다.

다른 한편 내 친구 여러 명과 나를 가르친 교수가 몰몬교도라 약간 기대감도 있었다. 실제로 워크숍에 참석하자 몰몬교 본거지라는 느낌이 더욱 강해졌다. 나를 제외한 30명 넘는 수강생이 전부 몰몬교도였다! 더구나 수강생 중 나는 가장 젊은 사람이었다. 주변을 돌아보니 대부분 머리카락이 희끗희끗한 할머니였고 남성

자체가 매우 적었다. 하지만 그것은 중요한 문제가 아니었고 나는 금세 가까이 앉은 다른 수강생들과 수다를 떨었다.

도널드 데이비스가 몰몬교의 도시 솔트레이크시티에서 워크숍을 개설한 이유

몰몬교도는 자신의 가족구성원 명단을 일일이 열거한다. 미국인이 자기 친척을 찾거나 가족 역사를 이해하려 할 때 몰몬교 공식 웹사이트에 가서 자료를 검색할 정도다. 그곳에 미국 전역, 아니 전 세계에서 가장 방대하고 완전한 가족 데이터베이스가 갖춰져 있기 때문이다.

내 친구 토머스 페인은 유명한 공공건축물과 경관 디자이너인데 그의 선조 로버트 트리트 페인Robert Treat Paine은 1776년 미국 독립선언서에 서명한 56명 중 하나다. 그는 미국 개척자이자 정치가인 동시에 매사추세츠주 초대 대법관으로 매사추세츠주가 노예제를 폐지하는 과정에서 중요한 역할을 했다.

토머스 페인은 어린 시절 집 벽에 독립선언서가 걸려 있었다고 했다. 그는 복도를 지나갈 때마다 그 앞에 멈춰 서서 선조의 서명을 바라보았으며 그것이 어린 시절 기억 중 가장 인상 깊은 일이라고 했다. 이후 그는 아버지에게서 1912년에 쓴 가족 역사책을 받았다. 그때부터 가족사를 탐구하고 싶은 열정에 불탄 그는 선조의 역사를 조사하고 있는데 지금까지 12대 역사를 보강했다고 한다.

그는 선조의 사적·저작·언론보도 등을 토대로 집안 역사를 새로 정리하면서 자신이 어디에서 왔고 당시 조상이 어떤 일을 했는지, 다른 선조와 어떤 관계를 맺었는지 알아가고 있다. 이런 조사를 하면 자신과 타인, 다른 가족 사이에 연결이 생기고 이 연결 감각은 매우 중요하다. 이는 사람들에게 존재감을 안겨주며 자신의 가족과 친척을 더 사랑하게 해준다.

페인은 자신을 집안의 관리인이라고 생각한다. 그는 수십 년 동안 묵묵히 가족사를 연구했고 자신이 찾아낸 자료를 다음세대에게 물려주기 위해 노력하고 있다. 나는 토머스 페인이 가족 역사를 탐구한 자료를 보며 감탄을 금할 수 없었다.

중국인 역시 민족문화 전승을 중요하게 여기고 혈연관계로 이어진 가족문화를 강조한다. 그러나 최근 수십 년 사이 각종 원인으로 가족문화 개념이 점차 옅어지고 있다. 그것은 나도 마찬가지다. 선조 이야기라고는 어린 시절 할아버지께 들은 것이 전부다.

워크숍에서 그 사실을 털어놓자 대부분의 수강생이 깜짝 놀랐다. 동양은 서양에 비해 비교적 가족관계가 끈끈하다고 알려졌기 때문이다. 그러니 가족 역사를 중요시하는 게 당연할 텐데 그렇지 않다니 몰몬교도 입장에서 이해가 가지 않았던 모양이다.

몰몬교도의 가족관을 이해한 뒤 나는 도널드 데이비스가 워크숍을 솔트레이크시티에 개설한 이유를 이해할 수 있었다. 그가 가르치는 내용은 '어떻게 자신과 가족 이야기를 잘 풀어갈 것인가' 하는 것이다. 자신이 어디에서 왔는지 모르면 어디로 갈지도 알 수 없는 법이다.

사람들이 계속 이야기를 듣고 싶게 만드는 최고의 스토리텔러 되기

나는 도널드 데이비스가 스토리텔링의 황제로 알려졌으니 강의 방식이 생생하고 흥미진진할 거라고 기대했지만 실은 특별한 점이 없었다. 일주일의 수업 중 처음 이틀 동안은 스토리텔링의 이론 지식을 습득하고 기초를 연습했다. 그다음 사흘간은 수강생 각자의 가족 이야기를 해보라고 주문했다. 그 과정에서 그는 계속 조언을 하며 이야기가 더 풍부하고 재미있도록 도왔다.

특히 첫날 그가 스토리텔링에서 서사의 기교가 얼마나 중요한지 강조한 부분이 인상 깊었다. 사람들은 흔히 특별하고 놀라운 내용을 담아내면 좋은 스토리텔링이라고 오해한다. 가령 이국적인 풍경이나 보통사람이 경험하기 힘든 일을 이야기하는 것이 있다. 이런 이야기는 사람들의 관심을 끌지만 그것만으로 좋은 스토리텔링이라고 할 수는 없다. 청중은 신선함에 이끌려 귀를 기울이는 것이지 이야기를 잘 하는지 아닌지에는 신경 쓰지 않는다. 정말로 스토리텔링이 뛰어난 사람은 누구나 경험하는 평범한 이야기를 하면서도 사람들이 계속 이야기를 듣고 싶도록 만든다. 이것이야말로 진정한 스토리텔링이다. 그렇게 하려면 어느 정도 서사의 기교가 필요하다.

도널드 데이비스는 좋은 스토리텔링의 조건으로 2가지를 제시했다.

첫째, 스토리텔링은 시각에만 의존하면 안 된다.

그는 특별히 솔트레이크시티에서 유명한 정원으로 수강생들을 데려가 야외수업을 했다. 그곳에서 그는 수강생들에게 눈을 감고 주변을 느껴보라고 했다. 도널드 데이비스는 인간은 대부분 시각적인 동물이지만 이는 시각으로 세상을 관찰하는 습관이 있을 뿐 다른 감각기관이 덜 발달했기 때문은 아니라고 말했다. 눈을 감으면 외부세계가 전달하는 정보가 80퍼센트 정도 단절되는데 이때 다른 감각기관이 실력을 발휘한다.

이야기하기 전에 장면을 관찰하는 것은 반드시 필요한 일이다. 만약 지금 내가 볼 수 없는데 내 앞에 혈색이 좋고 건강해 보이는 누군가가 앉아 있다는 말을 들었다고 가정해보자. 이럴 때 어떻게 이야기를 해야 할까?

도널드 데이비스가 우리에게 가르쳐준 연습법은 눈을 감고 정원을 걸어 다니라는 것이다. 그러면서 언어로 자신이 느끼는 모든 것을 묘사한다. 어떤 향기를 맡았는지, 어떤 것을 만졌는지, 심지어 꽃잎을 따 입에 넣고 씹은 다음 어떤 맛인지 기록하는 것도 한 방법이다.

이 연습법은 신선하면서도 어디서 해본 듯한 느낌을 주었다. 하지만 나는 눈을 감고 걸어본 적이 없다. 시각을 차단하고 이 연습을 하는 동안 다른 감각기관이 훨씬 민감해졌다. 나는 아주 약하게 꽃향기를 맡았고 손바닥으로 나뭇잎의 잎맥도 느낄 수 있었다. 그것은 눈을 뜨고 있을 때 소홀히 지나쳤던 정보다. 이 경험 이후 나는 시각으로 관찰한 것에 의존하거나 내가 본 것만 이야기하는 것이 아니라 전체를 느끼고 표현하려 노력했다.

둘째, 스토리텔링은 감정적 연결이 중요하다.

사람과 사람 사이의 소통은 우선 상대의 감정을 느끼는 데서 시작한다. 말하자면 '감각'과 '심리적 감상'이다. 하지만 이야기를 할 때 대개는 설명하듯 말한다. 해설 방식도 단일화해서 마음이 정확히 어떻게 느끼는지 표현하지 못한다. 그런데 인상 깊고 놀라운 이야기를 할 때는 스토리텔링이 감정적 공감을 일으킨다. 어떤 때는 내면 깊은 곳의 감상을 불러일으키기도 한다.

셋째 날이 되자 도널드 데이비스는 수강생들에게 새로운 방식으로 가족 이야기를 표현해보라고 했다.

어느 여성이 매우 용감한 자신의 할머니 이야기를 들려주었다. 그녀는 젊은 시절 남편과 함께 서부에서 개척시대를 보냈는데 하루는 몇몇 원주민이 집에 침입했다. 그때 남편, 즉 할아버지는 외출 중이었고 할머니는 얼마 전에 출산한 후라 몸이 약해진 상태였다. 집 안에서 이상한 소리가 들리자 경계심 강한 그녀는 아기를 안고 급히 지하실로 몸을 숨겼다. 원주민들은 고함을 지르며 집 안의 물건을 마구 부쉈다. 품에 안고 있던 아기가 큰 소리에 놀라 울음을 터뜨리기 직전 그녀는 급히 아이의 입을 막았다. 원주민들은 집 안을 한참 뒤진 뒤 떠났는데 그 시간이 그녀에게는 몇 세기처럼 길게 느껴졌다. 혹시라도 할머니가 원주민에게 발각되었다면 오늘날 그녀는 세상에 존재하지 않았을 것이다. 그때 할머니 품에 안겨 있던 아기가 그녀의 아버지이기 때문이다.

그처럼 흥미진진한 이야기를 들려준 수강생은 일흔살이 넘은 할머니였다. 눈빛을 반짝이며 낭랑한 목소리로 이야기한 그 할머니는 활력이 넘쳐흘렀다. 모두들 그녀에게 감정이입한 청중은 이야기가 끝나자 크게 박수를 쳤다.

드디어 내가 이야기할 차례가 왔다.

"저는 어떻게 하면 이야기를 잘할 수 있는지 배우러 왔습니다. 저는 아직 미혼이고 가족 이야기도 아는 것이 별로 없습니다. 그런데 최근 며칠 동안 제 가족의 역사를 찾아내 후손에게 전해주는 것이 제 임무라는 생각이 들었습니다. 저는 선조와 후손 사이의 다리 역할을 하고 싶습니다."

가족이라는 존재가 오로지 같은 성씨를 쓰는 집단에 불과하다면 무슨 의미가 있겠는가? 가족마다 제각각 이야기가 있고 세대별 이야기는 가족 고유의 문화를 만든다.

빌 클린턴이 최고의 스토리텔러가 될 수 있었던 비결

쉬는 시간에 나는 도널드 데이비스와 잡담을 나눴는데 그때 그가 말했다.

"스토리텔링에 관심이 많은 것 같군요. 올해 하반기에 테네시주에서 일 년에 한 번 열리는 전미 스토리텔링 축제National Storytelling Festival가 있는데 꼭 가보세요."

그런 축제가 있다는 것을 처음 들은 나는 호기심이 생겼다. 도널드 데이비스는 그 축제가 1973년 처음 열렸고 지금까지 40여 년간 이어져왔다고 설명했다.

"재미있는 이야기를 듣고 싶다면 그 축제를 놓치면 안 됩니다."

워크숍을 수료한 뒤 나는 곧바로 일정을 확인했는데 마침 그 시기가 비어 있었다. 얼마 후 나는 테네시주의 작은 마을 존스버러에 도착했다. 번화가라고는 두 갈래 좁은 길이 전부인 그곳은 세월이 느껴지는 가정식 상점이 많아 역사 속 어느 시대에 와 있는 듯한 느낌이 들었다.

숙박시설도 몇 군데뿐이라 축제를 보러 온 사람들은 대부분 현지 가정에 방을 빌려 묵었다. 나는 스토리텔링 축제 주최 측에 전화로 문의해 사흘간 묵을 집을 신청했는데 저렴한 비용으로 한 노부부의 집을 배정받았다. 무척 친절한 노부부는 내게 이런 당부를 했다.

"외출할 때 문을 잠그지 마세요. 동물들이 들어오지 못하게 문을 닫아두기만 하면 됩니다."

세상에, 미국에 밤에도 문을 잠그지 않는 지역이 있단 말인가. 문제는 식생활이었다. 남부지역 시골에서는 식단이 특유의 튀김 요리 위주였고 고기든 감자든 죄다 튀긴 것뿐이었다. 식당은 딱 두 군데였는데 메뉴는 똑같았고 튀김요리가 싫은 사람에게 남은 선택지는 햄버거와 핫도그가 전부였다.

사흘간 열리는 전미 스토리텔링 축제 동안 마을에는 수만 명이 몰려든다. 그중 80퍼센트는 미국인으로 작은 시골마을은 순식간에 떠들썩해진다. 마을 중심가의 넓은 풀밭에 커다란 천막이 빽빽하게 들어서고 어느 천막이든 들어가면 각종 이야기꾼이 대기하고 있다가 이야기를 들려준다. 이야기 종류는 귀신 이야기, SF 이야기, 가족 이야기, 유머 이야기, 자신이 직접 경험한 이야기 등 매우 다양하다. 여기저기 천막에서 왁자지껄 웃음이 터져 나오고 시간이 갈수록 축제는 흥을 더해갔다.

도널드 데이비스는 사람들이 '재능'이라는 말을 오해한다고 말한다. 일을 아주 잘하는 사람들이 타고난 특별한 것을 재능으로 여긴다는 것이다. 예를 들어 어떤 사람이 유머러스하다고 해보자. 그럼 그 사람은 유머 감각을 타고난 것일까? 그림을 잘 그리는 사람은 회화 재능을 타고났을까? 물론 재능을 타고나는 사람도 존재한다. 그러나 많은 경우 성공은 재능보다 노력에 기반을 두고 있다.

미국 제42대 대통령 빌 클린턴은 스토리텔링이 뛰어난 인물로 손꼽힌다. 그는 집중력이 뛰어나고 경청할 줄 알며 표현이 정확하면서도 대범할 뿐 아니라 몸짓언어가 적절하다. 이를 보고 많은 사람이 그가 연설 재능을 타고났다고 여긴다. 이 모든 것은 그의 타고난 재능일까? 절대 그렇지 않다.

어릴 적 집안 형편이 어려웠던 빌 클린턴은 매일 저녁 가족과 둘러앉아 어른들이 들려주는 이야기를 듣는 것이 유일한 오락거리였다. 그런 환경에서 그는 어릴 때부터 어른들의 관심을 받으려면 이야기를 잘해야 한다는 것을 알고 있었다. 그렇다고 어린 소년이 무슨 특별한 경험을 했겠는가? 그는 일상적인 사건을 흥미진진하게 풀어내는 능력을 키우는 데 집중했다.

도널드 데이비스 역시 비슷한 경우다. 그의 경험은 특별히 놀랍거나 신기하지 않지만 그는 평범한 내용을 누구나 계속 듣고 싶어

하는 이야기로 풀어낼 줄 안다. 이것이야말로 진정한 스토리텔링 능력이다. 나는 전미 스토리텔링 축제에서 뛰어난 스토리텔링 고수를 많이 만났고 그들이 스토리텔링 능력을 키우기 위해 부단히 노력하고 연구하는 태도에 많은 감명을 받았다.

인류에게 스토리텔링은 매우 중요한 능력이다. 긴 시간 동안 인류는 문자 없이 말로만 이야기를 전해왔다. 말은 이미 존재하는 정보만 전달하는 도구가 아니다. 더 중요한 것은 말이 추상적이고 허구적인 정보를 전달한다는 점이다.

어찌 보면 사람과 사람 사이의 관계는 사람들이 함께 짜내는 커다란 이야기 속에 포함된다. 사람들은 그 이야기를 여러 방면에서 동의하거나 동의하지 않으며 살아가는데 각종 관계도 그 이야기에 따라 형성된다. 예를 들어 법률을 살펴보자. 사실상 법률은 어떤 국가에서 지혜를 최대한 모아 만든 하나의 '이야기'다. 또한 절대다수가 준수하고 실행하기를 바라는 '이야기'다. 법률에는 절대적인 옳고 그름이 없으며 만약 다른 나라에 적용하면 그 이야기는 인정받지 못할 수도 있다. 혹은 100년 전 법률과 현재 법률을 대조할 경우 둘 사이에 큰 차이가 있을 수 있다. 100년 전에는 모두가 동의하고 인정한 범죄행위가 지금은 합법행위인 경우도 있다.

사람들이 서로 좋은 관계를 맺고 감정을 주고받으려면 어떻게 해야 할까? 이는 실제로 내 이야기와 상대의 이야기가 어떻게 서로 소통하느냐에 달려 있다. 시대가 바뀌면서 이야기도 부단히 바뀐다. 여하튼 내 이야기를 잘 들려주고 남의 이야기를 잘 이해하는 법을 배우는 것은 갈수록 중요해질 것이다.

사고의 틀을 깨고 내면의 혁신을 가능케 하는 도구, 즉흥연극

내가 실리콘 밸리의 워크숍 프로그램 '즉흥연극'을 수강한 까닭

2014년 나는 실리콘 밸리에서 또 하나의 워크숍 프로그램으로 즉흥연극IMPROV을 수강했다. 이 워크숍에서는 간단히 말해 '네…… 그리고Yes…… And'를 활용해 연기하는 방법을 배운다.

우리는 타인과 소통할 때 보통 '네…… 그런데'를 쓴다. 예를 들면 이런 식이다.

"맞습니다! 저도 당신의 말을 이해합니다. 그런데 제 관점은 다릅니다."

즉흥연극 워크숍에서는 타인이 무슨 말을 하든 반드시 '네'라고 받아야 한다. 그리고 상대방이 바보처럼 보이지 않도록 해주어야 한다.

가령 함께 연기하는 청년이 당신을 '엄마'라고 부르면 당신이 190센티미터 키에 수염을 기른 건장한 남자라도 거기에 맞춰 어머니가 보일 법한 표정과 동작, 말투로 연기해야 한다. "나는 네 엄마가 아니야"라고 말해서는 안 된다. 그러면 연기가 이어질 수 없다. 또 '그리고'를 사용해 계속 대화를 이어가야 한다.

먼저 한쪽이 이렇게 말한다고 해보자.

"반갑습니다, 펭귄 씨! 잘 지내셨어요?"

이때 상대방은 얼른 받아쳐야 한다.

"네Yes, 잘 지냈습니다. 그리고And 북극곰 씨, 저는 당신 딸과 제 아들이 결혼하게 되어 정말 기뻐요. 이제는 적이 아니라 친구가 되었군요."

이렇게 연기하는 내내 '네… 그리고'를 사용해 상황을 연결해야 한다. 이야기가 반전을 일으킬 때마다 상황은 상당히 재미있고 유머러스하게 변한다.

미세표정과 몸짓언어 워크숍을 수료한 뒤 오랫동안 주변 사람들을 관찰한 나는 많은 사람이 자신도 모르는 사이에 자기 자신을 정형화한다는 사실을 눈치 챘다. 이를테면 대도시에서 일하는 화이트칼라 직장인은 외모나 행동을 의식적으로 그 이미지에 맞게 꾸민다. 시간이 흐르면 누구나 습관을 형성하는데 우연히 자신의 내면 이미지에 맞지 않는 상황에 놓이면 불편함을 느낀다.

이러한 습관은 자신의 사고를 제한한다. 실리콘 밸리 기업가들이 자주 입에 올리는 말 중에 '발상의 전환Out of Box Thinking'이라는 것이 있다. 이것을 직역하면 생각 상자에서 빠져나오라는 뜻이다.

진정한 혁신은 자기 자신을 깨뜨리고 틀에서 벗어나야 가능해진다. 자신이 설정한 상자에서 벗어나라! 이것이 내가 즉흥연극을 배운 주된 이유였다.

즉흥연극 워크숍에서는 시작하자마자 각종 모의연습을 한다. 예를 들면 고양이가 되었다고 생각하고 활을 쏘거나 컴퓨터를 사용하는 등의 연기를 해본다. 즉흥연극 워크숍은 10주가 한 단계다. 두 번째 단계에서 우리는 정식으로 무대연기를 시작한다. 여기서는 긴장하는 바람에 준비한 내용을 다 잊을까 두려워할 필요도 없고, 파트너가 이어가는 기상천외한 '네…… 그리고'를 제대로 받아주지 못하면 어떡하나 하고 걱정할 필요도 없다. 즉흥연극 워크숍은 말 그대로 '즉흥'이 핵심이다. 설령 사전에 준비한 것이 있더라도 다 잊고 상대의 말에 반응해야 한다. 특히 내게는 이것이 도전과제였다.

1년 넘게 연습한 후에야 나는 즉석에서 대답하는 데 익숙해졌다. 더러는 몇 마디 농담까지 섞을 수 있게 되었다. 내 연기를 지켜보던 사람들이 크게 웃음을 터뜨리면 커다란 성취감이 느껴졌다.

당신의 '신분 표시 라벨'을 떼어내는 연습을 하라

지금 나는 즉흥연극 워크숍의 요구대로 연습하고 연기한 지 2년이 넘었는데 그 과정에서 적잖은 수확을 올렸다.

무엇보다 즉흥연극은 고정관념을 깨뜨린다. 누구나 생활 속에서 자기 자신을 정의하고 라벨을 붙인다. '나는 누구인가'라는 이야기를 연기하는 것이다. 그래서 우리는 한눈에 교사, 기업가, 가정주부 등을 판별할 수 있다. 즉흥연극 워크숍의 가장 큰 특징은 참가자들이 아무런 라벨 없이 언제든 누구라도, 무엇이라도 될 수 있다는 점이다. 파트너가 나를 '펭귄'이라고 부르면 나는 펭귄이 된다. '할아버지'라고 부르면 곧장 나이든 노년의 남성으로 자신을 바꿔야 한다.

처음에 나는 이 연기 방식에 잘 적응하지 못했다. 습관적으로 나는 누구인지, 마땅히 어떤 모습이어야 하는지 정의하며 살아왔기 때문이다. 오래전부터 형성해온 신분 표시 라벨을 한순간에 떼어내는 것은 쉽지 않았다. 언젠가 즉흥연극 강사가 이렇게 말했다.

"사실 지난 6개월간은 모두 자기 자신을 연기한 겁니다."

우리는 '나 자신'이라는 역할을 수십 년간 연기해왔다. 내가 워크숍에서 받은 역할이 무엇이든 실제로 연기에 들어가면 많든 적든 본래 내가 지닌 특징이 드러난다. 예를 들어 어떤 역할을 연기하든 위압감을 주는 사람이 있다면 어떨까? 알고 보면 그는 오랫동안 경찰로 일해 온 사람이다. 또 무슨 역할을 하든 귀여운 느낌을 준다면 어떨까? 그건 그 사람이 본래 아담하고 귀여운 편이라서 그렇다. 이는 그들이 자기 자신을 정의한 것이 투사된 흔적이다.

강사는 우리에게 계속해서 "이미지를 부수고 재정립하는 과정"을 겪어야 한다고 강조했다. 심리적으로 자기 자신을 완전히 부순 후에는 얼마든지 역할에 몰입하고 변화할 수 있다. 나는 '생각 상자'를 벗어나려면 나 자신의 한계를 깨야 하고 내가 스스로를 가둬서는 안 된다고 생각했다.

또한 즉흥연극 워크숍은 심리 상태를 편안하게 하고 무슨 일이든 여유를 갖는 데 도움을 준다. 심리 상태 변화는 무척 중요하다. 전에는 습관적으로 어떤 일을 충분히 준비해야 마음이 놓였고 돌발 상황이 벌어지면 제대로 준비하지 못해 긴장하고 걱정했다. 하지만 지금은 '괜찮아. 이미 벌어진 일인데, 뭘. 얼른 새로운 문제에 집중하자'라고 생각한다. 이 부분에서 생각이 깨이고 나니 나는 많은 일에서 편안해져 더 집중할 수 있었다.

일할 때도 마찬가지다. 나는 협상 테이블에서 단일한 역할만 고수할 필요가 없다. 나 자신에게 흐름에 따른 변화의 여지를 주어야 한다. 협상이 내가 생각한 대로 흘러가지 않으면 새로운 역할과 입장으로 협상을 끌어가는 것이 마땅하다. 나는 내가 준비한 전략에 갇혀 있지 않아도 된다.

생각을 관찰하고 또 관찰하라

석가모니의 참선 수행법 '위파사나'를
공짜로 배우다

위파사나Vipassana는 인도에서 가장 오래된 참선 수행법 중 하나로 석가모니가 제창한 방법이지만 종교와 직접적인 관련은 없다. 이것은 일종의 인생 수련법으로 신앙이 무엇이든 이 명상 수련법을 활용할 수 있다.

나는 2013년 처음 위파사나를 접했다. 어느 날 투자자로 일하는 친구와 함께 식사를 했는데 그때 그녀는 커다란 여행 가방을 들고 왔다.

"멀리 투자 프로젝트를 찾으러 가는 거야?"

투자자에게 출장은 흔한 일로 그들은 여행 가방을 들고 세계 곳곳을 누비며 투자할 만한 프로젝트를 찾아다닌다. 그런데 그녀는 예상치 못한 대답을 했다.

"아니야. 이번에는 휴가를 가는 거야. 열흘 정도 위파사나 수련을 하려고."

그로부터 3~4개월 전 초월명상Transcendental meditation을 배운 나는 그 말에 호기심이 동했다. 이것 역시 명상 수련법의 한 갈래로 인도에서 전해져온 방식이었다. 초월명상은 마하리쉬 마헤시라는 인도 스승이 창시한 것으로 한동안 미국에서 큰 인기를 끌었다. 초월명상 워크숍은 일대일로 진행했는데 이는 사람마다 수련 과정에서 자신만의 만트라Mantra에 속하기 때문이다.

솔직히 나는 만트라가 무엇인지 그 함의를 이해하지 못했다. 나를 가르친 선생이 해석해준 바로는 만트라는 나를 위한 비밀 주문이라고 한다. 내가 눈을 감고 정좌한 후 부단히 만트라를 속으로 외우면 어느 정도 시간이 흐른 후 온몸이 편안해지는 것을 느낄 수 있다.

한동안 수련한 뒤 나는 만트라에 호기심이 생겼다. 무슨 뜻인지 이해하기 어렵다면 단어를 바꿔보는 것은 어떨까? 나는 만트라를 대체할 말을 찾아보았는데 그렇게 해도 집중과 평정 효과를 얻을 수 있음을 발견했다. 내가 볼 때 초월명상은 소위 '만트라'라는 것에 정신을 모으면 집중력이 올라가는 효과를 내는 명상법이었다.

개인적으로 초월명상 워크숍의 효과는 생각만큼 크지 않았다. 더구나 나는 워크숍 등록을 유도하는 방식에도 약간 반감을 느꼈다. 인도에서 1,000여 년 전부터 전해져온 고대 지혜라는 말을 듣긴 했지만 사실상 나는 수련 과정에서 많은 의혹을 품었고 결국 내가 인정할 만한 해답을 찾지 못했다.

결국 새로운 명상법을 찾고 있던 차에 그녀에게 위파사나 이야기를 듣자 이게 어쩌면 하나의 계기가 될지도 모른다는 생각이 들었다.

"위파사나는 어떤 수련이야? 열흘간 수련하는 데 수업료가 얼마지?"

그녀는 위파사나 수련은 좀 특별하다고 했다. 외부세계와의 연계를 모두 끊어야 하고 말도 해서는 안 된다. 주변 사람과 교류할 수도 없다. 여기에다 수련기간 내내 채식만 해야 한다. 수업료는 없다. 무료라니? 나는 더욱 의아해졌다. 수업료를 받지 않는 명상 수련법을 어떻게 계속 유지할 수 있는 걸까?

"어떤 종교와 관련이 있어?"

"아니야. 종교와는 관계없어."

나는 호기심이 더 커졌다. 그녀에게 몇 가지 정보를 얻은 뒤 집에 돌아와 인터넷 검색으로 자료를 모았다. 위파사나는 전 세계 160여 곳에 수련센터가 있었다. 나는 직접 경험해보기로 마음먹고 곧장 타이완의 수련센터에 등록했다.

사실 나는 위파사나 수련을 결정하고도 마음이 좀 불안했다. 얼마 전 초월명상을 체험했다가 그다지 좋은 경험을 하지 못했기 때문이다. 이번에도 비슷한 결론에 도달하지 않을까. 더구나 초월명상은 미국에서 인지도가 높았지만 위파사나는 아는 사람이 많지 않았다.

내가 타이완의 수련센터를 선택한 데는 다른 이유도 있었다. 타이완은 내가 꼭 한 번 여행하고 싶었던 나라다. 그래서 수업료가 무료니 체험해보고 마음에 들지 않으면 그냥 타이완에서 휴가를 보낸다고 생각하기로 한 것이다.

"아무것도 하지 마라. 그냥 관찰하라"

타이완의 위파사나 수련센터는 산자락에 자리 잡고 있어서 주변이 논밭과 울창한 삼림뿐이라 공기가 정말 좋았다. 저녁이 다 되어 센터에 도착하자 현지 자원봉사자가 나를 맞아주었는데 무척 친절했다. 수련기간에는 외부와의 연락을 일체 끊어야 하니 휴대전화부터 컴퓨터, 지갑 등 모든 휴대품을 센터에 맡기라고 했다. 나는 갈아입을 옷 몇 벌만 남기고 모든 휴대품을 자원봉사자에게 맡겼다.

이 과정을 마치자 그가 나를 숙소에 데려다주었다. 두 줄로 늘어선 방은 한쪽은 여성 숙소 다른 한쪽은 남성 숙소였다. 방은 아주 작고 가구도 간단했다. 내가 옷을 정리하고 나자 자원봉사자가 내게 앞으로 열흘간 지켜야 할 계율을 알려주었다. 채식을 해야 하고 말을 하면 안 되며 손짓이든 눈짓이든 다른 수련자와 소통하면 안된다.

매일 저녁 6시에 종이 울리면 모여서 창시자인 S. N. 고엔카의 영상을 시청한다. 수련센터에서 제공하는 시간표를 보면 매일 위파사나 수련시간이 거의 10시간에 달한다. 그때까지 나는 그토록

긴 수련을 해본 적이 없었다. 멘토가 매일 새벽 4시에 일어나 수련한다, 하루에 두 차례 채식 식사를 한다, 계속 침묵을 지켜야 한다 같은 몇 가지 규율을 알려주었다.

새벽 4시에 종이 울리면 나는 비척비척 일어나 간단히 세수만 하고 강당으로 갔다.

첫날 수련은 아나파나Anapana라고 하는데 이는 호흡을 관찰하는 방법이다. 코로 들이마시고 내쉬는 호흡에 주의를 집중하기만 하면 되므로 수련 자체는 아주 간단하다. 다만 정좌한 채 1시간을 보내야 한다. 그동안 가부좌를 틀고 앉아야 하며 움직일 수 없다. 시간이 흐르면서 온몸이 쑤시고 머릿속에서는 온갖 생각이 꼬리에 꼬리를 물고 일어났다. 나는 머릿속 생각을 내 뜻대로 통제할 수 없었다. 첫 1시간 수업이 끝났을 때 나는 도망치고 싶은 충동을 느꼈다.

겨우 1시간을 버티고 휴식시간이 되자 나는 호흡 훈련과 명상 사이에 무슨 관련이 있는지 궁금해졌다. 오늘 남은 시간을 어떻게 버텨야 할지도 걱정스러웠다. 앞으로 9시간이나 더 수련을 계속해야 한다는 데 생각이 미치자 당장 포기하고 싶었다. 하지만 이성이 나를 말렸다. 여기까지 비행기를 타고 와서 1시간 만에 포기할 수는 없었다.

곧바로 다음 수련 시작을 알리는 종이 울렸다. 다시 가부좌를 틀었다. 위파사나 수련은 열흘간 이어지는데 시간은 대부분 종소리로 알려준다. 그야말로 사찰에 은거하고 있는 느낌이 확 든다.

마지막 하루를 제외하고 9일간의 시간표는 대동소이하다. 매일 새벽 4시에 일어나 강당에서 2시간 동안 가부좌를 틀고 끝나면 아침을 먹는다. 아침을 먹고 나면 또다시 가부좌를 틀고 한 번에 1시간씩 명상하고 15분을 쉰다. 점심식사와 휴식에는 2시간을 배정한다. 그런 다음 또 가부좌를 틀고 명상한다. 저녁식사는 먹어도 되고 먹지 않아도 된다. 센터에서는 수련 경험이 있는 사람은 저녁식사를 하지 않는 게 좋다고 하고, 처음 수련하는 사람이면 가능한한 적게 먹으라고 권한다. 저녁식사는 일반적으로 과일과 좁쌀죽이다. 저녁식사 후에는 다시 1시간 동안 강의 영상을 본다. 그런 다음 계속해서 가부좌 명상을 하고 저녁 9시에 잠자리에 든다.

그렇게 하루 10시간씩 명상을 하니 무엇보다 온몸이 쿡쿡 쑤시는 근육통과 허기진 창자의 꾸룩거림이 강하게 느껴졌다. 나는 하루 종일 호흡만 관찰하는 것에 도대체 무슨 의미가 있다는 것인지 이해할 수 없었다. 포기하고 돌아갈까 하는 생각이 머릿속을 맴돌았다. 하지만 긴 여행을 거쳐 그곳까지 갔으면서 하루 만에 포기하는 것은 민망한 일이라는 생각이 들었다. 더구나 고엔카의 명성을 볼 때 호흡법 외에 다른 가치 있는 내용이 있을지도 모르는 일이었다.

그날 저녁 강의 영상을 보는데 고엔카가 이렇게 말했다.

"오늘 하루 여러 가지 불편함을 느꼈을 겁니다. 허리가 아프고 목이 무겁고 발이 마비되었겠지요. 이런 반응은 정상적인 일입니다. 그리고 아주 좋은 징조입니다. 그것은 여러분이 각자 쌓아온 여러 가지 업장業障에 따른 것이며 그것이 고통이라는 방식으로 나타난 것이지요."

나는 그 해석이 무척 재미있게 들렸다.

"인간의 뇌에는 온갖 생각과 관념이 있습니다. 그것은 왔다가 가고 또 새것이 생겼다가 금세 사라집니다. 생각이 일어나면 그것을 저지하려 하지 말고 그냥 관찰하기만 하십시오. 관찰한 다음 원점으로 돌아오면 됩니다. 예를 들어 등이 아프면 천천히 세밀하게 그 고통을 관찰하는 것입니다."

이 내용은 내가 그때까지 접한 심리학 이론과 많이 달랐다. 랜드마크의 워크숍이든 NLP든 핵심 관점은 생각을 제거하거나 바꾸는 것이었다. 초월명상은 일련의 방식으로 주의를 다른 데로 돌렸다. 이런 말은 처음 들어보는 관점이었다.

"아무것도 하지 마라. 그냥 조용히 관찰하라."

사물의 진짜 모습을 관찰함으로써 자신을 정화하는 목적에 도달한다

그 뒤의 이틀간은 수련 목표가 약간 바뀌었다. 호흡을 관찰하던 것에서 자기 코의 세모꼴 부분에 느껴지는 미세한 감각을 관찰하는 것으로 말이다. 관찰 목표가 바뀌었지만 가부좌를 틀고 있으면 여전히 온몸이 아팠다. 오히려 첫날보다 통증이 더 심했다.

그래도 전날 밤 본 강의 영상의 묵직한 울림이 내게 깨달음을 안겨주었다. 고엔카는 이렇게 말했다.

"당신은 모든 종류의 근육통과 모든 종류의 감정, 모든 종류의 생각에 하나의 진실한 면모가 있다는 것을 발견할 겁니다. 바로 그 것은 생겨나고 사라지며 영원한 것은 아무것도 없다는 사실입니다."

고엔카는 신체의 근육통은 사람의 관념과 직접 관련이 있다고 말했다. 나는 통증과 생각에 무슨 관계가 있는지 도무지 이해할 수가 없었다. 그래도 가부좌를 틀고 앉아 열심히 집중하면, 그의 가르침을 준수하면 그의 말에 숨은 이치를 알 수 있을 거라고 여겼다.

예를 들어 신체의 한 부위가 욱신거리고 아프다고 해보자. 그럴 때 나는 왜 아픈지는 생각하지 않고 다만 통증을 관찰한다. 이때 통증이 천천히 사라지는 것이 느껴지는데 그러면 다른 부위가 쑤 신다. 이번에도 통증을 관찰하는 동안 얼마 지나지 않아 통증이 사 라진다. 머릿속 관념 역시 그렇다. 관념이 떠오르면 그것을 억지로 통제하려 하지 않고 그저 관찰한다. 어느 정도 시간이 지난 후 관 념은 사라진다.

또 하루가 지났다. 몸은 몹시 피곤했지만 어제와 비교하면 정신 상태는 훨씬 좋았다. 나는 내 '관념'과 하루 종일 술래잡기 놀이를 했다. 그러면서 서서히 이 명상 수련법에 담긴 의미를 발견했다. 사람들은 생각이 영원하다고 말한다. 혹자는 어떤 관념과 생각은 고정된 것이고 부술 수 없다고 생각한다. 그렇지만 사실상 인생의 모든 것은 일어났다 가라앉고 왔다가 가버린다. 관념 역시 그렇다. 하나씩 오고 또 가고, 이것을 반복한다.

셋째 날 저녁 강의 영상을 볼 때 고엔카가 새로운 가르침을 알려주었다. 그것은 신체 감각을 체계적으로 관찰하는 방법으로 내가 기대해온 '위파사나'였다.

구체적인 관찰법은 이렇다. 머리 끝(정수리)에서 얼굴, 가슴, 배 그리고 양손으로 이어진다. 왼쪽 어깨에서 손가락까지 내려왔다가 오른쪽 어깨에서 손가락까지 내려온 다음 두 다리를 관찰하되 왼쪽과 오른쪽 다리를 위에서 아래로 발가락까지 관찰한다. 우선 위에서 아래로 관찰하고 다음에는 아래에서 위로 관찰한다. 이것을 반복한다.

어떻게 관찰하느냐고? 의념疑念으로 관찰한다. 의념으로 관찰하는 감각은 어떨까? 고엔카는 이렇게 말한다.

"관찰하는 부위가 퉁퉁 붓거나 뜨거웠다 차가웠다 하는 미세한 감각을 잡아내야 합니다."

그가 하는 말이 무척 신기하게 느껴졌다. 여전히 왜 관찰하는지 몰랐지만 그의 말 중 어떤 내용은 폴 에크먼의 감정 이론과 다르면서도 비슷하다는 생각이 들었다.

'우선 그의 말을 따라서 해보자!'

폴 에크먼은 인체는 소프트웨어와 같아서 어떤 프로그램은 선천적으로 정해져 있고 또 어떤 프로그램은 후천적으로 쓰인다고 말했다. 프로그램은 각종 감정을 만들어낸다. 감정이 만들어지면 몸에는 그에 대응하는 반응이 나타난다. 가령 화가 날 때는 자신도 모르게 가슴을 들먹인다. 기쁠 때는 얼굴이나 가슴이 떨린다. 이처럼 인간의 신체와 감정 사이에는 긴밀한 관계가 있다.

넷째 날 고엔카는 지난 며칠간 수련한 방법을 설명해주었다.

"관찰은 정말 중요합니다. 2,500년 전 석가모니가 이 수련법을 창시했고 이 방법으로 모든 사람이 진정한 자유를 얻도록 도왔습니다. 지금 제가 여러분에게 가르치는 방법은 종교와는 관련이 없습니다. 종교나 배경이 어떻든 모두가 제 강의를 들을 수 있습니다."

도대체 어떤 방법일까? 서구에서는 우리의 소프트웨어가 언어로 구성되어 있고 언어는 많은 경우 이미지로 변화할 수 있다. 랜드마크 같은 전통 심리학 워크숍에서도 언어로 시작해 자신의 이야기를 수정하는 방법을 가르친다. NLP의 핵심 관점은 언어를 쓰지 않고 직접 이미지를 수정하는 방법이다.

고엔카가 말했다.

"당신의 몸에, 체내에 일어나는 반응을 관찰하면 됩니다. 사람에게는 감정이 있고 어떤 원인으로 감정이 생기든 당신의 몸은 반드시 일정한 반응을 보입니다. 당신은 그 반응을 관찰하면 됩니다. 중요한 것은 그 반응이 영원히 지속되는 게 아니라는 점입니다."

위파사나는 말 그대로 '관찰'하는 것이 전부다. 사물의 진짜 모습을 관찰함으로써 자신을 정화하는 목적에 도달한다.

다섯째 날 고엔카는 관찰의 중요성을 좀 더 설명했다. 우리의 관념은 그것이 무엇이든 크게 욕망과 위화감이라는 두 종류에 귀속된다. 만약 내가 어떤 물건을 원하거나 좋아한다고 해보자. 인생의 모든 고통은 바로 그 생각에서 비롯된다. 좋아하는 물건을 갖고 싶어 하든 싫어하는 물건을 회피하든 어떤 물건도 모두 나타났다 사라질 뿐이다. 좋아하는 것도 영원히 가질 수 없고 싫어하는 것도 영원히 피할 수 없다. 그래서 갖지 못하는 것도 고통이고 가졌다가 잃는 것도 고통이다.

어떻게 고통에서 벗어나야 할까? 고엔카가 알려준 방법은 생각을 바꾸는 것도, 자신의 이미지나 이야기를 수정하는 것도 아니었다. 그는 오로지 관찰만 하라고 했다. 관찰할 때는 몸 내부에서 모든 것은 나타났다 사라지고 태어나면 사망한다는 이 세계의 진리를 진정으로 인지해야 한다.

감정 측면의 좋음과 싫음처럼 몸에도 편안함과 불편함이라는 2가지 감각이 있다. 인간의 감각과 감정은 어느 정도 대응을 이룬다. 그리고 나타났다 사라지고 또 나타났다 사라지는 순환을 반복한다.

이것도 폴 에크먼의 관점과 비슷한 대목이다. 폴 에크먼은 인간이 태어나면서부터 감정을 소유한다고 말했다. 수백만 년 동안 진화해온 인간에게 몇몇 감정은 사라질 수 없다. 이 관점에서 진정한 의미의 '무감정'한 사람은 없는 셈이다. 우리는 감정을 완전히 통제하지 못하는데 이는 타고난 감정을 통제할 수 없기 때문이다.

고엔카의 가르침은 이런 뜻이다. 내게 어떤 감정이 생겨날 때 신체도 반드시 반응을 보인다. 그러면 그 반응을 관찰한다. 무엇이 내게 오든 그것을 관찰하면 된다. 내가 방관자 입장으로 관찰할 경우 어떤 감정이든 나타나면 사라질 때가 있음을 발견한다. 그렇다면 왜 인위적으로 바꾸거나 고쳐야 할까?

사람은 항상 행복하기를 바라지만 행복은 영원하지 않다. 지금은 아주 즐거워도 얼마 후에는 그 즐거움이 사라진다. 고통도 마찬가지다. 힘겨운 고통 역시 사라질 때가 온다. 다만 지금 고통이 사라졌다고 해서 다음번에 다시 나타나지 않는다는 뜻은 아니다.

언뜻 간단하고 평범해 보이는 이 말이 내게는 심오한 이론으로 다가왔다. 이야기를 수정하거나 이미지를 바꿀 필요 없이 그저 내 몸에 일어나는 반응을 살피면 된다. 감정은 왔다가 가고 또 왔다가 간다. 그러면 차차 진정한 평온을 얻는다.

명상은 우리의 생각을 강제로 통제하거나 바꾸려 하지 않고 생각이 오가는 과정을 느끼기만 한다. 그래서 우리는 진정한 평온을 얻는다. 평온은 우리가 지속되기를 바라는 강력한 힘이다.

현대인의 보편적 관념은 약품을 쓰거나 심리 상담으로 정신적 질병을 치료한다는 것이다. 하지만 약물 사용에는 약물 의존이나 오남용 문제가 따른다. 그래서 많은 사람이 고대 인류의 지혜로 눈을 돌린다. 오랫동안 명상을 수련하는 사람들은 종교와 상관없이 마음이 평온해지는 효과를 얻는다. 이것만큼은 현대인에게 확실히 도움을 주는 일이라고 생각한다.

당신의 생각을 관찰하고, 관찰하고, 또 관찰하라

위파사나 수련의 마지막 며칠간은 전에 느꼈던 신체 통증이 점차 사라지면서 주의력을 머릿속 관념을 관찰하는 데 더 집중할 수 있었다.

많은 사람이 근심스러운 일과 맞닥뜨리면 "더 생각하고 싶지 않아"라고 말한다. 그러나 인간의 뇌는 생각을 멈출 수 없다. 나중에야 알았지만 인간은 감정을 완전히 없애거나 생각을 완전히 멈출 수 없다. 많은 사람이 생각이 떠오르면 그 생각에 파묻히고 이어 또 다른 생각에 파묻힌다. 우리는 부단히 생각을 떠올리며 그 생각에 좌우된다.

위파사나 수련법은 무슨 생각이든 그것을 그냥 관찰하게 한다. 즉, 그렇게 생각을 관찰할 뿐 그 생각에 빠지지 못하게 한다. 생각을 관찰할 경우 관찰당한 생각은 점차 사라지는데 생각이 사라지면 우리는 그 생각에 조종당하지 않는다. 어쩌면 이렇게 묻는 사람이 있을지도 모르겠다.

"잠시 후면 다른 생각이 또 떠오르는데 그때는 어떻게 합니까?"

계속해서 새 생각을 관찰한다. 그렇게 생각이 그저 나타났다 사라지는 과정에 있음을 알면 우리는 평온함을 얻는다. 물론 여전히 생각은 있다. 이 점이 특히 중요하다. 나 역시 이 지점에서 시작해 점점 더 많은 것을 체험했다.

잡념은 늘 존재한다. 만약 집중해서 신체 감각을 관찰하면 관념이 떠오를 때마다 대응하는 신체 부위가 꼭 있음을 깨닫는다. 그리고 반복해서 관찰할 경우 생각이 나타나는 횟수가 점점 줄어든다. 생각이 하나도 떠오르지 않을 수는 없다. 다만 더 이상 그 생각에 좌우되지 않는다는 것이 중요하다.

'생각 출현 → 관찰 → 생각 소실' 과정을 반복하다 보면 마음이 평온해진다. 이것이 가장 중요하다. 이것은 우리가 평소에 느끼기 힘든 평온함이다. 그것을 어떻게 형용할 수 있을까? 이는 즐거움도 아니고 괴로움도 아니며 진정한 고요함, 평화 같은 감각이다.

그제야 나는 비로소 위파사나 수련법이 아주 뛰어난 명상법이라는 것을 깨달았다. 이 명상법은 처음부터 신체의 어느 부위를 관찰하고 이어 자신의 관념을 관찰하라고 가르친다. 그런 다음 관념이 하나씩 나타났다 사라지는 것을 관찰하는데 그 감각이 매우 특별하고 신기하다.

더 신기한 상황이 수련 일정 마지막 이틀 동안 나타났다. 바로 진정한 평등심平等心을 느낀 것이다. 고엔카는 강의 영상에서 이렇게 말했다.

"좋은 것이든 나쁜 것이든 다 관찰해야 합니다. 구분하고 분별하려 하지 마십시오."

사람들은 좋은 것을 보면 더 원하고 나쁜 것을 보면 덜 원한다. 심지어 아예 갖지 않으려 한다. 고엔카는 이런 구별을 하지 말고 모든 것을 다 관찰하라고 말한다.

"한동안 위파사나 수련법을 수련하면 몸이 매우 편안해질 것입니다."

정말 그렇다! 나는 몸의 기류가 의식에 따라 움직이는 것을 여러 차례 느꼈다. 처음에는 위에서 아래로, 그다음에는 아래에서 위로 올라왔는데 그 기류가 원활했다.

"어떤 때는 몸의 통증이 느껴질 겁니다. 그러나 편안함도 통증도 의미는 동일합니다. 모두 신체 반응일 뿐입니다. 그것을 모두 관찰하십시오. 이것을 해내면 당신은 진정한 평등심을 얻은 것입니다."

그런 다음 고엔카는 재미있는 이야기를 들려주었다.

어느 유명한 스승이 제자들을 데리고 길을 가고 있는데 멀지 않은 곳에 한 노숙자가 쓰러져 있었다. 그들이 노숙자 옆을 지나가자 그가 스승에게 물었다.

"이봐요! 왜 나를 본척만척하는 겁니까? 나는 여기에 있다고요!"

고엔카는 이 상황을 다음과 같이 설명했다.

"스승이 노숙자를 모른다면 비난을 받았다는 생각에 화가 날 수도 있습니다. 아니면 연민을 느끼고 노숙자를 도와줄 수도 있겠지요. 만약 스승이 노숙자를 알고 있었다면 혹은 그 노숙자가 스승의 친아들이었다면 스승이 느끼는 온갖 복잡한 감정은 아주 강렬했겠지요."

그렇다면 실제로는 어떤 일이 벌어졌는가? 그저 한 사람이 길 위에 쓰러져 있었고 그가 말 한마디를 했을 뿐이다. 이야기 속 스승이 분노나 연민을 느끼는 것은 모두 그 자신이 만들어낸 것이다. 바꿔 말해 모든 감정과 반응은 내 스스로 만든다.

외부세계가 우리를 큰 소리로 불러댈 때 어떠한 감정 반응도 필요 없다. 만약 감정이 일어나면 그것을 관찰하면 그만이다. 감정이 오고 가는 것을 관찰하라.

고엔카는 마지막으로 위파사나 수련을 이렇게 정리했다.

"위파사나 수련의 좋은 점은 분별하려는 마음을 내지 않고 주어진 환경에서 연민, 동정, 증오, 분노 등을 일으키는 것이 아니라 평등한 마음을 유지하라고 알려주는 것입니다."

나는 이것이 위파사나의 궁극적 가르침이 아닐까 생각한다.

생각이 감정을 결정한다

최근 많은 서양 심리학 권위자가 고대 지혜를 연구하고 있다. 폴 에크먼은 많은 불교신자의 심리 상태가 특별히 양호한 것에 착안해 자주 명상 분야 고승들과 마주앉는다고 한다. 심리 상태 개선 비결을 알아내고 싶은 마음에서다.

사람들이 '불응 상태'일 때는 종종 자기 자신을 통제하지 못한다. 화가 치솟았을 때 누가 무슨 말을 해도 귀에 들어오지 않던 경험이 있지 않은가. 하지만 그 순간을 지나 불응 상태에서 빠져나오면 다시 냉정을 되찾는다.

그 상태에서 빨리 빠져나오려면 어떻게 해야 할까? 위파사나 수련은 좋은 해결법을 제시한다. 바로 감정이 나타날 때 그것을 관찰하는 것이다. 관찰하면 감정은 곧 사라진다. 우리는 감정이 나타나지 않도록 할 수는 없지만 훈련으로 그 감정에 조종당하지 않는 평온은 얻을 수 있다. 이것이 석가모니가 말한 '해탈'이 아닐까?

열흘의 위파사나 수련 과정을 끝내고 돌아온 나는 그 수련법을 생활 속에서 실천하고자 노력했다. 우선 매일 실행하는 아침 프로그램에서 15분의 명상시간을 초월명상 수련법에서 위파사나 수련법으로 바꾸었다. 오전에 다른 일정이 없으면 위파사나 명상을 30분이나 1시간으로 연장하기도 한다.

가부좌를 틀고 앉아 있는 동안 잡념은 쉼 없이 떠오른다. 비록 내 몸에는 어떠한 위화감도 없지만 머릿속에는 잡념이 존재한다. 특히 업무 생각이나 일상의 자질구레한 일이 머릿속에서 툭툭 튀어나온다.

그래도 위파사나 명상을 꾸준히 실행하자 확실히 좋은 점이 느껴졌다. 무엇보다 명상을 끝낼 때쯤에는 마음이 편안하고 머리가 맑아졌다. 머리가 맑으면 결정도 쉽게 내리고 하루 종일 집중력도 올라간다. 명상은 내게 분명 유익했다.

나는 매년 한 차례씩 센터를 찾아가 열흘간 위파사나 수련에 참가한다. 두 번째로 수련에 참가했을 때는 내 상태가 첫 번째와 확연히 달랐다. 첫날부터 신체 통증이 없었고 곧바로 감정에 따른 몸의 미세감각에 집중했다. 그 미세감각은 평소 내가 거의 인지하지 못하는 있는 듯 없는 듯한 느낌이다. 인간이 평소에 느끼는 감각은 거칠어서 일정 분량이 쌓여야 확실히 느껴진다. 그렇지만 우리 몸에는 그런 미세감각을 느끼는 부분이 존재한다.

미세감각은 잡념과 비슷하다. 나타났다 사라지고 다시 나타났다 사라지는 순환을 반복한다. 그래서 위파사나 수련법으로 몸을 관찰하면 점차 가슴이 따뜻해지고 허벅지가 조금 붓는 등의 미세감각에 주의를 집중할 수 있다. 이 수련을 계속할 경우 신체 반응에 따른 민감도가 훨씬 높아진다.

내가 세 번째로 위파사나 수련센터에 갔을 때는 또 다른 깨달음이 있었다. 원래 가부좌를 틀고 앉으면 시간이 길고 지루하게 여겨졌는데 그때는 종이 몇 차례나 울렸어도 계속 명상을 하고 싶은 생각이 들었다. 첫 번째와 두 번째 수련 때는 그처럼 시간이 빨리 흘렀다는 느낌이 들지 않았다.

감정이 생길 때 많은 사람이 스스로 알아차리지 못하며 시간이 좀 지나야 그것을 인지한다. 나는 가능한 한 감정을 빨리 알아차리고 싶었다. 훈련으로 신체 반응에 충분히 민감해지면 최단시간 내에 감정 변화를 알아차리는 동시에 평등심을 유지하면서 고요하고 평화로운 힘을 얻을 수 있을지도 모른다.

명상은 업무 중에 어떤 결정을 내릴 때도 큰 도움을 준다. 나는 업무보고를 받을 때 나도 모르게 화를 낼 때가 많았다. 특히 직원들이 일을 대충하거나 무책임하게 처리하면 무척 화가 났다. 그리고 그런 일이 계속 이어질 경우 회사에 얼마나 손실이 생길지 따지며 걱정했다. 위파사나 수련을 하고 있는 지금은 그 관념상의 연상을 끊어내 이 문제를 스스로 해결하고 있다.

메일을 보고 화가 날 때 나는 화나는 감정을 관찰한다. 그러면 나를 화나게 하는 관념은 끊어진다. '화'라는 감정은 가슴이 답답하고 속이 끓는 등의 신체 반응을 일으키지만 관찰하면 이것도 사라진다. 몸과 마음이 평정을 되찾는 것이다. 평정을 찾으면 이런 생각이 든다.

'직원이 이 일을 일정 내에 마치지 못한다고 보고하면 다른 직원과 협조해서 완성하게 조치하자. 그런 다음 무엇 때문에 문제가 발생했는지 살펴보자. 다음에 똑같은 문제가 일어나지 않게 하려

면 그 직원을 어떻게 도와야 할지 생각하자.'

아무리 감정을 폭발해도 상황 자체는 바뀌지 않는다. 문제는 왔다가 가며 치솟은 감정은 그저 우리 자신이 느끼는 것뿐이다. 눈앞에 아무리 많은 문제가 있어도 내면을 관찰하고 평정심을 유지하면 문제해결 방법은 반드시 찾을 수 있다.

생각은 감정을 결정한다. 우리는 마음을 평온하게 하고 스스로를 관찰해야 한다. 내면을 관찰하다 보면 자신을 포함해 모든 만물이 왔다가 가는 존재임을 깨닫는다. 그 사실을 깨달으면 고요함과 평온함의 힘을 얻을 수 있다.

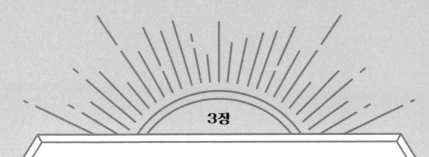

3장

당신의 삶에 가장 크게 영향을 미치고
관계를 정의하는 이가 누구인지 간파하라

세상에서 가장 하기 힘든 일 2가지는 다른 사람의 돈을 내 주머니로 가져오는 것과 내 생각을 다른 사람의 머릿속에 주입하는 일이다. 둘 중 하나만 하는 것도 어려운데 어떤 사람은 동시에 2가지를 해낸다. 거대한 폰지 게임을 구상한 전 나스닥 회장 버나드 메이도프Bernard Madoff가 대표적인 인물이다.

폰지 게임은 금융계 사기극의 한 종류로 새로운 투자자의 돈으로 기존 투자자에게 이자와 단기 배당금을 지급해 투자로 수익을 거두는 것처럼 꾸며 더 많은 투자자를 모집하는 방식이다. 세계적으로 유명한 금융기관, 투자자, 할리우드 스타, 억만장자 등이 버나드 메이도프를 무척 신뢰했고 그의 사기 금액은 650억 달러가 넘었다. 만약 2008년 금융위기처럼 100년에 한 번 있을까 말까 한 사태가 발생해 투자자들이 2008년 12월 초 70억 달러를 회수하려 하지 않았다면 버나드 메이도프의 사기 게임은 계속 이어졌을 것이다. 어쩌면 그가 죽을 때까지 이것이 사상 최대의 폰지 게임이라는 사실을 아무도 발견하지 못했을지도 모른다.

이 전무후무한 투자 사기극은 어떻게 오랫동안 성공적으로 유지되었을까?

1938년 뉴욕 유대인 가정에서 태어난 버나드 메이도프는 대학 졸업 후 자신의 이름을 내건 증권투자회사를 차렸다. 장외 전자 증권거래의 빠른 성장에 힘입어 월스트리트에서 점차 이름이 알려진 그는 1989년《파이낸셜 월드Financial World》같은 잡지에서 월스트리트 최고수익률을 달성한 인물로 선정되었다. 버나드 메이도프는 1990년 나스닥이사회 회장이 되었고 그의 리더십 아래 나스닥은 세계 2대 증권거래소로 발전했다. 애플, 구글, 페이스북 등 첨단기술을 보유한 기업들도 나스닥에 상장했다.

2000년 버나드 메이도프의 회사가 3억 달러 가까운 자산을 보유하면서 그는 성공과 명예를 모두 거머쥔 듯 보였으나 실은 거대한 금융 사기극을 10여 년째 진행해오고 있었다. '안정적이고 높은 수익률'이라는 투자 성공기, 월스트리트의 전설적인 인물이라는 이미지는 2008년 진실이 드러나면서 무너졌다.

버나드 메이도프는 부자들이 많이 가입한 클럽과 유대인 사교 집단에서 온후하고 예의 바르며 친근감 넘치면서도 신비롭고 입이 무거운 이미지를 구축했다. 투자자들의 심리를 누구보다 잘 알았던 그는 직접 나서서 투자자를 모집하지 않았고 그의 회사 고객이 되려면 유명인사나 갑부의 소개를 받아야 하는 등 오히려 문턱을 높였다. 더구나 그는 투자 전략을 먼저 떠벌리지 않았고 심지어 이것저것 질문하는 고객의 투자는 거절했다. 투자자가 늘어나면서 나중에는 최저 투자금액 기준을 높이기도 했다.

결국 5,000여 명의 투자자와 금융기관이 피해를 봤는데 여기에는 스위스은행, HSBC은행, 스코틀랜드 로열은행, 프랑스 파리은행, 뉴욕 메츠의 구단주 프레드 윌폰, 영화감독 스티븐 스필버그, 제너럴 모터스의 금융자회사인 GMAC 회장 에즈라 머킨 등이 포함되어 있었다. 버나드 메이도프의 피해자 중에는 내가 아는 투자자와 금융기관도 있었는데 그들은 입을 모아 말했다.

"사기극이 밝혀지고 나니 허점이 아주 많이 보였다. 하지만 그 때는 정말 사기인 줄 몰랐다. 그만큼 그를 믿었다."

이 세기의 사기극은 금액의 크기나 피해자의 사회적 지위, 사기 극을 진행한 세월 등을 따지면 사상 최대라고 할 만하다. 이를 보면 사기를 계획하고 진행한 버나드 메이도프는 사람의 마음을 움직이는 능력이 대단했을 듯하다.

영향력은 왜 중요할까? 인간은 어떻게 타인에게 영향을 미치고 또 타인의 영향을 받는 것일까? 인간은 사회적 동물이고 혼자서는 살아갈 수 없다. 그렇다면 사람과 사람은 어떻게 관계를 맺는 것일까? 나는 개인적인 성장에서 더 나아가 집단 분야로 목표를 높였다.

타인의 삶에 영향을 미치고 당신이 원하는 방향으로 이끌고자 한다면?

대뇌를 깊이 있게 사용하면 모든 일을 100퍼센트 정확히 처리할 수 있을까?

사람이 상업 활동을 할 때 언제나 정교하고 세심하게 계산할 거라고 생각한다면 틀렸다. 실제로 상업 활동에는 비이성적 요소가 끼어든다.

어떻게 해야 상품이 날개 돋친 듯 팔려나갈까? 가격하락 전략이 가장 좋은 방법일까? 물론 시장 공급 물량이 변하지 않는다는 전제 아래 가격을 내리면 더 많은 사람이 구매할 수 있다. 하지만 반대로 가격을 올리는 것도 상품 판매량을 늘리는 한 방법이다. 언뜻 상식에 반하는 것 같지만 수량이 한정적이면 고객은 구매에 더욱 열을 올린다. 흔히 고객은 '비싸면 품질이 좋다'는 법칙을 믿는다. 그래서 가격이 오르면 '비싸니까 품질이 좋을 테고 물량이 없어지기 전에 사자'는 마음에서 구매한다.

이러한 마케팅 방식은 사람들의 판단에 어떤 영향을 줄까?

좋은 상품은 대체로 다른 것보다 더 비싼 편이다. 그럴 확률이 80~90퍼센트에 이르는데 이는 '비싸면 품질이 좋다'는 관념을 만들어냈다. 그러다 보니 나머지 10~20퍼센트 상황에서 '비싸다고 반드시 품질이 좋은 것은 아니다'라는 것을 소홀히 하고 만다.

가끔은 상식적이지 않은 상황도 존재한다. 그때 우리는 그만한 가치가 없는 상품을 비싼 값에 사는 우를 범한다. 왜 우리는 시간을 들여 상품가치를 검증하지 않는 것일까? 이 질문에 답하려면 대뇌가 어떻게 움직이는지 알아야 한다.

대뇌는 인체에서 가장 정밀한 기관으로 100억 개가 넘는 신경세포로 구성되어 있다. 그런데 이 대뇌가 활동하는 데는 너무 많은 에너지가 든다. 대뇌의 중량은 인체에서 2퍼센트에 불과하지만 소모하는 에너지는 40퍼센트에 이른다. 이 비율은 지나친 불균형을 보인다. 에너지 절약을 위해 인간은 간혹 본능과 잠재의식, 과거 경험을 토대로 일을 처리하는데 이 경험모델은 일반적으로 크게 나쁜 결정을 내리지 않는다.

우리는 창의성이 필요한 일을 할 때는 애써 대뇌를 움직이지만 평소에는 에너지 절약에 집중하느라 간단하고 반복적인 일에 대뇌를 쓰지 않는다. 더 복잡한 일을 위해 에너지를 보존해두는 것이다.

우리가 대뇌를 더 깊이 있게 사용하면 모든 일을 100퍼센트 정확히 처리할 수 있을지도 모른다. 그러나 80~90퍼센트의 정확도를 추구하는 것이 더 경제적일 수도 있다. 예를 들어 롤렉스시계를

사려는 경우 가치를 철저히 따지고 상품의 재질과 디자인, 생산 과
정을 일일이 알아보려면 얼마나 많은 시간과 에너지가 필요하겠
는가. 나는 간단히 가격표를 보고 롤렉스시계는 그만한 가치를 한
다고 '빠르게' 판단한다. 그러한 제품 구매 자세는 과연 이성적일
까?

『설득의 심리학』의 저자 로버트 치알디니에게 '영향력의 6가지 원칙'을 배우다

설득력과 영향력 분야에서 권위자로 인정받는 대표적
인 인물은 로버트 치알디니Robert Cialdini로 그가 쓴 『설득의 심리학
Influence: The Psychology of Persuasion』(1984)은 전 세계에서 수백만 권이
팔렸다. 판매 분야를 직접 체험해본 그의 열정적인 연구 태도와 실
전 중심의 방법론에 크게 감명을 받은 나는 망설임 없이 그가 개
설한 영향력 워크숍에 등록했다.

워크숍은 사막에 세워진 도시 애리조나주에서 열렸는데 내가
참가한 워크숍의 수강생은 20여 명이었다. 그들은 대부분 판매·
영업 분야 중에서도 기관이나 기업을 상대로 마케팅을 하는 사람
들이었다. 판매직은 본질상 타인에게 영향력을 행사하는 것이 주
요 업무다. 즉, 고객이 내 제품을 받아들이고 구매하게 만들어야
한다. 기관고객과 기업고객을 상대하는 판매직원은 개인고객을
상대하는 판매직원에 비해 영향력이 더 중요하다. 가령 자동차를

판매할 때 개인고객을 상대로 하면 판매왕도 한 대씩 파는 수밖에 없지만 기관과 기업 고객에게는 단번에 수십 대, 수백 대를 팔 수도 있다.

단, 기관과 기업의 구매 담당자는 개인고객처럼 충동적으로 소비하지 않기 때문에 시간과 에너지를 더 많이 투입해 노력해야 한다. 그래도 큰 고객은 일단 거래관계를 맺으면 쉽게 거래처를 바꾸지 않아 충성도가 높다. 그런 이유로 기관과 기업 고객을 상대하는 판매직원이 영향력 수업을 들으러 온 것이다.

로버트 치알디니는 영향력의 6가지 측면을 설명했다. 그의 이론에는 뛰어난 판매직원들을 관찰하면서 수집한 내용과 이 분야를 연구하며 축적한 귀중한 경험이 담겨 있다. 우리는 매일 마주치는 수많은 일과 각종 관계에서 적절히 판단을 내려야 한다. 이는 모두 대뇌의 에너지를 소모하는 일이므로 우리 몸은 6가지 원칙에 따라 일을 빠르게 처리한다. 이 6가지 방법은 우리가 가장 정확한 결정을 내리도록 하는 것이 아니라 가장 효율적인 방법으로 결정하게 한다.

첫째, 상호성 원칙이다.

다른 사람에게서 무언가를 얻고자 한다면 자신이 그에게 무엇을 제공할 수 있는지 생각해야 한다. 사람들은 보통 상대에게 어떤 물건을 요구한 다음 그가 요구를 들어주면 그때 보상해준다. 하지만 로버트 치알디니는 타인에게 영향력을 행사하려면 그보다 더 효과적인 방법을 써야 한다고 말한다. 상대에게 먼저 물건을 내놓는 것이다.

상호성 원칙은 인류가 협력을 성취하는 중요한 전략 중 하나다. 이때 먼저 대가를 지불하는 것은 사회적 규칙으로 변해 이 규칙을 준수할 경우 서로 협력 결과를 극대화할 수 있다. 이것은 서로 윈-윈 관계로 나아간다. 내가 상대방이 곤란할 때 도와주었는데 상대방은 내가 곤란할 때 도와주지 않는다면 한마디로 '의리 없는 사람'이 되고 만다. 인간은 의리 없는 사람과 교류하지 않으려 한다. 상대적으로 예의와 도리를 아는 사람이 의리 없는 사람보다 신뢰받을 가능성이 크며 의리 없는 사람은 사회에서 살아남기 힘들다. 상호성 원칙은 인류의 대뇌에 깊이 박혀 있는 행동양식이다. 간단히 말해 가는 것이 있으면 오는 게 있는 것이 일반적이다.

사실 타인에게 크게 가치 있는 물건을 제공해야 협력관계가 성립되는 것은 아니다. 아주 사소한 것을 제공해도 받는 사람은 그만큼 돌려주어야 한다고 생각한다. 대가를 치르지 않으면 상대에게 빚을 진 느낌이 들기 때문이다. 그래서 상호성 원칙을 잘 이용할 경우 고객이 무언가를 받았다고 느끼게 만들어 내게 보상하도록 유도할 수 있다. 종종 고객이 돌려주는 보상은 내가 준 것보다 훨씬 더 가치가 있다.

둘째, 희귀성 원칙이다.

희소할수록 가치가 높다는 것은 누구나 알고 있다. 시대마다 가치 있는 사물은 다르지만 인류의 행동은 똑같다. 우리는 가치 있는 사물을 획득하기 위해 투쟁한다. 그것을 쟁취하지 못하면 생존이 위협받거나 현재 누리는 지위를 잃을 수 있기 때문이다.

많은 경우 우리는 희귀한 물건을 소유하는 것을 능력이 있고 지위가 높다는 상징으로 받아들인다. 우리가 어떤 물건을 얻기 위해 싸울수록 그 물건의 가치는 높아진다. 그 대표적인 예가 경매다. 경매품은 하나고 낙찰자도 1명이지만 입찰하는 사람은 많다. 이때 입찰자가 많을수록 최종 낙찰가는 높아진다.

희소할수록 가치가 높다는 관념은 우리의 행동에 영향을 미친다. 예를 들어 어떤 물건을 판매할 때 "마지막 남은 물건입니다. 손님이 구매하면 끝이에요"라고 말하면 고객이 받아들이는 감각은 바로 달라진다. 같은 차라도 전 세계에 딱 1대인 경우와 100만 대인 경우는 가치가 다르다. 세상에는 '유일하다'는 것에 더 많은 돈을 지불하려는 사람이 많이 있다. 그래서 판매자들은 간혹 '한정판'임을 내세워 마케팅 전략을 펼친다.

셋째, 권위의 원칙이다.

권위는 강력한 힘이다. 독립적인 사고 능력을 갖춘 성인도 권위의 명령에는 쉽게 복종하며 심지어 이성을 잃은 듯한 일도 마다하지 않는다. 왜 그럴까? 개인의 인지 수준에 한계가 있다는 것은 누구나 알고 있다. 아리스토텔레스, 갈릴레이, 뉴턴, 아인슈타인 같은 천재도 한 개인으로서는 인지 수준이 제한적일 수밖에 없다. 그래서 경외심 때문이든 게으름 때문이든 우리는 의혹이 있을 때 권위에 도움을 청하려고 한다.

이에 따라 많은 사람이 권위자가 되려고 애쓰는데 전문적인 능력으로 자신을 증명하려 하는 것도 실은 권위를 획득하기 위해서다. 그러나 꼭 능력을 갖춰야만 권위를 얻는 것은 아니다. 회사에서 판매직원에게 유니폼을 권하는 이유는 무엇일까? 중고차를 파는 사람은 왜 좋은 차를 타고 다녀야 할까? 바로 권위의 원칙 때문이다. 양복을 잘 갖춰 입는 것, 좋은 차를 모는 것은 모두 권위의 상징이다.

이를 증명하기 위해 로버트 치알디니는 재미있는 실험을 했다. 편안한 옷차림으로 종이와 펜을 들고 행인에게 도로 관련 시장조사를 부탁하자 사람들은 대부분 무시하고 지나갔다. 반면 도로공사 유니폼을 입고 안전모를 쓴 사람이 똑같은 조사지를 내밀자 사람들은 쉽게 조사에 응했다. 결국 옷차림에 따라 권위가 달라진다. 많은 기업이 자사 제품과 서비스 홍보에 스타나 전문가를 모델로 내세우는 이유도 여기에 있다. 그들은 돈을 받고 모델 노릇을 하는 것뿐이지만 그들이 등장해 권위의 상징만 내세워도 소비자의 반응은 달라진다.

넷째, 일관성 원칙이다.

우리는 언행이 일치하는 사람을 신뢰한다. 언행이나 전후 사정이 일치하지 않으면 의심이 생기고 어느 것이 맞는지 고민한다. 우리는 보통 일치하는 하나의 답을 원하는데 그 답을 얻지 못할 경우 의혹의 눈길을 보낸다.

우리가 어느 것 하나를 선택하거나 어떤 입장을 인정하면 내면과 외부 모두에서 그것과 일치하는 말과 행동을 하도록 압박을 받는다. 내면의 압박은 스스로 자신을 속이길 원치 않아서다. 외부 압박은 언행이 일치하지 않는다는 비판을 받고 싶지 않기 때문이다. 이처럼 양쪽의 압박을 받기 때문에 우리는 자연스레 언행일치를 증명하는 행동을 하려고 한다.

그러면 언행일치 원칙으로 어떻게 다른 사람에게 영향을 미칠 것인가? 우선 상대에게 작은 범위 내에서 공개적인 약속이나 의사 표현을 하게 한다. 이때 다른 것은 그 사람에게 직접 결정하라고 한다. 이 경우 작은 범위 내의 행동이지만 자신이 내린 결정이므로 더 큰 결정도 그것에 따라 내린다.

따라서 이 원칙은 판매 전략에 매우 효과적이다. 예를 들어 자동차 판매 전략을 생각해보자. 많은 사람이 차가 마음에 들어도 실제 구매결정을 내리기까지 많이 망설인다. 로버트 치알디니는 자동차 세일즈맨의 특별한 전략이 아주 훌륭하다고 말한다. 그들은 바로 구매결정을 내리라고 강요하지 않고 간단한 질문을 한 뒤 고객에게 직접 차에 타보라고 권한다. 일단 고객이 차에 오르면 새 차의 냄새를 맡으면서 '이게 내 차라면 좋을 텐데'라는 상상을 하게 마련이다. 그 순간 세일즈맨은 얼른 말을 건넨다.

"차를 빌려드릴 테니 집에 타고 가시죠. 하루 몰아보고 마음에 들지 않으면 내일 돌려주세요. 비용은 전혀 받지 않습니다."

로버트 치알디니는 그렇게 새 차를 타고 집에 간 고객은 대부분 차를 구매한다는 것을 발견했다. 왜 그럴까? 이웃들이 자신의 새 차를 보았고 집에 가서 아내와 아이들도 새 차를 탔기 때문이다. 차를 사겠다고 약속한 것은 아니지만 다른 사람들이 이미 자신이 새 차를 모는 것을 다 보았다. 이제 그 차를 돌려주면 이웃과 가족이 어찌된 일인지 물어볼 게 뻔하다. 결국 고객은 자신의 언행일치를 위해 그 차를 구매한다.

다섯째, 사회적 증거 원칙이다.

인간의 체력과 에너지는 유한한데 매일 겪는 일은 너무 많다. 그러므로 우리는 정보를 100퍼센트 얻으려 애쓸 필요가 없다. 그러려면 너무 많은 에너지와 시간을 판단하는 데 쏟아야 하기 때문이다. 인간관계 역시 그렇다. 이에 따라 우리는 효율을 중요하게 여겨 대개는 사회적으로 인정하는 것, 당연하다고 여기는 것을 선택하는 경향이 있다. 많은 사람이 가는 식당은 맛있을 거라고 생각하는 것도 광범위한 인정을 안전한 정보로 받아들여 에너지 소모 없이 선택하는 전략이다.

사회적 증거 원칙은 판단이 정확한지 알기 위해 다른 사람의 의견을 근거로 행동한다. 구걸하는 사람 앞에 놓인 깡통에 돈이 들어 있으면 텅 빈 깡통보다 사람들이 돈을 넣어줄 가능성이 높다. 그래서 판매자들은 자사 제품을 얼마나 많은 사람이 구매했는지, 구매한 사람들이 얼마나 만족했는지 적극 홍보한다. 특히 성공한 사람들이 그 제품을 긍정적으로 평가하면 그 효과는 더욱 커진다.

여섯째, 호감의 원칙이다.

우리는 대부분 낯선 사람보다 아는 사람이나 좋아하는 사람이 요구하는 것을 더 쉽게 들어준다. 로버트 치알디니는 우리가 자신이 좋아하는 사람에게 쉽게 영향을 받는다는 것을 발견했다. 실제로 우리는 좋아하는 사람에게 물건을 사거나 배우는 것을 좋아한다. 로버트 치알디니는 뛰어난 판매직원은 우선 고객과 사적으로 친밀한 관계를 맺는다는 것을 발견했다. 먼저 고객과의 공통점을 찾아내 친밀감을 쌓고 고객에게 진심 어린 칭찬을 해주며 이후 기회를 보았다가 상대의 신뢰를 얻어 협력관계를 맺는 식이다.

로버트 치알디니는 여러 가지 실험을 했는데 아무런 관계가 없는 공통점도 어느 정도 호감을 일으키는 작용을 했다. 고객에게 곧바로 제품의 장점을 설명하는 판매원보다 먼저 고객과 잡담하며 1~2가지 공통점을 찾아내는 판매원은 판매실적에서 커다란 차이가 난다.

　　"당신도 그 대학에 다녔군요. 저도 거기 졸업생이에요."

　　고객이 사려고 하는 제품과 전혀 관계가 없는 이런 말도 공통점이 될 수 있다. 같은 야구팀을 좋아하는 점, 같은 곳으로 휴가를 간 경험이 있는 점, 같은 동물을 키우고 있다는 점도 모두 마찬가지다.

　　로버트 치알디니는 제품을 사간 고객을 대상으로 다시 설문조사를 했다. 고객은 공통점이 있는 판매원에게 제품을 구매한 이유를 묻는 질문에 대부분 이런 반응을 보였다.

　　"그 직원과 얘기가 잘 통했거든요."

　　그다음에야 이렇게 대답했다.

　　"그리고 물건도 나쁘지 않았어요."

　　판매원들이 고객과 공통점을 찾아내는 데는 5분도 걸리지 않았다. 심지어 화제를 제품과 관련 있는 것으로 고를 필요도 없었다.

　　로버트 치알디니의 영향력 워크숍을 듣고 나는 다른 사람과 소통할 때 어떤 원칙을 응용해야 할지 생각해보았다. 예전에는 주로 논리적인 방법을 썼다. 즉, 분명하고 정확한 사실을 전달해서 상대방을 설득하려 했다. 이것이 대부분의 사람들이 알고 있고 또 사용하는 효과적인 소통 방식이다.

현실은 달랐다. 이런 방식의 대화는 소통에 방해가 될 뿐이다. 앞서 말한 6가지 원칙은 논리와 별다른 관계가 없다. 오히려 논리에서 벗어나는 원칙도 있다. 하지만 6가지 원칙은 확실히 유용하고 타인에게 영향력도 크다. 실제로 내가 활용해본 결과 영향력이 커졌고 더 많은 사람이 나를 도와주었다.

6가지 영향력 원칙을 일상생활에 적용하기

영향력 워크숍을 수료한 후 나는 투자업계를 관찰하고 내가 직접 실천한 경험을 더해 더 많은 도움을 받았다.

- 상호성 원칙: 창업했을 때 우리는 고객에게 무료로 서비스를 이용해볼 기회를 주겠다고 제안했다. 일정 기간 서비스를 사용해본 고객은 대부분 마음에 들어 하거나 습관적으로 사용하게 된다. 더 중요한 것은 고객이 우리가 가치 있는 것을 알려주었다고 생각하면 미안하게 여긴다는 점이다.
"당신의 제품은 아주 마음에 듭니다. 하지만 올해 우리 회사 예산이 충분하지 않군요. 올해는 조금만 구매하겠습니다. 내년에는 구매량을 늘리도록 하지요."
나는 돈을 받지 않고 먼저 가치를 제공하는 것도 중요하다는 사실을 깨달았다.
- 희귀성 원칙: 고객에게 우리 회사의 연구 데이터는 독점적이

라는 점을 자주 설명했다. 월스트리트의 투자자들은 많은 경우 독점적인 것을 좋아한다. 자기가 알고 있는 정보를 다른 사람도 아는 것을 바라지 않기 때문이다. 그래서 나는 같은 제품을 열 곳의 거래처에 판매하는 것이 단 한 곳의 거래처에만 판매하는 것보다 이윤이 높지 않을 수 있음을 깨달았다. 재밌게도 우리가 개발한 상품이 한 군데 거래처 외에는 수요가 없는 프로그램이었던 적도 있다. 그렇지만 나는 그 고객에게 이렇게 이야기했다.

"독점적으로 사용하길 바라십니까? 그러면 가격이 좀 더 높아집니다."

그 고객이 구매하지 않으면 다른 고객에게 판매할 수 있을지 장담하기 어려웠다. 그런데 '독점적인 사용'을 강조하자 확실히 더 높은 이윤을 얻을 수 있었다.

- 일관성 원칙: 많은 고객이 상품 설명을 들은 후 곧바로 의사 표현을 하지 않고 "다른 사람들과 논의를 해보겠다"고 대답한다. 이럴 때 다시 연락하면 구매로 이어진 경우가 많지 않다. 영향력 수업을 들은 뒤 나는 그럴 때마다 간단한 질문을 던진다.

"논의가 필요하다는 것은 이해합니다. 지금 저희가 도와드릴 수 있는 부분이 있다면 어떤 것이 있을까요?"

이 질문의 답을 생각하는 동안 고객은 자신이 우리와 협력할 때 어떤 일을 할 수 있을지 따져본다. 그 후 다시 소통하면 계약을 체결할 확률이 높다. 처음에는 작은 것을 약속하지만 나중에 그것은 큰 수확으로 돌아온다.

• 권위의 원칙: 권위를 세우는 것은 개인뿐 아니라 회사에도 중요하다. 일단 스스로 권위를 세운다. 만약 이것이 여의치 않으면 다른 사람의 권위를 빌린다. 그러면 내 권위도 높일 수 있다. 나는 우리 회사의 전문가 그룹이 고객을 위해 강연을 하도록 자리를 마련했다. 덕분에 나 자신과 전문가를 비롯해 회사의 권위까지 세울 수 있었다.

• 사회적 증거 원칙: 나는 투자 실적이 좋은 펀드를 고객으로 두었는데 그들에게 회사 상품을 홍보할 때 그들의 이름을 언급해도 괜찮은지 물었다. 실적이 좋은 펀드가 우리 서비스를 이용하면 업계의 많은 사람이 우리 회사를 신뢰할 것이니 말이다.

"그 유명한 펀드가 이 서비스를 쓴다니 분명 그럴 만한 이유가 있을 거야."

이러한 것이 내가 업계에서 인정받는다는 사회적 증거다.

• 호감의 원칙: 예전에는 월스트리트에서 가장 우수하다고 평가받는 투자자와 비즈니스를 논의할 때 우리 회사 서비스의 우수성을 열심히 설명해야 한다고 생각했다. 하지만 어느 순간 그들 역시 가정과 친구, 취미가 있는 보통사람임을 깨달았고 워크숍에서 배운 대로 잡담을 나누며 공통점을 몇 가지 찾아냈다. 동시에 고객이 어떤 공통점에 가장 큰 관심을 보이는지도 파악했다. 잡담이 즐거웠으면 내가 상품 이야기를 하지 않아도 고객이 먼저 이런 말을 꺼낸다.

"이제 상품 이야기를 좀 들어볼까요?"

그 고객을 두 번째로 만나면 어느덧 친한 친구처럼 맞아준다. 거래 관계를 넘어 개인적인 관계를 형성했기 때문이다. 고객들은 대개 이렇게 말한다.

"내가 신뢰하는 사람이 당신 회사의 서비스를 쓰고 있다니 괜찮은 서비스인 것 같군요."

"당신과는 말이 잘 통하네요. 더구나 무료로 사용해볼 기회도 준다고 하고요. 당신네 서비스가 그 나름대로 인지도도 있는 것 같은데 우선 시험 삼아 써보기로 합시다."

6가지 영향력 원칙을 활용하면 더 쉽게 관계를 맺고 유지할 수 있다.

폰지 사기범 버나드 메이도프는 '6가지 원칙'을 어떻게 교묘히 활용했나?

내가 영향력 워크숍에 참여한 이유는 다른 사람에게 영향력을 행사하는 방법과 다른 사람이 내게 영향력을 행사하는 것을 알아내는 법을 배우고 싶어서였다. 우리는 시시때때로 다른 사람의 영향을 받으며 살아간다. 어디서든 광고가 눈에 들어오고 주변 사람들의 입소문도 듣는다. 이 모든 것은 내게 영향력을 행사한다. 영향력은 그만큼 넓고 깊은 의미를 지니고 있다.

우리는 다른 사람의 영향력 아래 있으면서 그 사실을 인지하지 못하기도 한다. 심지어 모든 결정을 스스로 한다고 여기기도 한다. 실상은 그렇지 않다.

사실 외부의 영향력은 본질적으로 휴리스틱heuristics(복잡한 과제를 간단한 판단 작업으로 단순화해 의사결정하는 경향이나 그런 사고 기술) 사고 기술로 우리를 감정적으로 정복하면서 이성이 선택하지 못하도록 만드는 것이다. 사고 과정에서 우리는 자주 지름길을 사용하지만 그것을 제대로 인지하지 못한다. 대신 휴리스틱 사고를 독립적인 자신의 사고로 여긴다. 이 둘을 제대로 구분하지 못하면 타인의 영향력에 쉽게 휘둘린다. 타인의 영향력에서 벗어나려면 휴리스틱 사고에서 독립적인 사고로 바꿔야 한다.

예를 들어 버나드 메이도프의 사건을 자세히 관찰해보면 그의 사기 방식에서 영향력 원칙에 부합하는 행동을 찾아낼 수 있다. 우선 자산이 일정 규모를 넘는 펀드 관리회사는 매년 외부기관의 감사를 받아야 한다. 그 회계감사 기준은 매우 높은데 메이도프가 선임한 회계법인은 누구나 알 만한 4대 회계법인이 아니라 무명의 회계법인이었다. 그 회사 대표는 메이도프와 오랫동안 알고 지내온 친구였다. 그렇다면 투자자들은 이렇게 짐작했어야 마땅하다.

'감사를 대충 할 것 같다. 이 회계법인에 직원이 두세 명뿐이라면 더욱 그럴 확률이 높다.'

이러한 의문은 소홀히 넘기기 어려운 문제지만 피해자들은 이를 문제시하지 않았다.

또한 메이도프는 매년 10.5퍼센트의 높은 투자수익률을 제공했으나 구체적으로 어디에 투자했는지 알려주지 않았다. 다른 투자 기관은 투자행위를 한 후 어디에 투자해 어떻게 이윤을 냈는지 고객에게 보고한다. 모두 미국의 유명한 부자와 투자자였는데 왜 메이도프의 자료를 검증하지 않았을까?

자세히 살펴보니 버나드 메이도프는 영향력 원칙을 이렇게 활용했다.

- 희귀성 원칙: 그의 펀드는 외부에 홍보하거나 판매하지 않았다. 새로운 투자자는 반드시 가까운 고객의 소개를 받아야 메이도프 회사의 고객이 될 수 있었다. 그래서 사람들은 메이도프의 펀드에 참여할 기회가 희귀하다고 여겼다.
- 권위의 원칙: 버나드 메이도프는 나스닥 회장까지 맡았다. 나스닥은 인지도가 높고 세계적으로 잘 발달한 증권거래소다. 여기에다 그는 유대인이었고 수많은 유대인 재단이 그에게 투자하고 있었다. 이러한 사실은 메이도프에게 충분한 권위를 제공했다.
- 사회적 증거 원칙: 그는 많은 돈을 들여 상류사회 고객을 만났다. 그들은 대개 유럽의 귀족 출신이었고 메이도프는 그 인맥을 바탕으로 더 많은 투자자와 인연을 맺었다. 사실 인연을 맺는 그 과정은 결국 그와 계약하는 과정이었다. 이처럼 유명한 사람들의 후광 아래 메이도프의 펀드는 자연스레 사회적으로 인정받는 투자기회로 여겨졌다.
- 상호성 원칙: 전통 폰지 게임과 마찬가지로 버나드 메이도프

도 초기에는 작은 금액을 투자하게 한 뒤 높은 수익률을 올렸다며 배당금을 주었다. 이는 고객이 메이도프의 펀드가 수익률이 아주 높다고 생각해 더 큰 금액을 투자하도록 만들었다.

- 호감의 원칙: 상류사회에서 메이도프에게 사기를 당한 사람은 한둘이 아니었다. 유명인사들은 다른 사람보다 자기 인맥 내의 사람들을 더 많이 믿는다. 피해자들은 주변 사람들이 모두 메이도프에게 투자했다는 것을 알고 나서 메이도프의 펀드를 긍정적으로 평가했다. 이들은 다시 주변 친구들에게 메이도프를 추천했고 결국 더 많은 상류사회 사람들이 피해자가 되고 말았다.

- 일관성 원칙: 누군가가 버나드 메이도프의 투자에 의구심을 품거나 그의 투자행위를 더 자세히 알고 싶어 했을 수도 있다. 그러나 메이도프의 투자 결과가 그가 약속한 것과 부합하는 바람에 의구심이 있더라도 소용이 없었고 메이도프를 의심하지 않는 사람이 더 많았다.

한마디로 버나드 메이도프는 영향력 분야의 전문가이자 대가였다. 그의 여러 가지 사고방식과 언행은 모두 영향력 원칙을 적절히 이용한 결과였다. 비록 그의 펀드는 그다지 높은 수익률을 내지 못했으나 그는 자신의 영향력을 발휘해 더 많은 투자금을 흡수했고 새로운 고객이 투자한 돈으로 기존 고객에게 이윤 배당금을 지급하면서 버텼다. 계속해서 새로운 고객이 들어오는 한 이 사기극은 언제까지든 유지할 수 있었다. 결국 깨어 있는 소비자, 독립적으로 사고하는 투자자가 되려면 영향력 원칙을 이해하고 제대로 활용할 수 있어야 한다. 그래야 이러한 사기극에 말려들지 않는다.

집단 형성 비밀을 알면
집단 내 갈등 해결 방법도 보인다

작은 범위의 사회적 집단 형성에 얽힌
비밀을 탐구하는 시카고 심리학 실험실

영향력 워크숍에서 한 개인이 타인에게 어떻게 영향력을 행사하는지 배운 뒤 나는 집단이 개인행동에 어떻게 영향을 미치는지 공부하기로 했다. 그래서 심리학 관련 일을 하는 친구의 추천을 받아 '사회적 집단 건설'이라는 이름의 워크숍에 등록했다. 이 워크숍에서는 낯선 사람과 한데 모여 어떻게 새로운 집단을 만드는지 연구했다.

일종의 실험에 가까운 이 워크숍은 시카고의 규모가 크지 않은 비영리기구 실험실에서 진행되었다. 사회적 집단이 무에서 유를 만들고 유지하는 과정에 내가 호기심을 보인 이유는 무엇일까? 학교나 사회에서 제공하는 워크숍은 기본적으로 능력과 지식을 전

수반는 것 위주로 이뤄진다. 하지만 이 워크숍에서는 참가자가 직접 어떻게 서로 교류할지 모색하는 과정을 거쳐 새로운 사회적 집단을 형성해야 한다.

철학자와 정치가는 일찌감치 인간이 집단에 속해 있을 때와 독립된 개인일 때 하는 행동이 서로 다르다는 것을 알아차렸다. 혼자 길을 갈 때는 상처를 입고 쓰러진 사람을 보면 다가가서 도와주려고 한다. 그러나 쓰러진 사람을 많은 사람이 에워싸고 있으면 이미 충분한 도움을 받고 있다고 생각해 다가가 도와줄 가능성이 낮다.

미국은 원래 다양한 인종이 모여 사는 사회로 사회적 집단이 많고 복잡한 곳이다. 미국인은 인종, 종교, 재산의 차이 등으로 나뉜다. 설령 그럴지라도 사회적 집단 사이에 여러 교집합이 있다. 예를 들면 기독교 집단 내에 흑인도 있고 백인도 있다.

시카고는 미국에서 강력사건이 가장 많이 발생하는 지역이다. 또한 시카고는 백인과 흑인을 명확히 분리하는 지역이기도 한데 백인 거주 지역은 부유하고 흑인 거주 지역은 빈곤하다. 그만큼 양극화가 심각하며 강력사건은 대개 흑인 거주 지역에서 발생한다. 흑인들은 왜 흑인 거주 지역에서 강력사건이 많이 일어나는지 이해할 수 없다고 말한다. 왜 치안을 관리하지 않는가? 치안을 관리한다면 왜 '제대로' 관리하지 않는가?

미국의 각 지방정부 관리자는 모두 주민선거로 뽑는데 흔히 부유한 지역에서 선출한 사람은 종합적인 능력이 뛰어날 거라고 판단한다. 그리고 지방정부 관리자는 현지 납세자들의 세금을 필요로 하므로 부유한 지역 치안 관리가 더 좋을 수밖에 없다.

결국 두 지역은 별로 떨어져 있지 않지만 거주자 차이에 따른 치안 상황은 천양지차다. 특히 시카고에서 인종 문제는 심각한 편이다. 시카고뿐 아니라 미국 사회의 많은 사람이 이 문제에 관심을 기울이고 있다. 이는 그들의 이익과 관련이 있기 때문인데 사람들은 현실 속에서 마주치는 사회적 집단의 문제를 잘 해결하고 싶어 한다.

그래서 어떻게 해야 각 사회적 집단을 더 잘 구축할 수 있는지, 커다란 사회적 집단은 어떻게 다른 작은 집단들 사이의 관계를 평등하게 관리해야 하는지가 미국 사회의 중요한 과제로 부상했다. 시카고의 이 심리학 실험실은 축소판 실험으로 작은 범위에서 사회적 집단의 형성에 얽힌 비밀을 탐구하려 한다. 집단 형성 과정을 지켜보고 사람들이 집단 형성에서 어떻게 잠재적 집단 규칙을 만드는지, 집단 내의 갈등은 어떻게 생기고 해결하는지, 갈등을 해결할 수 없을 때는 어떻게 변화하는지 등을 연구하는 것이다.

내가 원인이 되어 벌어진
사회적 집단 규칙에 관한 격론

시카고에 있는 실험실 워크숍에 참여했을 때는 한창 추울 때인 2월이었다. 우리는 본래 수도원이던 건물의 지하실에서 사흘간 워크숍을 진행했다. 창도 없고 전등 불빛도 밝지 않은 그 우중충한 곳에서 우리는 매일 두세 차례의 휴식시간을 제외하고 아침부터 저녁까지 토론을 했다.

그 워크숍에는 따로 강사가 없고 진행자 2명만 있었는데 그들이 하는 일은 관찰과 기록, 시간 통제뿐이었다. 실험이 시작되자 우리는 모두 둥그렇게 둘러앉았다.

"사흘간 여기서 집단 탄생과 발전을 시뮬레이션할 것입니다. 한 집단이 맞닥뜨릴 문제를 다 경험할 텐데 그것을 해결하는 것이 여러분이 할 일입니다. 반드시 필요한 설명을 몇 가지 전달하는 것 외에 우리는 여러분의 행동을 유도하지 않을 겁니다."

진행자는 이 말만 전달했고 남은 시간은 모두 참여자가 알아서 진행해야 했다. 우리는 둥글게 모여 앉은 상태로 침묵했다. 아무도 먼저 말을 꺼내지 않았다. 아마 다들 마음속에 물음표를 떠올리고 있었으리라. 5분, 10분, 15분⋯⋯. 그렇게 30분쯤 지나자 결국 한 사람이 나섰다.

"우리 지금 뭐하는 거죠? 아무도 말하지 않는 건 무슨 뜻입니까?"

그 옆에 있던 사람이 말을 받았다.

"우리는 지금 사회적 집단을 형성하는 거래요."

뭐든 시작이 어려운 법이다. 한 사람이 말하기 시작하자 다들 한두 마디씩 보탰고 금세 토론이 되었다. 우리의 목표는 무엇인가? 우리는 사흘간 어떻게 집단을 형성해야 하는가? 우리가 어떤 규칙을 정해야 하지 않겠는가?

실은 이때 이미 사회적 집단의 기본 상태를 형성했다고 봐야 한다. 사람들이 모여 교류하지 않으면 집단으로 보기 어렵다. 그렇게 서로 교류를 시작했지만 지도자, 규칙, 목표 같은 중요한 조건이 빠졌다. 물론 금세 2~3명이 적극 나섰고 그중 한 사람이 일어섰다.

"제가 기록을 맡겠습니다. 다들 동의하는 일부터 기록하죠."

모든 서면을 총괄하는 기록자의 권력은 무척 크다. 그들의 기록은 실질적인 객관 증거로써 다른 사람들이 볼 수 있도록 제공한다. 어떤 문제로 사람들 사이에 해석의 차이가 생길 경우 다들 기록을 펼쳐 내용을 살피려고 한다. 이때 사람들에게 제공하는 참고자료가 집단 구성원의 공통 인식을 이끌어내는 데 도움을 준다.

그런데 기록자 역시 사람이므로 그들은 객관적인 기록 외에 주관적인 행위도 할 수 있다. 가령 어떤 내용에는 자기 생각을 덧붙이고 어떤 내용은 흘려들어 기록하지 않기도 한다. 기록자가 일정하게 객관성을 유지하더라도 결국 어느 정도는 주관적 편향을 보일 수밖에 없다. 어찌 보면 기록자는 진정한 의미의 결정권자다. 적어도 내용의 취사선택과 묘사에서 일정 부분 결정권을 갖는다.

적극적인 사람들 중 남은 2명은 표현욕구가 강했다. 말이 많은 그들은 어느 정도 지도자처럼 보였다. 지도자는 통상 더 많은 발언권을 갖는데 사회적 집단에서 규칙을 정하기 전 표현하는 것이 많을수록 지도자가 될 기회가 많다. 현장에는 이 두 사람의 지도자에게 반기를 드는 사람이 있었다. 그 말에 동의할 수 없다거나 자기는 판단을 보류하겠다는 식이었다. 여러 가지 일로 토론을 벌이다 보면 반드시 다른 의견이 나오며 이때 타협과 공통 인식이 등장한다.

나는 그 현상을 재미있게 지켜보다가 갑자기 중요한 전화가 오는 바람에 잠시 나가서 전화를 받았다. 내가 전화를 끊고 돌아왔을 때 한 여성이 건의했다.

"처벌 문제도 논의해야 하지 않나요?"

그 여성이 나를 지목하며 말했다.

"예를 들어 이분은 방금 나가서 전화를 받았습니다. 우리 집단은 모두 함께 자리를 지켜야 하지 않나요? 전화기를 꺼놓아야 할까요, 아니면 통화를 허용해야 할까요? 만약 모두 자리를 지켜야 하고 전화기를 꺼놔야 한다면 임의로 자리를 떠난 사람은 어떤 벌을 받아야 하죠?"

토론 내용의 당사자인 나는 일어나서 발언했다.

"나는 그런 상황을 몰랐습니다. 아직 그런 규칙을 정하지도 않았잖아요. 나는 자리를 지켜야 한다는 것을 몰랐습니다."

그러자 몇몇 사람이 일어나 나를 보며 말했다.

"그런 규칙을 정하지 않았어도 모든 집단 내에는 잠재규칙이라는 게 있습니다. 당신이 전화를 받고 싶다고 해서 마음대로 전화를 받을 수 있는 것이 아닙니다. 우리는 공동체고 이렇게 모여서 실험에 참여했습니다. 어떻게 집단이 형성되는지 배우기 위해서죠."

반면 몇몇 사람은 나를 변호해주었다.

"이분이 전화를 받기 전에는 우리가 그런 규칙을 정하지 않았습니다."

결국 찬성파와 반대파로 나뉘어 양쪽이 이 문제로 격렬하게 논쟁을 벌였다. 그 과정을 지켜보며 나는 사람들을 자세히 관찰했다. 다들 진심으로 진지하게 몰입하고 있었다. 표정은 엄숙했고 뭔가 대단한 일을 하고 있는 것 같았다. 처음에는 그것이 조금 우습게 느껴져 내가 한마디를 던졌다.

"우리는 여기 공부하러 온 겁니다."

내 말이 떨어지자마자 어떤 사람이 반박했다.

"공부라니! 우리는 진지하게 임하고 있습니다. 간단하게 공부라고 할 수 없어요."

우리가 그렇게 열을 올리며 토론하고 있을 때 완전히 중립을 지키고 있던 진행자가 점심식사 시간임을 알려주었다. 점심식사를 마친 후 우리에게는 몇 개의 작은 집단이 형성되었다. 나 역시 몇 명의 지지자를 얻었다. 나는 하나의 사회적 집단에서 규칙을 정할 때는 많은 논쟁과 혼란이 있게 마련이고 어떤 문제에서 완전히 일치하는 의견에 도달하기란 매우 어렵다는 것을 깨달았다.

첫날 아침 9시부터 오후 5시까지 우리는 집단의 행동 규칙과 그 처벌에 관련된 제도를 정하는 것을 두고 토론했다. 그 과정에서 나는 큰 집단 속에 점차 작은 집단이 어떻게 형성되는지 살펴볼 수 있었다. 그 실험은 실제 현실사회의 집단 형성에서 나타나는 본질적인 모습을 잘 보여주고 있었다. 그리고 우리가 평소 쉽게 흘려보내는 문제도 눈에 들어왔다.

한 여성으로 인해 난상토론장이 되어버린 작은 집단

이튿날 처음에는 첫날의 토론 주제를 이어갔지만 갑자

172

기 한 여성이 '폭탄'을 터뜨렸다.

"저는 제가 지금 겪고 있는 문제를 해결하려고 여기에 왔습니다. 지금 우리는 작은 집단을 구성했고 하루 동안 규칙을 정했습니다. 이제 함께 문제를 해결했으면 합니다. 제가 먼저 제 상황을 말씀드릴게요."

그 여성은 자신이 여동생이나 어머니와 사이가 좋지 않은데, 자신이 두 사람에게 필요한 도움을 제공해도 그 호의를 이해받고 고맙다는 소리를 듣기는커녕 오히려 비난을 받거나 그로 인해 불화가 생길 때가 많다고 털어놓았다. 그녀는 이 워크숍에 참여해 가족이라는 작은 집단 문제를 해결해보고 싶었다고 했다. 그녀는 큰 집단 문제에는 아무런 관심도 없었다.

그녀의 이야기를 들은 후 몇 사람이 화를 가라앉히라고 권하며 몇 가지 조언을 해주었다. 하지만 내가 그 여성의 미세표정이나 몸짓언어를 관찰한 바로는 그녀는 정말로 도움을 받고 싶거나 조언이 필요한 것이 아니었다. 그랬기에 그녀는 다른 사람들이 내놓는 제안을 그다지 주의 깊게 듣지 않았고 나는 더는 이야기를 꺼내지 않았다.

그런데 그녀가 사생활을 털어놓으면서 다른 사람들도 자기 이야기를 하기 시작했다. 그 여성의 이야기가 그다지 밝지 않았기에 이어지는 얘기도 가족 사이의 어려움, 불안, 갈등이 대부분이었다. 집단 토론은 금세 불행을 겨루는 대회처럼 변하고 말았다.

그러다가 한 사람이 견디지 못하고 말을 꺼냈다.

"사회집단 형성을 위해 모인 건데 지금 각자 신세한탄만 하고 있군요."

그렇게 말을 주고받다가 양쪽 사이에 말다툼이 벌어졌다. 그것은 반나절이나 이어지다가 결론도 없이 유야무야되었고 우리는 확연히 두 집단으로 나뉘었다. 진행자들은 여전히 전혀 개입하지 않았는데 말다툼이 너무 길어지자 나는 슬쩍 진행자에게 물었다.

"이봐요, 당신들은 하는 일이 도대체 뭐죠?"

그중 한 사람이 대답했다.

"우리의 일은 관찰하는 겁니다. 여러분은 지금 말다툼을 벌이는데 이게 현실에서는 아주 자연스러운 일이거든요. 실험실 워크숍은 관찰로 일상생활과 비슷한 점이나 차이점을 찾습니다. 여러분도 참여하고 관찰하면서 각자 얻는 게 있을 거라고 생각합니다."

둘째 날은 거의 말다툼과 논쟁 속에서 하루가 지나갔다. 한쪽 무리는 이렇게 말했다.

"더 이야기하지 맙시다. 우리는 무엇을 할지 목표를 결정해야 합니다."

다른 무리가 반박했다.

"저는 제 문제를 해결하려고 여기에 참가했습니다. 당신이 뭔데 제 권리를 빼앗으려는 겁니까?"

결국 끝까지 아무 결론도 내리지 못하고 흩어진 사람들은 개인적으로 계속 불평을 쏟아냈다. 그날 토론 중에 나는 거의 발언을 하지 않았다. 지하실 전체 분위기가 음울해서 기회만 있으면 바깥으로 나가 바람을 쐬고 내가 본 상황을 생각하곤 했다. 한번은 화장실에 갔다가 돌아가니 한 사람이 나를 콕 집어 비난했다.

"당신은 너무하는군요. 우리가 자신의 이야기를 할 때마다 혼자 나갔다 오더군요."

보통 일정 규모의 집단에서는 여러 갈등이 있어도 체면을 생각해 마음속 생각을 대놓고 이야기하지 않는다. 그런데 이 사람은 직접적으로 말했다.

"저는 물을 많이 마셔서 화장실에 다녀온 것뿐입니다."

"그거 아세요? 저는 다른 사람이 발언할 때 화장실에 가고 싶어도 참았다가 발언이 끝나면 갑니다. 매일 휴식시간을 3번 주는 이유가 무엇이겠습니까? 그 시간을 이용해 화장실에 다녀오라는 거지요."

나는 웃으면서 그 사람에게 대꾸했다.

"그걸 참을 수 있다니 대단하군요. 하지만 저는 참을 수가 없어요."

이런 돌발 상황에서는 집단 내의 숨은 규칙이 표면 위로 올라온다. 우리는 그 규칙을 어기는 사람들을 싫어하며 대규모 집단에서는 명확한 규칙을 어긴 사람은 처벌받는다. 또 불문율을 어긴 사람은 겉으로는 언급하지 않아도 속으로는 그를 비난하면서 관계가 소원해진다.

그 사람이 이름까지 들먹이며 나를 비난한 것은 이게 단순한 실험에 불과했기 때문이었을 것이다. 그리고 내가 밖에 나갔다 온 횟수는 그리 많지도 않았다. 나는 그가 그렇게 나오는 데는 다른 이유가 있으리라고 짐작했다. 실은 내가 나갔을 때 그가 자기 이야기를 하고 있었다. 그래서 자신을 존중하지 않는다고 여긴 모양이었다.

나는 대부분의 시간을 방관자로 보냈지만 그날 토론이 끝나갈 때쯤 중요한 제안을 했다. 모든 토론에서 최종적으로 어떤 결과를 도출하자는 제안이었다. 예를 들면 소수가 다수의 의견을 따르거나 많은 사람이 사회적 집단 형성을 두고 토론해야 한다고 생각하면 개인사 토론은 미뤄두자는 것이었다.

곧바로 한 사람이 말했다.

"동의하지 않습니다!"

우리가 어떤 일에서 공통 인식에 도달하려면 우선 규칙을 정해야 한다. 그리고 그 규칙에 따라 토론하고 최종 결론에 도달해야 한다. 문제는 규칙을 정하려면 집단의 모든 사람이 거기에 동의해야 한다는 데 있다. 내가 다수결이라는 토론 규칙을 정하자고 제안했을 때 당장 어떤 사람이 이의를 제기했다. 소수파의 권리를 소홀히 하면 안 된다는 것이었다. 마찬가지로 토론에 다른 규칙을 제시해도 또 누군가는 다른 의견을 내놓는다. 그러면 계속해서 논쟁을 이어갈 수밖에 없다.

똑똑한 사람들이 모여 있어도 쉽게 공통 인식을 도출할 수 있는 것은 아니다. 규칙을 정하지 않았을 때 통상적인 결과는 각자 자기 의견만 말하는 꼴이다. 그래서 사회 집단 형성 초기에는 확실히 지도자 역할을 할 인물이 필요하다. 다들 논쟁만 하는 교착 국면에서 대담하게 결정을 내릴 사람 말이다.

우리 집단에는 지도자가 없었고 기나긴 다툼이 벌어졌을 때 많은 사람이 진행자를 바라봤으나 그들은 끼어들지 않았다. 그러니 말다툼을 계속하는 수밖에 없었다.

집단은 왜 쉽게 실패하는가

셋째 날 우리 집단 내에서 각자 맡고 있던 역할에 눈에 띌 만큼 변화가 생겼다. 자세히 관찰하자 20명 남짓한 우리 집단은 크게 세 부류로 나뉘었다. 지도자, 추종자, 방관자가 그것이다.

지도자는 그에 걸맞은 능력이 있어서가 아니라 가장 먼저 일어나 말을 꺼냈거나 다른 사람이 말할 때 "제가 기록을 맡겠습니다"라고 나서서 지도자로 분류한 것이다. 이들은 용감하거나 활달한 덕분에 가장 먼저 지도자가 되지만 금세 실각하기도 한다.

추종자의 정의는 길게 말할 것이 없지만 그들 사이에는 차이가 있다. 한 부류에게는 자신의 관점이 없고 오로지 지도자의 의견에 따른다. 그들은 지도자의 말을 그냥 믿고 실천한다. 또 다른 부류의 추종자에게는 자신의 관점이 있다. 어쩌면 집단 내 지도자의 생각에 동의하지 않는 부분이 있을지도 모른다. 그래도 집단의 다른 구성원을 관찰한 다음 현재 집단에 가장 도움이 되는 선택을 따른다. 이러한 추종자와 지도자의 사이는 불변하는 것이 아니라 계속 바뀐다.

남은 것은 지도자도 추종자도 아닌 방관자다. 나 역시 방관자로 나는 그때까지 여러 워크숍에 참여하면서 나를 관찰해 많은 것을 얻었다. 나는 새로운 상황에서 낯선 사람들과 함께할 때 맨 처음 나서서 지도자가 되려고 하지도 않고 쉽게 다른 사람을 따르면서 추종자가 되지도 않는다. 나는 대개 방관자로 한동안 시간을 보낸다.

이 3가지 역할은 고정된 것이 아니라 상황에 따라 계속 변화한다. 같은 사람이 처음에는 지도자였다가 시간이 지나면서 방관자가 되기도 하고 또 추종자로 변하기도 한다.

둘째 날 자기 가정사를 가장 먼저 이야기한 여성은 처음에 많은 추종자를 거느린 지도자였다. 여러 사람이 그녀처럼 자신의 문제를 털어놓고 다른 사람들과 함께 문제를 해결하고 싶어 했다. 그런데 그녀의 무리에서 반대 의견이 계속 나왔다. 그녀가 이끄는 무리는 안정적이지 않았고 어떤 사람이 그녀에게 반기를 들었다. 그녀는 기분이 상한데다 무리를 이끄는 것이 여의치 않자 지도자 역할에서 방관자로 바뀌었다. 나중에 어떤 사람이 자신의 가정사를 이야기하자 거기에 공감한 그녀는 다시 그의 추종자로 변했다.

나는 집단 내 역할 사이에 드러나는 유동성을 관찰하고 깊이 탐색하려고 마음먹었다. 우선 강조하고 싶은 것은 문화, 종교, 경제 수준 차이가 역할에 미치는 영향이 생각만큼 크지 않다는 점이다.

모든 집단에는 각기 다른 역할 분류가 있다. 사람들은 서로 다른 상황에서 각기 다른 선택을 하는 것뿐이며 그들은 자연스럽게 자신의 성격적 특징에 적합한 역할을 선택한다. 물론 이것은 종종 변하기도 한다.

셋째 날은 이전에 비해 발언에 질서가 잡혀 있었다. 내 차례가 왔을 때 나는 한마디로 정리를 했다.

"저는 특별히 할 말이 없어요. 저는 여기 문제를 이야기하러 온

게 아니라 집단이 어떻게 형성되는지 살펴보려고 온 겁니다."

그러자 한 사람이 말했다.

"다들 자기 이야기를 들려주었는데 왜 아무것도 이야기하지 않는 겁니까?"

나는 정말로 할 말이 없다고 설명했는데 어떤 사람이 끈질기게 왜 자기 이야기를 하지 않느냐고 물었다. 그래도 그들은 내게 강요하지 않았고 뭔가 이야기하고 싶은 게 생각나면 언제든 말하라고 했다. 여하튼 집단 내에는 표현욕이 강한 사람이 있게 마련이고 금세 다른 사람이 끼어들어 말을 이어갔다.

그렇게 셋째 날도 지나갔다. 마지막으로 진행자가 상황을 정리했다.

"이 사흘간의 실험으로 집단에 관해 이해했기를 바랍니다. 한 집단이 공개, 포용, 효율 등을 달성하기는 쉽지 않습니다. 이번에 참여한 20명은 대부분 어떤 의도로 실험을 망치려고 한 분이 없었고 다들 배우거나 문제를 해결하려고 했습니다. 하지만 사흘간 질서정연한 집단을 형성하고 공개적이면서 민주적인 결정 과정을 만들지는 못했습니다. 말하기는 쉽지만 실제로 행동하기는 어려운 일입니다."

나는 지금까지 여러 분야를 학습하고 연구했으나 대부분 개인적인 부분에 치중했다. 개인이 집단에 속해 있을 때와 독립적으로 존재하는 것에는 커다란 차이가 있다. 내가 맡은 일을 잘하는 것으로는 부족하다. 논리적 사유와 뛰어난 감정 관리 능력을 갖추면 좋은 일이지만 그것만으로는 안 된다. 한 사람이 단체에서 자신의 노력과 영향력으로 좋은 집단을 만들고 돌발적인 문제와 장기적인 문제에 대처할 수 있어야 한다.

실험이 끝난 뒤 나는 진행자와 긴 이야기를 나눴다.

"실험할 때 집단 형성의 중요한 점을 알려주지 않은 이유가 있습니까? 애초에 집단 형성 원리나 중요한 지점을 가르쳐주었다면 질서정연한 집단을 형성했을지도 모릅니다."

그들은 실험을 주도하는 사람에게도 완전한 집단 형성 이론 체계가 있는 것은 아니라고 했다. 또한 그들이 이 주제를 연구하는 것도 이론이 목적이 아니라고 했다. 실험 참가자들에게 집단 형성 요점을 알려주지 않은 이유가 거기에 있었다. 그들은 이 모든 워크숍(혹은 실험)에서 사람들이 낯선 사람과 집단을 형성하고 사회적 실험으로 엄청나게 자기학습을 하며 부단히 탐색한다고 말했다.

나는 사회적 교류의 실제 경험과 자기 학습으로 사회적 집단이 어떻게 형성되는지 인지할 수 있었다.

인류 역사상 가장 많은 소수파, 영국의 브렉시트 반대파

인류 사회에는 각종 집단이 있고 우리는 집단을 벗어날 수 없다. 불문율이든 명문율이든 집단에는 규칙이 있으며 그 규칙은 집단의 정상 운영을 돕는다. 우리는 그 규칙이 어떻게 만들어졌는지 잘 생각하지 않는다. 규칙은 일찍이 사회나 국가 형성기에 이미 존재했다.

관점이 다른 사람들이 함께 있으면 목표를 제시하는 사람이 지도자로 부상한다. 그러나 우리 실험에서는 목표도 집단 내에서 스스로 생각해야 했다. 이 상황은 사실 미국의 현재 상태와 비슷하다. 여러 인종이 섞인 미국에는 인종, 종교 등의 문제가 많다. 그래서 어떻게 포용력 있는 사회를 건설할 것인지가 중요하고 긴급한 이슈다. 누군가가 우리에게 무엇을 해야 하는지 정해주면 구체적으로 무엇을 할지 결정할 수 있다. 그럼 아무도 방향을 정해주지 않을 때는 어떻게 해야 할까?

소수파가 다수파를 따른다는 다수결의 원칙도 겉으로는 합리적으로 보이지만 단점도 분명하다. 다수라고 해서 소수의 의견과 요구사항을 다 무시해도 좋을까? 2016년 6월 영국이 유럽연합을 탈퇴한 '브렉시트'에 영국 국민 53퍼센트가 찬성하고 48퍼센트가 반대했다. 이 48퍼센트 국민은 영국 역사상 가장 많은 소수파였다.

지금 나는 여러 사람이 한데 모여 하나의 일을 결정하는 것이 아주 어렵다는 것을 알고 있다. 내가 참여한 이 실험의 특징은 참가자에게 어떠한 지침도 주지 않았다는 점이다. 20명 남짓한 참가자가 이렇게 저렇게 토론하면서 드러낸 문제점과 어려움은 필연적이다. 성공적인 집단 형성은 구성원이 똑똑한가, 아닌가와는 상관이 없다. 핵심은 규칙과 지도자의 존재로 이것이 가장 현실적인 문제다.

우수한 집단을 건설하려면 구성원이 우수해야 하는 것은 물론 과학적인 규칙을 설정하고 지도자를 제대로 선출해야 한다. 모든 사람이 집단에서 각자의 역할을 잘 해내면 집단은 결속력이 커지고 한 방향으로 전진할 수 있다.

이번 워크숍은 실험 성격이 강했고 인맥과 집단 형성을 연구하는 프로젝트라 어두운 면이 많이 숨어 있었다. 한데 실험 규모가 작아 숨길 여지가 적었던 터라 그것이 모두 드러났다. 전에 참가한 다른 워크숍에서도 어두운 면과 많이 마주쳤지만 그때는 함께 적극적이고 긍정적인 방향으로 직시하려 했다. 하지만 이번 실험에서는 어두운 면이 직접적이고 적나라하게 내 앞에 드러났다.

어느 철학자가 한 말이 기억난다.

"평화로워 보이는 사회에도 실제로는 어두운 흐름이 있고 이 미묘한 균형은 매우 취약하다. 바람이 불면 풀이 눕듯 사회 역시 금방 혼란에 빠진다."

혼란의 도화선은 우수한 통치자의 사망이나 폭군 등장, 자연재해 등일 수 있지만 실제로는 그동안 쌓인 사회 갈등이 깊어졌기 때문이다. 이번 워크숍으로 나는 집단 형성의 어려움을 좀 더 확실히 깨달았다. 이러한 깨달음은 창업과 기업 경영에 많은 도움을 준다. 훌륭한 팀을 꾸릴 때도, 팀의 혼란과 붕괴를 막을 때도 도움을 주는 부분이 있다. 집단과 집단 내의 소규모 집단 문제는 큰 줄기가 비슷하다. 또 하나 기억해야 할 것은 일상의 작은 부분에 진실이 숨어 있다는 점이다.

새로운 시대에 남자는
어떻게 재탄생하고 성장해야 하는가

변화하는 시대에 맞는 남성상을 세우기 위해
'남자 프로젝트' 워크숍에 참가하다

전통 관념에서 남자에 속하는 기질은 강건하고 용감하다는 것이다. 지금도 이런 관념은 여전하지만 사회 발전 추세를 보면 여기에 점차 변화가 일어나고 있다. 남자는 쉽게 울지 않는다거나 남자는 마땅히 묵직하고 내향적이어야 한다는 고정된 이미지는 요즘 세상에 맞지 않는다.

대다수 남자들이 특히 곤혹스러워하는 부분은 무엇일까? 그것은 아마도 전통 관념이 도태되고 사회적 역할 분담은 변화했는데 아직 현대사회에 딱 들어맞는 남성 이미지를 세우지 못했다는 점이 아닐까. 남자는 새로운 사회의 도전을 어떻게 맞이해야 할까? 어떤 소양을 길러야 지금 이 시대에 걸맞을까? 이 사회에서 어떻게 행동해야 진정 남자다운 걸까? 이것은 많은 남자가 고민하고 있는 문제일 것이다. 나 역시 마찬가지였는데 이런저런 고민을 하고 있던 차에 친구가 '남자 프로젝트'라는 워크숍을 추천해주었다.

먼저 워크숍에 참가해본 그가 말했다.

"이 프로젝트 정말 괜찮아. 모든 남자가 다 참가했으면 좋겠더군. 자네도 꼭 가봐. 이 단체에서 여러 가지 행사도 진행하는데 배경이 다양한 남자들이 참가해."

나는 조금도 망설이지 않고 서둘러 워크숍에 등록했는데 얼마 후 자원봉사자가 연락해 왜 이 프로젝트에 참가하려 하느냐고 진지하게 물었다.

"올해는 바쁜 일이 없어서 이것저것 배우는 중입니다. 제 친구가 이 프로젝트의 워크숍이 아주 좋다고 추천하더군요. 남자라면 다 배워야 한다면서 워크숍을 듣고 나면 현대에 걸맞은 훌륭한 남자가 될 거라고 했습니다. 그래서 호기심이 생겨 등록했어요. 제게 긴급히 해결해야 할 개인적인 문제가 있는 것은 아닙니다. 주목적은 학습이에요."

남자 프로젝트 프로그램은 펜실베이니아주의 어느 작은 마을에서 사흘 동안 열렸다. 펜실베이니아주는 미국에서 다른 주와 비교해 상대적으로 전통성이 강한 지역으로 인식된다. 그렇다 보니 남자들의 체력을 위주로 하는 철강업과 중공업이 발달하고 주요 산업으로 자리매김했다. 하지만 제조업이 지속해서 침체하는 바람에 가정경제를 지탱해온 남자들이 큰 어려움을 겪고 있다. 그런 의미에서 이 워크숍이 다른 지역이 아닌 바로 이곳 펜실베이니아에서 열리는 것이 어느 정도 이해가 갔다.

워크숍에 등록한 사람들은 당연하게도 전부 남자였고 40~50명이 한 숙소에 머물렀다. 연령층은 대학생부터 60~70대까지 다양했으며 직업도 골고루 분포되어 있었다. 이 워크숍은 참가자 구성이 복잡한 것 외에 참가비를 받지 않는 것이 특징이다. 기부금은 얼마든지 환영하며 워크숍을 진행하는 인력은 대개 자원봉사자로 미국 전역에서 모인 듯했다. 이 전국 조직의 슬로건은 '남자가 남자를 돕는다'였다.

많은 여성주의자가 양성평등을 실현하기 위해 남자도 집안일을 분담하고 더 온화한 태도를 보여야 한다고 주장한다. 전통 남성상은 집안일을 하지 않고 온화한 태도를 거의 보이지 않는 것이기 때문이다. 이제 전통 남성상은 사회에서 입에 올리기 어려운 추세다.

솔직히 나는 이러한 추세가 걱정스럽다. 남자 프로젝트 워크숍에서 이야기하는 것도 '남자가 되는 것'인데 이는 곧 여성주의에 반대한다는 것을 연상하게 한다. 사회에서 '남성의 권리' 개념을 언급하면 대개 여권에 반대하는 꼴이 되고 만다.

그렇지만 이 워크숍은 남자끼리의 협력과 도움, 자신의 남성적 특질을 찾는 것에 초점을 둔다. 즉, 현대 사회에 맞고 오늘날 새롭게 기대하는 남성상을 수립하는 것을 돕는다. 나는 그들과 직접 교류한 뒤 더욱 풍부한 정보를 얻었다. 여성주의가 여성을 해방시켰다면 새로운 시대에 여전히 전통 남성상의 속박을 받는 남성 역시 해방시켜야 한다. 남성이 새로운 사회적 위치를 제대로 잡도록 돕는 것이 '남자 프로젝트'의 목표다.

남자 프로젝트 창립자가 북미 원주민 문화를 집중 연구하는 까닭

첫날 주최 측은 워크숍의 목표가 크게 2가지 문제를 해결하는 데 있다고 말했다. 첫째, 전통 남성상이 무너진 상태에서 새로운 남성상이 그것을 완벽하게 대체하지 못했다. 진정한 의미에서 현대 남성상은 무엇일까? 둘째, 소년과 남자에는 어떤 차이가 있을까? 어떤 상황에서 소년이 진정한 의미의 남자로 성장하는 걸까?

이 문제는 다시 세분화된 여러 문제를 도출한다. 우리가 평소 마음속으로 고민하던 여러 문제가 다 여기에 속할지도 모른다. 어떤 모습이 진정한 남성상일까? 성인이든 소년이든 남자들은 대개 이런 고민을 하고 있다. 그들은 생활 속에서 여전히 소년처럼 행동한다. 도대체 어떻게 해야 진정한 성인 남자로 새로 태어날 수 있을까?

남자 프로젝트 창립자는 북미 원주민 문화를 연구했는데 이번 워크숍에서도 북미 원주민의 방법론을 차용했다. 북미 원주민 문화에는 성인식이 있다. 소년이 생리적으로 성인이 되면 부족 차원에서 어른이 되는 시험을 치른다. 소년은 시험을 통과해야 성인식을 거쳐 진짜 남자가 된다. 워크숍에서는 이 방법을 모방해 미국 각지에서 모인 '소년'을 진짜 남자로 거듭나게 만들려고 했다.

워크숍의 주요 장소는 그 지역 중심에 있는 실내 농구장이었다. 깔끔하게 정리한 워크숍 장소는 북미 원주민의 특별한 느낌이 나도록 바닥에 담요와 털가죽을 깔고 위에 여러 동물 형상을 세워놓았다. 벽에는 장식품이 가득했고 유리문은 두꺼운 동물가죽으로 가려 빛이 들어오지 않게 했다. 어두운 실내 여기저기에는 횃불이 세워져 있었는데 흔들리는 불길에 따라 그림자가 흔들리면서 옛날 북미 원주민 마을의 분위기를 자아냈다.

성인식 장소로 들어가기 전 모두 신발을 벗었다. 자원봉사자는 '남자 프로젝트' 워크숍은 서로 솔직담백하게 대하는 것을 격려한다며 옷을 입지 않아도 좋다고 했다. 첫날에는 아무도 그렇게 하지 않았지만 이튿날부터는 다들 짧은 반바지만 입고 나타났고 개중에는 정말로 솔직담백해진 사람도 있었다.

우리가 워크숍 장소에 들어갔을 때 자원봉사자들은 북미 원주민 복장을 하고 북을 치며 춤을 추었다. 참가자들은 금방 분위기에 취했다. 이윽고 육십 대로 보이는 추장이 앞으로 나와 북미 원주민 소년이 성인이 되는 이야기를 들려주었다. 추장 복장으로 꾸미고 가슴 앞에 장신구를 잔뜩 늘어뜨린 그는 긴 지팡이로 바닥을 쿵쿵 찧으며 대중을 휘어잡았는데 그때마다 다들 조용해지면서 그의 말에 귀를 기울였다.

그가 사용한 것은 '원형原型' 개념이다. 이 개념은 심리학자 카를 융Carl Gustav Jung이 만든 것으로 신화, 종교, 꿈, 환상, 문학 등에서 반복적으로 나타나는 인류의 집단적 무의식을 가리킨다. 원형은 인격 구성에서 가장 밑바닥인 무의식 부분으로 여겨진다. 원형이 드러나는 방식에는 여러 가지가 있는데 무엇보다 무의식에 있는 원시 경험을 상기시키고 우리에게 깊고 강렬하며 비이성적인 감정 반응을 일으킨다.

예를 들어 이야기 속 인물을 국왕, 용사, 현자, 연인 같은 몇 가지 종류로 구분한다. 만약 내가 당신에게 넷 중 한 역할을 말하면 당신은 그 역할에 상응하는 독특한 능력을 갖는다. 국왕은 권위와 영향력, 용사는 용기와 희생정신, 현자는 변화를 이해하는 힘을 가지며 연인은 세상이 선의로 가득하다고 생각한다. 이때 당신은 원래 없던 능력이 갑자기 생기는 게 아니다. 사람은 정도의 차이는 있지만 누구나 각 방면의 능력을 지니고 있다. 물론 평소에는 자신의 고정된 역할을 하느라 1가지 면만 보여주고 다른 능력은 드러내지 않는다. 원형을 활용하면 당신은 일상 상태에서 벗어나 다른 역할에 들어감으로써 그동안 소홀히 해온 능력과 억눌려 있던 자아를 개방할 수 있다.

평소에는 겁이 많고 나약했지만 원형을 이용해 그 사람을 바꿀 수 있다. 겁이 많은 사람에게는 그의 내면에 용사가 있다고 알려준다. 용사란 이름 그대로 절망 앞에서도 용기를 내 전진하는 사람으로 우리는 모두 용사는 달아나지 않는다고 생각한다.

"어려움이 닥칠 때 당신 마음속의 용사는 어떻게 할까요?"

이 질문은 받은 사람은 대부분 이렇게 답한다.

"용사는 반드시 떨쳐 일어나 문제를 해결하기 위해 나아갈 겁니다. 그는 용사니까요!"

반면 그 사람 자신에게 물으면 대답이 달라진다.

"어려움이 닥칠 때 당신은 어떻게 할 건가요?"

"상황이 너무 복잡하군요. 정말 어려운 상황입니다. 저는 해낼 수 없을 것 같아요."

그 사람은 아직 자신의 일상 상태라서 스스로 정해둔 겁 많은 모습이다.

만약 가족관계가 좋지 않은 사람이 있다고 해보자. 그가 심리적으로 자신의 역할을 연인이라 설정하면 마음속 '연인'이 부모에게 뭐라고 말할지 물어본다. 그의 대답은 이렇다.

"부모님, 정말 사랑해요."

그럼 그 자신에게 묻는다면 어떨까?

"저는 부모님을 좋아하지 않아요. 제게 잘 해준 적이 없어요."

이것이 원형 상태와 일상 상태의 대비되는 모습이다.

북미 원주민이 인간의 원형을 어떻게 이야기하는지 추장의 설명을 들은 후 우리는 그의 지시에 따라 마치 북미 원주민이 된 것처럼 몸을 움직이며 여러 가지 활동을 했다. 이어 내가 경험한 다른 워크숍에서처럼 서로 자신의 이야기를 들려주었다. 그 이야기로 주최 측은 우리의 내면을 더 잘 이해하고 우리는 평소 공개하기 싫었던 일을 털어놓음으로써 마음을 열고 워크숍에 집중하게 되었다.

추장은 남자가 진정 해내야 할 일은 우선 성실함이라고 했다. 말한 것은 꼭 지켜야 하며 직업과 도덕 측면에서 가장 중요한 기준은 약속을 잘 지키는 성실함이라는 것이었다. 추장은 새로운 시대의 남성상이라는 막막한 도전과제를 해결하기 위해 우리에게 일어서서 진짜 진심이 담긴 이야기를 하라고 권했다.

그때 한 사람이 일어섰다.

"제게 부족한 에너지는 사랑입니다. 어릴 때 부모님이 이혼한 후 외롭게 자랐습니다. 저는 사랑받는 것이 두렵습니다. 동시에 다른 사람을 사랑하는 것도 두렵습니다. 제가 사랑이 부족한 사람이기 때문입니다. 하지만 오늘은 용감하게 진심을 말할 수 있습니다. 여러분 사랑합니다!"

그러자 추장이 그의 용기를 칭찬하고 그에게 격려의 말을 해주었다. 내 차례가 왔을 때 나는 이렇게 말했다.

"방금 여러분이 한 말에 깊은 감명을 받았습니다. 제 아버지는 제가 어릴 때 돌아가셨고, 이후 저는 마음 깊은 곳에서 항상 부족함을 느꼈습니다. 제가 진심으로 누군가를 사랑하면 그 사람이 결국 저를 떠나고 말 거라는 생각을 했고 또다시 부족함을 느끼게 될까 봐 두려웠습니다."

역시 추장은 내게도 칭찬과 격려를 보내주었다. 그런 의식으로 우리는 마음속 진짜 이야기를 할 수 있었다. 내가 보기에 원형 개념의 흥미로운 부분은 '일깨우기'다. 누구나 여러 가지 특징을 지니고 있다. 국왕이든 용사든 원형은 그 사람이 지닌 여러 가지 측면 중 하나를 대표할 뿐이다. 당신에게 어떤 방면에서 눈에 띄는 점이 없다면 원형으로 내면에서 그 방면의 잠재력을 일깨울 수 있다. 원형의 중요한 점은 사람의 내면에 잠재된 능력을 일깨우는 것이다.

워크숍의 하루 일정이 끝난 뒤 추장이 마지막으로 이런 말을 했다.

"남자는 습관적으로 자기감정을 억누르는 경향이 있습니다. 그

것이 남자들의 전통 특징이기 때문입니다. 과거에는 인내하고 안으로 삭이고 표현하지 않는 것이 미덕이었지요. 그렇지만 시대가 변화했고 남성도 자기만의 방식으로 표현해야 합니다."

원형은 우리의 잠재된 능력을 일깨운다. 그 능력을 내면에서부터 끌어내면 자신을 둘러싼 문제에서 벗어나 속박을 극복하며 자기감정을 솔직하게 표현할 수 있다. 그와 함께 현재의 신체적 감응에 집중하고 미래의 환상에 빠지지 않는 혹은 과거를 아쉬워하거나 그때의 고통에 묶이지 않는 능력을 얻을 수 있다.

아동 성추행 전과자의 용기 있는 고백

첫날 프로그램이 늦게 끝나는 바람에 숙소로 돌아와 다들 금세 잠들었는데, 새벽 1시쯤 누군가가 우리를 깨우며 얼른 나오라고 했다. 그때 맨 앞사람을 뺀 나머지는 눈을 가리고 앞사람의 어깨에 손을 얹은 채 한 줄로 서서 걸어갔다. 이는 서로 신뢰하고 의지하는 체험이었다.

손을 뻗어도 내 손가락조차 보이지 않는 어둠 속에서 우리는 숲을 가로질러 지나갈 거라는 말을 들었다. 유일하게 눈을 가리지 않은 맨 앞사람도 길을 몰랐다. 그는 자원봉사자가 준 손전등을 들고 목소리나 다른 방식으로 길의 정보를 받았겠지만 다른 사람들은 소리만 들을 수 있었다. 여기에다 가을 저녁이라 날씨가 꽤 추워서 다들 조금은 겁을 먹었다.

무엇에 겁을 먹었을까? 밤에 갑자기 불려나왔고 음울한 분위기에 마음의 준비도 하지 못한 상태였다. 더구나 낯선 숲 속 환경이라 가다가 큰 바위가 나올 수도 있고 발이 진흙탕에 빠질 수도 있으며 어쩌면 뱀을 밟을지도 몰랐다. 추운 밤에 눈까지 감고 있으니 상상력만 무궁무진 자라났다. 그 잠재 가능성이 점점 커지면서 원래는 '미지'일 뿐이었지만 어느새 공포로 바뀐 것이다.

나를 포함해 40여 명이 섭씨 0도에 가까운 숲 속에 앞사람의 어깨에 손을 얹고 덩그러니 서 있었다. 이제 미지의 어딘가로 전진해야 한다. 앞사람이 내게 말을 걸었다.

"꽉 잡아요. 손을 놓치면 안 됩니다."

내가 말했다.

"당신이 넘어질 것 같으면 내가 잡아줄게요."

우리는 아주 천천히 걸었고 누군가가 넘어지면 멈춰서야 했지만 아무도 불평하지 않았다. 오히려 넘어진 사람을 도와주었다. 우리는 북소리, 피리소리를 들었다. 앞이 보이지 않아 느낌이 이상했지만 어쨌든 누군가가 가야 할 방향을 알려주고 있다는 생각이 들었다. 얼마나 걸었는지 모르겠지만 갑자기 눈앞이 밝아졌는데 빛이 흔들거리는 것으로 보아 모닥불 같았다. 누군가가 "이제 눈을 뜨세요"라고 말했다.

눈을 가린 천을 풀자 모닥불이 눈앞에 있었다. 우리는 둥글게 둘러섰고 워크숍 진행자가 말했다.

"축하합니다! 첫 관문을 통과했습니다. 여러분은 한 남자로서 책임감 있게 서로 도우며 여기까지 왔습니다."

내 앞에 서 있던 사람이 내게 꽉 잡으라고 말했던 것은 그가 나를 책임져야 한다고 느꼈기 때문이다. 그는 앞사람을 따라가는 한편 뒤에 있는 나를 데려가야 했다. 그가 나를 책임지지 않으면 나는 어디로 어떻게 가야 할지 알 수 없는 상황에 놓인다. 내가 그에게 넘어질 것 같으면 잡아주겠다고 말한 것 역시 내가 앞사람인 그와 내 뒷사람에게 책임감을 느껴서다. 나 역시 내 뒷사람을 데리고 가야 했다. 내가 없으면 내 뒷사람은 어디로도 갈 수 없다. 앞사람이 넘어지면 뒷사람은 전진할 수 없다는 것을 팀 전체가 잘 알았다. 모두가 목적지에 도착하기 위해서는 서로 의지해야 했다. 그 순간 우리는 목표가 무엇인지, 우리의 책임이 무엇인지 명확히 알았다.

우리는 평소 일할 때나 친구들과 놀 때 이 같은 방법으로 집단 내의 다른 사람과 협력한다. 하지만 계속 같은 일을 하다 보면 왜 그렇게 하는지 잊기 쉽다. 대체로 인생에서 꼭 필요한 본질을 소홀히 할 때가 많지 않은가. 자신이 그렇게 하고 있다는 것을 알든 모르든 말이다. 솔직함과 성실함도 우리가 간혹 잊고 지내는 삶의 본질이다. 책임감도 마찬가지다.

숲에서 돌아온 후 흥분감과 성취감에 휩싸인 우리는 쉽게 잠들지 못했고 늦도록 이런저런 이야기를 나눴다. 내가 묵었던 방은 4명이 함께 썼는데 그중 이웃집 아저씨처럼 편안한 인상의 통통한 백인 남자가 내게 말을 걸었다.

"사실 나는 죄를 짓고 교도소에 수감된 적이 있어요. 죄목은 아동성추행이죠."

3장. 당신의 삶에 가장 크게 영향을 미치고 관계를 정의하는 이가 누구인지 간파하라   193

그 말을 듣고 나는 깜짝 놀랐다. 그가 털어놓지 않았다면 나는 그와 '범죄'라는 말을 전혀 연결짓지 못했을 것이다. 미국에서 아동성추행은 따로 기록이 남기 때문에 출소해도 범죄자 딱지를 달고 살아야 한다. 자기비하에 빠진 그는 과거를 참회하면서도 줄곧 현실을 도피하려 했다. 즉, 자신이 저지른 잘못을 제대로 마주한 적이 없었다. 그러나 그날의 워크숍을 경험하며 솔직해져야 현재를 살아갈 수 있음을 느꼈다고 했다.

"오늘은 이 이야기를 털어놓지 못했는데 내일은 꼭 말하기로 결심했어요."

같은 방을 쓴 다른 두 사람은 공장 노동자였다. 오늘날 미국 사회에서 남녀평등 주장이 점점 더 힘을 얻게 되면서 가장 크게 충격을 받은 이는 서민 백인 남성 계층이다. 그들은 고등교육을 받지 못해 지식이나 다른 자원으로 자신의 장점을 구축해내지 못한 데다 여성도 소수인종도 아닌 터라 새롭게 주어지는 사회적 보살핌을 받지도 못하기 때문이다. 여기에 더해 백인 남성이 특권을 누리던 구시대 습성이 여전히 남아 있어 변화하는 시대에 새로운 위치를 찾는 데 더욱 제약을 느낄 수밖에 없다.

이제 전통 남성상은 통하지 않는다. 이 사회는 과거의 남성상을 거부하면서 그들에게 존재하는 각종 문제를 공격한다. 그렇지만 그들에게 이 시대의 남성은 어떠해야 하는지, 어떤 모습의 남성이 훌륭한 남성인지 아무도 알려주지 않는다. 사회 여론은 남자들에게 '변화하라'고 외치는데 도대체 어떻게 변화해야 하는가? 새 시대 남성은 어떤 소양을 갖춰야 하는가?

모든 참가자가 어우러져 알몸으로 춤추다

이튿날 자기 이야기를 들려주는 과정이 계속 이어졌다. 참가자는 다들 옷을 입지 않았고 심지어 속옷까지 벗고 나온 사람도 있었다. 자원봉사자들은 주변에서 춤을 추거나 북을 쳤으며 어떤 사람은 전통 민요를 흥얼거렸다. 북미 원주민의 제사장처럼 차려입은 사람이 우리 중 한 명을 지목해 다음과 같은 질문을 던졌다. '당신은 누구인가?' '당신을 상징하는 동물은 무엇인가?' '당신은 지금 그 능력을 갖추고 있는가?' '당신은 자신을 어떻게 표현할 것인가?'

본질은 첫날과 다를 바 없었지만 형식은 조금 달랐다. 그래도 첫날의 경험 덕분에 참가자들은 점차 자신의 일상 상태에서 벗어나기 시작했다. 한눈에 내성적이고 유약해 보이는 삼십 대 젊은이가 큰 키에 구부정한 자세로 서서 말했다.

"저는 동성애자입니다. 오랫동안 저 자신을 남자가 아니라고 느꼈습니다. 아버지는 제 성 정체성에 반감이 심했죠. 오늘 여기서 저는 제가 진짜 남자가 될 수 있다고 느꼈습니다. 제 자신을 똑바로 바라보면서 성실하게 산다면 저 역시 한 명의 남자라고 생각합니다."

이윽고 어젯밤에 내게 비밀을 털어놓은 남자의 차례가 왔다. 그는 이런저런 이야기로 자신을 소개한 뒤 어두운 표정으로 범죄 사실을 털어놓았다.

"제가 저지른 잘못을 깊이 뉘우치고 있습니다. 아동성추행은 기록이 남기 때문에 어디를 가도 사람들이 제 과거를 알고 제게 방도 빌려주지 않지만 이는 제가 감내해야 할 일이라고 생각합니다. 사실 저도 어릴 때 성적으로 학대를 받았습니다. 그러나 이제 제 내면의 능력을 깨달았으니 운명에 통제당하지 않고 스스로 운명을 통제할 것입니다."

이 워크숍에서는 박수를 치지 않는다. 발언이 끝나자 모두 크게 고함을 지르면서 춤을 추는 방식으로 그를 격려했다. 이어지는 과정은 이 워크숍이 유명한 이유를 확실히 느끼게 해주었다. 워크숍 진행자가 우리에게 북미 원주민의 전통 춤을 가르쳐주었는데 이번에는 옷을 다 벗고 춤을 추어야 한다고 했다.

"태어날 때 우리는 알몸이었습니다. 진정한 남자가 되려면 막 태어난 순간으로 돌아가야 합니다."

우리는 옷을 벗고 춤을 추었는데 이상하게도 이틀 사이에 모두 하나의 집단으로 뭉쳤다는 느낌이 전해졌다. 몸을 자유롭게 해방시키면서 우리가 하나라는 소속감과 책임감이 느껴졌고 우리는 어떻게 해야 하나의 집단이 될지 생각과 언어로 소통했다. 또한 북미 원주민의 문화를 경험하면서 우리는 대자연과 융합하는 느낌을 경험했는데 현대문명의 규칙은 더 이상 필요 없었다. 서로 솔직하고 성실하면 그만이었다. 춤을 추는 순간 나는 참가자 전원이 완전히 몰입했음을 확실히 느낄 수 있었다.

회사에도 수많은 규칙과 절차, 교육 등이 있지만 직원들은 대개 회사 문화가 만들어낸 응집력으로 단결한다. 많은 회사가 사내에 팀을 꾸리는 것은 그들이 마음을 하나로 모으길 바라서다. 직원이 회사에 다니는 이유는 급여를 받아 생활을 꾸리거나 개인의 성취감과 발전을 위해서이기도 하지만 소속감도 한몫을 한다. 따라서 직원에게 단순히 월급만 많이 준다고 응집력이 생기는 것은 아니다.

정말 좋은 회사는 구성원들에게 적정 수준의 급여를 주는 한편 성장 비전을 제시하고 강력한 응집력으로 모두에게 소속감과 성취감을 안겨준다. 현재 자신이 소속한 회사(집단)에서 진정한 자신을 느끼고 자신을 충분히 드러내며 자신이 집단에 도움을 준다고 생각하면 사람들은 최고의 능력을 발휘한다. 이것은 북미 원주민 부족의 사회적 집단 형성 원칙이기도 하다. 그 시대에는 지금처럼 발달한 과학기술이나 깊이 있는 이론 분석이 없었지만 그 속에 담긴 의미는 동일하다.

워크숍의 화룡점정, '땀 흘리는 집' 의식

셋째 날 프로그램은 '땀 흘리는 집Sweat lodge' 의식으로 이것 역시 북미 원주민 문화에서 유명한 의식이다. 땀 흘리는 집이란 돌멩이를 쌓아 만든 작은 방을 털가죽으로 꼼꼼히 덮어 바람이 통하지 않게 한 집을 말한다. 여기에다 전날 밤 커다란 돌멩이를 모닥불에 넣어 뜨겁게 달궜다가 다음 날 그 집에 넣는다. 집 안이 너무 더워 옷을 벗고 들어가야 하는데 약간 사우나를 연상케 한다. 집 안은 어둡고 답답하고 더워서 들어가자마자 금세 땀범벅이 된다.

땀 흘리는 집에 들어가자 진행자가 물이 담긴 컵을 건넸다. 원래 북미 원주민의 의식에서는 컵에 담긴 것이 환각 효과를 내는 음료지만 우리는 물을 마셨다.

"물을 마신 다음 이 워크숍에서 어떤 깨달음을 얻었는지 생각해보세요. 여러분은 며칠간 세례를 받았습니다. 이것은 의식이기도 하고 부활이기도 합니다. 여러분은 이곳에서 나간 뒤 진정한 남자가 되는 것입니다."

그는 북미 원주민의 전통 설화를 들려준 다음 여기 앉아 워크숍에서 배운 것과 나중에 어떤 남자가 될지 그 모습을 생각해보라고 한 뒤 나갔다.

우리는 땀 흘리는 집에서 멍하니 생각에 잠겼다. 누구도 말을 하지 않았고 아예 눈을 감은 사람도 있었다. 사실 눈을 뜨고 있어도 아무것도 보이지 않는다. 잠시 후 더위를 견디지 못한 한 사람이 밖으로 나갔다. 시간이 흐르면서 사람들은 하나씩 밖으로 나갔고 절반쯤 나간 뒤 나도 밖으로 나왔다.

어젯밤 돌멩이를 달궜던 모닥불이 아직 꺼지지 않아 바깥은 춥지 않았다. 워크숍 진행자가 커다란 담요를 한 장 주며 다 같이 두르라고 했다. 물도 한 잔 마셨다. 우리는 담요 안에 옹기종기 모여 불을 쬐었고 물을 마시며 이야기를 나눴다. 워크숍 마지막 날이고 의식도 다 끝난 터라 그때는 완전히 잡담이었다.

"이런 경험을 할 수 있어서 참 기쁩니다. 좋은 친구도 많이 사귀었고요."

"원래 이 사회에서 도망치고 싶었는데 워크숍은 정말 좋았어요.

이곳에서 여러 가지 문제를 제대로 생각할 수 있었습니다. 얼른 가족에게 돌아가고 싶어요. 배운 것을 잘 활용해 좋은 아빠, 좋은 남편이 될 겁니다."

어떤 사람들은 서로 근처에 산다는 것을 확인하고 같이 차를 타고 돌아가자는 약속도 했다. 사흘 전에는 모두 낯선 사이였는데 그 순간 모닥불 옆에서 우리는 마치 전우처럼 깊은 친밀감을 느끼고 있었다. 워크숍을 마칠 때 내가 함께한 참가자들에게 말했다.

"예전에 제가 어울리던 사람들은 소위 '엘리트'였습니다. 그들은 대개 학력도 경력도 비슷했죠. 반면 이번 워크숍에서 만난 사람들은 각자 다른 분야와 계층에서 왔고 범죄를 저지른 사람도 있었습니다. 이 워크숍이 아니었다면 그들을 만나지 못했겠지요. 저는 사흘간의 경험으로 모든 남자에게는 공통된 무언가가 있음을 알게 되었습니다."

오늘날 각국은 다들 사회 분열이 심각하다고 말한다. 사실 사람들이 걱정하는 것은 똑같다. 사회 계층이 다를 경우 걱정하는 방식이나 사소한 점은 다를 수 있겠지만 본질은 동일하다. 부유한 엘리트도 자식의 대학입시 때문에 걱정하고 평범한 가정에서도 아이들과 더 많은 시간을 함께하지 못해 고민한다. 걱정하는 감정도 이야기도 모두 비슷하다.

우리는 서로 다른 계층과는 소통이 어려울 거라고 생각한다. 이 워크숍을 듣기 전에는 나도 그랬다. 농촌의 노인, 공장 노동자, 범죄 이력이 있는 사람과는 소통이 제대로 이뤄질 수 없을 거라고 생각했다.

"그들과 나는 생각하는 방식이 달라. 말이 통하지 않으니 아예 말하지 말아야 해."

하지만 세상에 말하지 못할 상대는 없다. 상대가 내 이야기를 알아듣지 못하고 상대의 이야기를 내가 이해하지 못해도 상관없다. 말할 마음, 들을 마음만 있으면 된다.

북미 원주민 문화를 기초로
워크숍을 진행한 진짜 이유

남자 프로젝트에서 워크숍 참가자가 감정을 표현하고 자기 이야기를 털어놓도록 유도하는 방식은 대체로 남성적 느낌이 물씬 풍긴다. 고함을 지르거나 한밤중에 숲을 가로지르고 땀을 뻘뻘 흘리게 하는 것은 남자가 받아들이기 쉬우면서도 억눌려 있던 자아를 해방시키는 좋은 방법이다. 사실 현대사회 남자들에게는 이런 것이 가장 부족하다.

워크숍을 북미 원주민 문화를 기초로 진행한 데는 이유가 있었다. 북미 원주민은 부족 단위로 집단생활을 했다. 그들의 삶은 함께 태어나 함께 죽는 것으로 마치 커다란 가족과 같았다. 그래서 서양인은 북미 원주민이 집단생활 정신을 가장 잘 드러내는 민족 문화를 보유했다고 생각한다. 북미 원주민 문화를 기초로 워크숍을 진행한 까닭이 여기에 있다.

나는 앞서 집단 형성 실험에 참가한 터라 낯선 사람이 한데 모여 집단을 이룰 때는 반드시 갈등이 생긴다는 것을 알고 있었다. 그러나 남자 프로젝트에서는 규칙을 정하는 것으로 시작한 게 아니라 공동 경험을 쌓으며 관계를 형성했기에 쉽게 응집력이 생겼다. 그러면서 참가자들은 차이점보다 공통점이 훨씬 더 많다는 것을 깨달았고 의견 차이가 있어도 금세 극복했다.

남자 프로젝트 참가자는 나를 제외하고 모두가 백인 남성이었다. 그들은 건장한 마초처럼 보였으나 큰 덩치와 강한 힘이 남자를 정의하는 것은 아니다. 자신의 과거를 인정하고 한계를 깨뜨리는 사람, 책임질 줄 아는 사람, 자기 모습을 진솔하게 보여줄 수 있는 사람이 바로 진정한 남자다.

나는 오랫동안 실패는 부끄러운 일이며 실패 경험을 타인에게 이야기하는 것은 있을 수 없는 일이라고 여겼다. 그런 행동은 남자답지 못하다고 여겼다. 그렇지만 남자 프로젝트 워크숍 이후 새로운 의문을 떠올렸다. 왜 과거의 나는 실패를 감추는 것이 자아를 보호하는 방식이라고 생각했을까?

나는 실패를 인정하길 두려워했다. 내가 실패 경험을 이야기하면 다른 사람들이 나를 얕잡아 볼까 봐 걱정했다. 그러나 남자 프로젝트 워크숍을 경험하며 실패를 포용하고 숨겨온 진짜 감정을 표현하는 것이 남자다운 것임을 깨달았다. 실패, 고통, 막막함, 불안감 등을 마음속에 숨겨두는 것이야말로 나약함이고 실패다.

전통 사회는 굳건하고 참을 줄 아는 남자에게 의의를 두었다. 남자들은 그것을 핑계 삼아 고통을 회피하고 실패를 받아들이지 못했다. 진정한 강함은 실패와 나약함까지 포함해 용기 있게 진짜 자기 모습을 받아들이는 것이다. 또한 진짜 남자는 책임질 줄 알아야 한다. 다른 사람을 책임지지 않는 사람은 자기 자신도 책임지지 못한다. 평생 실패를 수치스러워하거나 다른 사람에게 그 사실을 알리지 못하는 사람이 어떻게 사랑하는 가족과 친구를 책임지겠는가?

남자 프로젝트 워크숍 이후 나는 과거의 실패 경험을 털어놓는 용기를 냈고 그 행동은 나를 훨씬 더 편안하게 해주었다. 다른 사람이 나를 어떻게 생각할지는 내가 통제할 수 없다. 나는 그저 나 자신을 정면으로 마주하고 내가 한 말과 행동을 책임질 뿐이다. 이런 사람이 진정한 남자고 성별을 떠나 용기 있는 사람이다.

운명과의 달콤한 데이트,
운명과의 짜릿한 키스

다시 토니 로빈스를 만나
'운명과의 데이트' 워크숍을 듣다

2016년 말 나는 토니 로빈스의 다른 워크숍 '운명과의 데이트Date with Destiny'에 참가했다. 예전에 참가한 '잠재력 촉발하기'가 입문 과정이라면 이번은 심화 과정에 해당했다.

심화 과정이라 그런지 입문 과정 때와 다른 점이 눈에 띄었다. '잠재력 촉발하기' 때는 사흘간의 워크숍 중 첫날과 둘째 날의 절반만 토니 로빈스가 직접 강의했고 나머지 시간에는 그의 강연 영상을 시청했다. 운명과의 데이트는 매년 두 차례만 열리는 워크숍으로 닷새간 모든 시간을 토니 로빈스가 직접 진행한다. 심화 과정에서는 참가자 토론도 일대일 체험에 집중했다. 참가자들이 자기 문제나 힘든 경험을 이야기하면 토니 로빈스가 그 자리에서 해결방안을 제시하는 식이었다.

　그래서인지 심화 과정 참가비는 닷새 일정에 1만 달러로 꽤 비싼 편이었다. 참가 인원도 잠재력 촉발하기 워크숍 때처럼 많지는 않았으나 그래도 3,000명에 가까울 정도로 적지 않았다. 워크숍 장소로 들어가기 전 참가자는 모두 서류를 작성해야 한다. 기본 개인정보 외에 자신이 어떤 문제를 조사·연구하고 있는지, 왜 이 워크숍에 참가했는지, 현재 직면한 가장 큰 문제는 무엇인지 등을 빠짐없이 기록해야 한다.

　이번 워크숍에는 내 친구 이안도 참가했다. 사회 경력이 순풍에 돛을 단 배처럼 잘 풀려간 이안은 그런데도 어찌된 일인지 그 무렵 심각한 불안증과 공포증에 시달리고 있었다. 그는 진지한 자기 분석을 통해 그 문제가 그다지 행복하지 않았던 어린 시절과 관련이 있다고 여겼다. 편모 가정에 뚱뚱한 편이었던 이안은 공부를 삶의 탈출구로 여겨 열심히 공부만 했을 뿐 사교 활동에는 일절 관심을 두지 않았다고 한다. 그도 그럴 것이 성적이 우수하면 남들에게 존중받고 어머니도 그 사실을 자랑스러워했기 때문이다.

　학교를 졸업한 뒤 직장을 다니면서 이안은 성공한 엘리트로 거듭났고 꾸준한 웨이트 트레이닝으로 멋진 몸매도 만들었으나 왠지 모르게 마음은 늘 텅 빈 듯했다. 마음 깊은 곳에 여전히 뚱뚱하고 침울한 꼬마, 아무도 좋아해주지 않는 어린 시절의 이안이 남아 있었기 때문이다.

　사실 이안은 자기 분야에서 성공했을 뿐 아니라 다른 사람을 돕는 일에도 적극적이어서 친구들은 모두 그를 좋아한다. 그런데 사실 그가 타인을 돕는 밑바탕에는 자신이 먼저 나서서 도와주면 상대방이 자신을 좋아해줄 거라는 믿음이 깔려 있었다. 그는 그 사실을 잘 알았고 그래서 토니 로빈스의 워크숍에 참가해 문제해결 방법을 찾기로 한 것이다.

나는 토니 로빈스의 강의에는 정해진 휴식시간이 없다는 것, 하루에 10~12시간씩 연속 강의를 하면서 중간에 짧은 휴식시간만 준다는 것을 이미 알고 있었다. 나와 이안은 아침부터 유기농 식품을 파는 슈퍼마켓 체인 홀푸드로 달려가 만반의 준비를 했다. 토니 로빈스의 강의 내용을 하나도 놓치지 않으려고 우리는 강의 장소에서 세 끼를 다 해결할 작정이었다.

"그 단어를 들으면 모두 자리에서 일어설 겁니다"

워크숍이 시작되자 토니 로빈스가 예고했다.

"제가 한 가지 예언을 하겠습니다. 어느 날 저녁 제가 어떤 단어를 말할 겁니다. 그 단어를 들으면 남자들이 모두 자리에서 일어설 겁니다."

나는 토니 로빈스가 무슨 말을 하는 건지 이해되지 않았다. 워크숍 분위기를 띄우려는 건가? 이어 그는 워크숍 주제로 들어가 인간의 행복감이 6가지 욕구의 만족에 달렸다고 말했다. 그가 말하는 6가지 욕구는 이렇다.

- 확실성: 예를 들어 우리는 내일, 모레 그리고 몇 년 동안 계속 살아 있을 것이다. 이런 것조차 확실하지 않다면 그 인생은 아무런 의미도 없다. 바꿔 말하면 인생은 변수로 가득 차 있지만 인간은 그중에서도 확실한 것을 원한다는 얘기다.
- 불확실성: 매일 똑같은 날을 반복한다면 무슨 재미가 있을까? 그래서 삶에는 약간의 불확실성이 필요하다. 가령 새로운 지식을 배우거나 신기술을 시도하거나 낯선 곳을 여행하는 것 등이 있다.
- 개인의 중요성: 스스로를 중요하게 여겨야 내가 나를 존중하고 발전할 수 있다. 사람들이 돈, 학위, 지위를 더 얻기 위해 애쓰는 이유가 여기에 있다.
- 연결과 사랑: 사람은 누구나 타인과 연결되기를 바란다. 특히 서로 아끼는 사람과 연결되기를 원한다. 사랑을 주면 동등하게 사랑을 돌려받아야 한다.
- 성장: 정체된 인생에는 아무런 즐거움이 없다. 인간은 자신이 성장하는 과정에서 즐거움을 느낀다.
- 공헌: 우리는 의미 있는 인생을 살고 다른 사람을 도와주기를 원한다. 진정 누군가를 도울 수 있을 때 사람들은 내면에서 희열을 느낀다.

주의해야 할 것은 사람마다 6가지 욕구의 표현이 다르다는 사실이다. 심지어 같은 사람도 나이와 인생 단계에 따라 욕구가 달라진다. 그러므로 각자 6가지 욕구를 깊이 생각해보고 자신에게 중요한 욕구가 무엇인지 살펴보아야 한다.

더 큰 원동력은 우리가 더 중요하게 여기는 욕구가 제공한다. 그러나 그 욕구가 부정적 영향을 줄 수도 있다. 후자의 경우 우리 자신은 그것을 잘 인지하지 못하므로 우리는 다음 몇 가지를 발굴해야 한다.

우리의 원동력은 어떤 욕구에서 나오는가? 그 욕구가 도리어 우리를 어떤 식으로 구속하지는 않는가? 우리는 그런 구속을 어떻게 해결할 수 있는가?

나는 개인의 중요성과 확실성을 중요시한다. 내가 배움과 일에 매진하고 사전 계획이나 목표 정하기를 좋아하는 이유가 여기에 있다. 그렇지만 이 2가지 욕구는 나를 제한하는 측면도 있다. 개인의 중요성은 성공을 추구하는 원동력이지만 언제나 나보다 더 성공한 사람이 있으므로 어쩌면 영원히 행복하지 않을 수도 있다. 내가 타인과 나를 비교할 경우 늘 나보다 더 성공한 사람을 보면서 즐거움을 느끼지 못한다.

확실성은 내가 완벽한 준비와 계획을 추구하는 원동력이지만 실제 상황은 계획대로만 흘러가지 않는다. 그럴 때 나는 스트레스를 심하게 받거나 근심에 빠진다.

이 '동전의 양면'과 관련해 토니 로빈스가 재미있는 제안을 했다.

"누구나 6가지 욕구를 기초로 자신이 어떤 인생을 원하는지 새롭게 생각하고 정의할 수 있습니다. 그렇게 하기 전에 우리는 긍정적인 생각과 부정적인 생각을 변별하고 인지해야 하며 내가 바라는 인생을 새롭게 정의할 때 최대한 긍정적인 생각을 남기고 부정적인 생각은 멀리하거나 제거해야 합니다."

긍정적인 생각이란 무엇일까? 적극 노력하고 진취적이며 건설적인 생각이다. 지식과 기술을 배울 때 실패하든 성공하든 둘 다 성장하는 것이라고 여기면 긍정적인 생각이다. 반대로 잘 해내고 싶지만 실패할까 봐 걱정하는 것은 부정적인 생각이다.

나는 스트레스와 걱정을 새로 정의하기로 했다.

'나는 적극적인 자세로 내가 할 수 있는 일을 하겠다. 예상치 못한 사고가 벌어질 수도 있지만 그 상황도 담담하게 받아들이고 능동적으로 처리하겠다. 그 돌발 상황도 내 개인 능력을 키울 좋은 기회가 아닌가?'

절망에 빠져 여러 번 자살을 시도한 닉을 극적으로 변화시킨 로빈스

닷새 동안 워크숍을 진행하며 토니 로빈스는 지식과 이론만 전수하지 않았다. 강의 하나가 끝나면 그는 참가자의 서류에서 몇 가지 사안을 뽑아 현장에서 문제점을 분석하고 해답을 제시했다. 그중 내게 깊은 인상을 남긴 사람은 닉이라는 이름의 남자다. 토니 로빈스가 닉을 무대 위로 부르자 창백하면서도 잘생긴 외모에 키가 훤칠한 남자가 무대로 올라갔다.

"어서 와요, 닉. 당신 이야기를 들려주시죠."

"저는 3번 자살을 시도했습니다. 지금까지 살아 있는 것은 전부

형 덕분입니다. 이 워크숍에도 형이 데려왔습니다."

닉의 형은 닉과 달리 키가 크지 않았지만 골격이 단단하고 강인해 보였다. 토니 로빈스는 그도 무대 위로 불렀다.

"왜 닉을 이 워크숍에 데려왔습니까?"

닉의 형은 말이 빠르고 급한 편이었다.

"저와 닉은 불행한 가정에서 자랐습니다. 어린 시절 기억은 좋은 것이 거의 없고 고통스럽게 학대받은 것뿐입니다. 저는 독서를 좋아해서 서점에 틀어박혀 책을 읽곤 합니다. 그러다가 당신의 책을 읽고 나서 살아갈 용기를 얻었지요. 저는 '반드시 멋지게 살아가자!'고 결심했지만 동생은 저와 달라 어린 시절 그림자에서 빠져나오지 못했어요. 여러 번 자살을 시도했지요. 그래서 닉을 데리고 워크숍에 참가한 겁니다. 닉에게 도움이 되기를 바라면서요."

토니 로빈스가 닉에게 물었다.

"왜 자살하려고 했습니까?"

닉은 표정을 바꾸더니 천천히 대답했다.

"너무 고통스럽고 절망스러웠기 때문이죠!"

닉은 왼손을 들어 올려 팔목을 드러냈는데 무대 옆 대형 스크린에 그의 팔목이 잡혔다. 팔목에는 불그스름한 상처가 빽빽했다.

"형이 저를 사랑하는 것은 압니다. 또 저를 많이 도와주었고요. 하지만 저는 너무 고통스럽습니다. 모든 것을 끝내고 싶을 뿐이에요!"

닉은 목이 메었다.

"알겠습니다, 닉. 잘 알겠습니다."

토니 로빈스가 그의 어깨를 부드럽게 두드려주었다.

"방금 인생의 6가지 욕구를 얘기했습니다. 닉, 당신은 어떤 욕구가 가장 중요한가요?"

닉은 잠시 생각하더니 이렇게 대답했다.

"연결과 사랑이요. 그게 저한테는 제일 중요합니다."

"좋습니다, 닉! 그러면 어떤 상황일 때 당신의 사랑이 만족을 얻을까요?"

"저는 더는 고통받고 싶지 않습니다. 물론 자살은 어떤 문제도 해결해주지 않는다는 것도 알고 형이 저를 얼마나 사랑하는지도 알아요. 사실 주변에 저를 사랑하는 사람들이 있어요. 저는 행운아죠. 그렇지만 저는 어쩔 수 없이 문제 속으로 빠져듭니다. 제 생각이지만 주변 사람들이 배신하지 않고, 거짓말하지 않고 저를 진심으로 사랑해줄 때 만족감을 느낄 것 같습니다."

닉이 말을 마치자 무대 아래에서 누군가가 웃는 소리가 들렸다. 그가 너무 이상주의자라고 생각하는 것 같았다. 토니 로빈스도 미소를 지으며 말했다.

"닉, 그렇게 정의하면 당신은 정말로 행복합니까? 당신의 기준에 맞으면 행복할 수 있나요?"

닉은 대답하지 않고 생각에 잠겼다. 자신이 생각하는 기준이 얼마나 현실과 거리가 있는지 처음으로 곱씹는 듯했다. 한참 후 닉이 숙였던 고개를 들었다. 이때 그의 얼굴에는 침울하던 표정이 사라졌고 갑자기 명랑해 보였다. 토니 로빈스 역시 그의 변화를 알아챈 듯 다시 질문을 던졌다.

"생각해보세요, 연결과 사랑을 새롭게 정의한다면 뭐가 좋을까요?"

"제가 다른 사람을 배려하고 베풀 때 사랑이 생길 겁니다. 대가를 바라지 않고 다른 사람에게 사랑을 주면 만족감을 느낄 수 있어요. 이것이 제가 새로 정의한 사랑입니다."

"아직도 자살하고 싶은가요?"

"아뇨, 당연히 아닙니다. 저는 살고 싶습니다. 매일을 충실하게 보내면 사랑을 줄 더 많은 기회가 있을 테니까요.

무대 아래에서 박수가 터져 나왔다. 나는 그때 조금 놀랐다. 이건 정말 신기한데!

점심 휴식시간에 나는 화장실에서 닉 형제와 마주쳤다.

"두 분 이야기가 진짜예요?"

"그럼요! 저는 토니 로빈스가 닉을 무대로 부를 줄은 몰랐습니다. 더구나 저까지 부르는 것은 상상도 못했죠."

그때 닉이 다가왔다. 사람들이 그를 에워싸고 어깨를 두드리거나 웃으며 격려하고 있었다.

"안녕하세요, 닉. 지금은 기분이 어떤가요?"

닉이 웃으며 말했다.

"솔직히 지금처럼 편안한 때가 없었어요. 가슴에 얹혀 있던 커다란 바위가 사라진 것 같아요. 저는 이제 미래를 상상할 수 있어요. 제가 할 일이 아주 많다고 생각해요."

이튿날 강의가 거의 끝날 무렵 토니 로빈스가 다시 닉을 무대로 불렀다.

"하루가 지났습니다. 충동적인 느낌은 사라졌겠지요. 닉, 지금은 어떤 생각을 하는지 말해주세요."

"어제와 오늘이 달라진 느낌입니다. 완전히 새로운 인생을 얻은 것 같아요. 인생을 새롭게 정의할 수 있다는 것을 알게 되었기 때문입니다."

"예전에는 어떤 상황에서 가장 힘들었습니까?"

"가족과 친구가 저를 무시할 때요. 제게 아무런 반응도 보여주지 않을 때요."

"그러면 자주 힘들었겠군요. 상대방이 당신에게 반응하도록 통제할 수는 없으니까요."

"맞습니다."

그들의 대화를 들으며 나는 깊이 공감했다.

우리는 고통이나 갈등을 멀리하고 싶어 하지만 가끔은 그런 감정을 나를 지키는 방패로 사용한다. 주변에 늘 자신이 얼마나 불쌍한지 또는 힘든지 하소연하는 사람이 있지 않은가? 그들의 처지는 좀처럼 바뀌지 않고 하소연하는 내용도 똑같다.

왜 그럴까? 반복해서 설명하는 것이 상황을 해석하는 가장 좋은 방법이기 때문이다. 끊임없이 자신을 불쌍하다고 말하면 그 사람은 동정과 위로를 얻는다. 그래서 많은 사람이 자신도 모르게 '비참한 상황'에 빠지고 거기서 헤어나지 못한다. 아니, 벗어날 생각이 없다.

많은 사람이 닉과 비슷하게 살아가는데 그들은 항상 수동적이다. 다른 사람이 반응을 보이지 않는 데는 여러 가지 원인이 있음을 알면서도 비관적인 추측과 부정적인 감정에 빠지는 것을 막지 못한다. 언제나 즐겁지 않은 사람은 왜 그런 걸까? 그들이 바라는 대로 다른 사람이 반응하도록 통제할 방법이 없어서다.

토니 로빈스는 스스로 연결과 사랑을 새롭게 정의하라고 말한다. 예를 들어 자신이 능동적으로 친구나 가족에게 연락하지 않을 때 즐겁지 않다고 정의해보자. 이 방법대로 했을 때 즐겁지 않을 까닭이 있을까? 이 경우 행복감을 느끼는 결정권이 자신의 손에 쥐어져 있다. 수동적인 상황을 능동적인 상황으로 바꿨으니 다른 사람의 기분이나 반응을 살필 필요가 없다.

심지어 베풀 때도 마찬가지다. 다른 사람의 칭찬을 기대하고 베풀면 당연히 즐겁지 않다. 왜냐하면 내 행복감이 수동적인 상태에 놓여 있기 때문이다. 반면 오로지 남을 돕기 위해 베풀거나 내 성장을 위해 베풀면 만족감이 내면에서 우러나오므로 얼마든지 자기 자신을 통제할 수 있다.

워크숍 마지막 날 토니 로빈스는 세 번째로 닉을 무대에 불러 비슷한 질문을 던졌다.

"닷새가 지났습니다. 지금은 어떻게 느끼나요?"

이번에는 닉이 웃으며 대답했다.

"지금은 마음이 평온하고 즐겁습니다. 앞으로도 제가 사랑하는 사람들과 함께하고 싶습니다. 아이를 가질 생각입니다. 저는 지금 무한한 사랑을 그 작은 생명체에게 줄 수 있거든요!"

그의 말이 끝나자 무대 아래에서 우레와 같은 큰 박수가 울려 퍼졌다.

모든 남성을 자리에서 일어나게 한 바로 그 단어는?

'운명과의 데이트' 워크숍에서 나는 남자와 여자의 관계에 관해 진일보한 깨달음을 얻었다. 토니 로빈스는 남자와 여자의 관계는 3단계 층위로 나뉜다고 말했다.

- 1단계: 나만을 위해
- 2단계: 평등
- 3단계: 상대방의 소망이 곧 내 소망

현대 부부 관계를 보면 1단계와 2단계가 아주 많다. 많은 부부가 워크숍에 참가했는데 그들의 목표는 가정 문제를 해결하는 데 있었다. 토니 로빈스가 남녀 관계의 3단계 층위를 설명한 후 몇몇 부부를 무대로 불렀다. 그는 부부 사이의 문제가 무엇인지, 어떤 해결방안을 준비 중인지 질문했다. 재미있게도 그들은 아내에게 물으면 문제의 원인이 남편한테 있다고 하고, 남편에게 물으면 문제의 원인이 아내한테 있다고 말했다.

그들의 입에서 나오는 얘기는 오로지 상대방의 문제일 뿐 자기 반성이 없었다. 그들이 그 사실을 인식하고 있는지는 잘 모르겠지만 무대 아래에서 이야기를 듣는 사람들에게는 그것이 분명히 보였다. 사실 가정 문제가 발생할 경우 대다수가 상대방이 변화하기를 바란다.

토니 로빈스는 이성적으로 남녀 관계를 정의하면 어느 단계든 중요할 뿐 아니라 사람은 쉽게 바뀌지 않는다는 점을 강조했다. 특히 가정 문제에서 상대의 태도가 바뀌길 기다려서 문제가 저절로 해결될 가능성은 극히 낮다. 이런 상황에서 유일하게 할 수 있는 것은 먼저 나 자신을 바꾸고 태도와 행동을 바꾸는 일이다. 내가 먼저 변화한 뒤 상대에게도 변화를 요구해야 한다. 상대가 내게서 변화와 발전 가능성을 확인하고 믿음을 가질 수 있도록 해야 한다. 궁극적으로 상대방이 자신의 태도와 행동을 바꿀지 아닐지는 그 스스로 결정하는 수밖에 없다.

진정으로 남녀 관계를 잘 꾸려가려면 우선 서로 어느 단계에 해당하는지 정확히 인식해야 한다. 나만을 위해 행동하는지, 두 사람의 평등을 강조하는지, 상대방의 만족을 더 중요하게 생각하는지 말이다. 그다음으로 상대를 바꾸려 하기보다 내가 먼저 바뀌는 게 좋다.

토니 로빈스는 또 하나의 특별한 관점도 제시했다. 그것은 바로 현대인은 관계에서 대개 평등을 추구하지만 어떤 평등 관계에도 음양의 차이는 있다는 것이었다. 현대사회가 남자에게 어떤 요구를 하든 남녀 관계에서 여자는 보통 '양'의 성질을 지닌 강건한 남자를 더 좋아한다는 얘기다. 그러니 남자들이여, 자신의 본성을 감추지 말고 드러내라! 토니 로빈스의 이 관점 중에서도 특히 눈에 띄는 부분은 '상호보완'이었다. 남녀 관계에서 평형은 양쪽이 동일한 것도 아니고 서로 교환하는 것도 아니다. 중요한 것은 상호보완해서 균형을 잡는 일이다. 만약 남자와 여자 모두 상대방의 욕구를 내 필요처럼 여긴다면 이들의 관계가 가까워지지 않는 게 더 이상한 일이다.

토니 로빈스가 워크숍 첫날 했던 말을 기억하는가? 그는 어떤 단어로 모든 남자가 일어서게 만들 거라고 했다. 워크숍 셋째 날 토니 로빈스는 그 말을 실현했다.

그날도 자정 가까운 시간까지 강의가 이어졌는데 토니 로빈스가 막 하나의 주제를 놓고 강의를 마치자 갑자기 장내의 전등이 모두 꺼졌다. 이어 느리고 부드러운 음악이 흘러나왔고 토니 로빈스가 말했다.

"다들 눈을 감으세요."

하루 종일 강의를 듣느라 지쳐 있는 상태에서 눈을 감고 부드러운 음악을 들으니 온몸이 편안해졌다.

"이제부터 하는 이야기는 여성분들과는 관계없고 오직 남성에게만 해당합니다. 제 말이 끝나면 이 자리에 계신 남성분들은 한분도 빠짐없이 감동한 나머지 다들 자리에서 일어날 겁니다."

음악에 섞여 토니 로빈스의 목소리가 들려왔다.

"남자에게는 누구나 자기만의 이야기가 있습니다. 그리고 그들은 누구나 그 이야기의 영향을 받습니다. 우리가 자아를 되찾아야 하는 것은 그래서죠. 자아를 되찾는 데는 딱 한 단어만 있으면 됩니다. 제가 그 단어를 큰 소리로 외칠 때 어떤 반응을 보일지 여러분이 직접 마음속으로 결정하십시오."

그렇게 말한 토니 로빈스는 잠깐 쉬었다가 크게 외쳤다.

"Freedom(자유)!"

그의 외침과 동시에 느리고 부드럽게 흐르던 배경음악이 드라마틱하게 바뀌면서 스코틀랜드 뿔피리 소리가 장내를 뒤흔들었다. 그리고 미국 군악대가 즐겨 연주하는 영화 〈브레이브하트 Braveheart〉의 주제곡이 울려퍼졌다. 뿔피리 소리가 울리자 토니 로빈스가 한 번 더 외쳤다.

"Freedom!"

눈을 떠보니 장내의 남성 참가자가 모두 자리에서 일어나 따라 외치고 있었다. 함성소리는 참가자들의 마음속으로 파고들었고 곧 장내 분위기에 불을 붙였다. 세 번째 'Freedom' 외침이 끝났을 때 우리는 모두 꿈에서 깨어난 듯 온몸의 힘이 쭉 빠지는 느낌이 들었다.

그날 밤이 내게 얼마나 큰 영향을 주었는지 모른다. 숙소로 돌아왔을 때는 밤 1시였지만 나와 이안은 "정말 불가사의했다"며 흥분을 가라앉히지 못했다. 이안 역시 나와 같은 느낌이었다고 했다. 그는 토니 로빈스가 워크숍 첫날 했던 말을 거의 잊고 있었는데 그의 첫 번째 외침을 듣자마자 참을 수가 없었다고 했다. '자유'라는 한마디에 마음 깊이 숨어 있던 그의 염원이 삽시간에 바깥으로 튀어나온 것이다.

사람들은 자유를 추상적인 것이라고 생각한다. 사실 역사상 수많은 혁명은 모두 '자유' 하나를 위한 투쟁이었다. 그 단어 하나가 수많은 민중이 혁명을 일으키게 만들다니 정말로 불가사의한 일이다. 그날 밤 토니 로빈스는 내가 그 불가사의한 경험을 직접 하게 해주었다.

혜가 대사는 왜 스스로 자신의 팔을 잘랐을까?

토니 로빈스는 이야기(스토리텔링)를 '생각'이라고 정의한다. 어떤 문제는 객관적인 문제가 아니라 생각의 문제고 그 생각의 문제는 우리가 만들어낸다. 그럴 때 원래의 장면에서 빠져나오면 생각의 영향을 받는 일을 피할 수 있다.

사실 문제는 대부분 그 핵심이 동일하다. 다만 서로 다른 영역과 시대에 다른 방식으로 나타나는 까닭에 별개의 문제처럼 보일 뿐이다. 이런 부분을 체계적으로 연구하지 않으면 계속 탁상공론만 하고 만다.

토니 로빈스가 말하는 생각은 실제적 존재가 아니며 바꿀 수도 있다. 그런데 어떤 사람은 보이지 않는 어딘가에 신비로운 존재가 있다고 믿으면서 자신의 문제는 전부 그 존재 때문이라고 여긴다. 우리는 종종 자신이 상상하는 이야기가 실재한다고 착각한다. 현실은 돌이킬 수 없지만 이야기는 바꿀 수 있다.

'잠재력 촉발하기' 워크숍은 입문 과정이라 강의 방식도 간단하고 실용적이며 언제 어디서나 응용할 수 있는 내용이다. 반면 심화 과정에서는 토니 로빈스가 가치관을 새롭게 사고하고 고정관념을 바꾸라고 요구한다.

이 명제는 거대하다. 평생 이 문제를 진지하게 생각하지 않는 사람도 많다. 그런데 닷새간의 워크숍에서 나는 가치관을 새롭게 사고해서 정립해야 했다. 나아가 어떻게 나 자신을 변화시킬지도 생각해야 했다.

워크숍 프로그램에는 1년 후의 자신에게 편지를 쓰는 시간도 있었다. 편지에는 지금 내가 겪고 있는 문제와 어떤 방식으로 나를 변화시킬지, 변화한 이후의 내 모습은 어떨지 쓴다. 한 달 후, 세 달 후, 반년 후 내가 무엇을 하고 있을지 쓰는 것이다. 1년 후 그 편지는 내게 배달된다. 그때 편지를 읽으면서 지난 1년간 어떤 노력을 했는지, 어떤 사람으로 바뀌었는지 생각해본다.

프로그램 중에는 나만의 대자보 만들기도 있었다. 일반적인 포스터 크기의 흰 종이에 개인의 바람과 계획을 쓴다. 내가 대자보에 쓴 중요한 문제는 '어떻게 다른 사람에게 더 큰 가치를 안겨줄 것인가'였다. 내가 가장 고치고 싶은 결점은 '인내심을 더 기르는 것'이었다. 내 가치관을 새로 정립하는 부분에서는 '무엇이 나를 즐겁게 하는지, 무엇이 나를 힘들게 하는지' 생각해야 한다고 썼다.

나는 그 대자보를 집에 붙여놓고 매일 아침 대자보를 읽으며 인생 목표, 이루고 싶은 가치, 미래 전망 등을 생각한다. 동시에 매일의 업무에서 내가 오랫동안 형성해온 고정관념을 의식적으로 바꾸려고 애썼다.

우리가 이런 이치를 몰라서 성장하지 못하는 게 아니다. 다만 편안한 상태에서 벗어나는 게 싫은 것뿐이다. 변화 과정은 때로 고통을 수반한다. 결점을 고치지 않아도 견딜 수 없을 만큼 나쁜 것은 아니기에 우리는 문제가 있음을 알면서도 슬쩍 넘어가려고 한다.

중국 선종의 이조 혜가慧可 대사는 달마 대사의 불법을 전수받기 위해 눈이 내리는 뜰에서 하루 낮밤을 서 있었다. 그렇지만 달마 대사는 꿈쩍도 하지 않았다.

"하늘에서 붉은 눈이 내리지 않는 한 네게 불법을 전할 수 없다!"

혜가 대사는 자신의 팔을 잘라버렸고 그 피로 눈이 붉게 물들었다. 결국 달마 대사도 감동하여 불법을 전수했다.

처음 이 이야기를 읽었을 때 나는 이상하다고 생각했지만 나중에 달마가 시험한 것은 '결심'임을 깨달았다. 결심은 얼마나 중요한 걸까? 결심은 우리가 서 있는 단계를 결정한다. 예를 들어 나는 이런 말을 많이 들었다.

"나한테 건강 이야기 좀 하지 마. 건강이 중요하다는 것을 모르는 게 아니야. 나는 그냥 먹는 걸 좋아하고 중요하게 생각하는 거라고."

"내면이 성장해야 한다는 소리 좀 그만해. 나는 돈을 좋아해. 돈은 물질적 행복을 안겨주지. 그게 내가 제일 좋아하는 거야."

어떤 욕구를 충족해 큰 만족감을 얻으면 그 단계에 그대로 머무르며 더 발전하지 않으려 하는 경우가 많다. 물론 대개는 만족감 외에 한계와 속박도 느낀다. 먹고 마시는 것을 좋아하는 사람이 건강 상태가 좋을 리 없다. 다만 식욕이 신체 고통을 넘어설 만큼 강력해 문제가 있어도 심각하게 여기지 않고 넘기는 것뿐이다. 물질적 만족을 추구하는 사람 역시 정신적 공허를 자주 느끼지만 물질로 얻는 만족이 정신의 고통을 넘어서기 때문에 정신적 부분은 마비된다.

자신이 속한 단계를 뛰어넘으려면 굳은 결심이 필요하다. 특히 만족감이 우리를 마비시킬 때 한 단계 나아가는 것은 결심이 얼마나 굳은지에 달렸다. 어려서 출가한 혜가 대사는 여러 불경에 통달한 인물이지만 달마의 법통을 잇고 싶어 팔을 자르면서까지 결심을 세운 것이다. 이처럼 굳은 결심이라면 무슨 일이든 이루지 못하겠는가.

더 높은 단계로 올라가려면 지금 내가 편안하게 느끼는 곳을 떠나야 한다. 더 많이 노력해야 한다.

4장

건강을 잘 관리해야
인생에서 오래도록 승리한다

성공하려면 건강을 희생해야 할까?

창업 초기 나는 매일 밤늦게까지 일했고 수면시간은 늘 6시간 미만이었다. 더구나 잠이 들어도 한밤중에 깨는 일이 많았다. 회사가 직면한 문제를 어떻게 처리할지 머릿속이 걱정과 우려로 가득했기 때문이다. 그런데 아침에 일어나 휴대전화를 열면 밤사이 새로 생긴 문제가 더해져 전날보다 걱정거리가 더 쌓였다. 결국 허겁지겁 아침을 때우고 회사에 가면 그 순간부터 문제와 전쟁을 치르느라 늘 파김치가 되기 일쑤였다.

그나마 내가 건강을 위해 잘한 것은 업무가 약간 느슨해지는 오후 4시를 전후로 회사 근처 피트니스센터에 가서 운동을 한 일이다. 하지만 마치 숙제를 하듯 의무감에 운동을 하느라 온전히 집중하지 못했고 도중에 종종 휴대전화를 확인했다. 그런 다음 야간근무 내지는 접대를 마치고 집에 돌아와 늦게 잠자리에 들었다.

이런 일과를 반복하다 보니 당연히 건강이 점차 나빠졌다. 미국인은 이러한 상황을 두고 '고장 난 레코드'라고 표현한다. 같은 내용을 반복하면서도 끝까지 재생하지 못하고 처음으로 다시 돌아가는 패턴이 고장 난 레코드 같기 때문이다. 당시 내 상태는 정말 고장 난 레코드와 비슷했다. 매일 막막한 심정으로 스트레스를 받아가며 기계적으로 일하고 먹고 자는 것을 반복했으니 말이다.

우리는 대부분 일에 치여 자신을 제대로 돌보지 못한다. 오늘날을 살아가는 우리의 모습은 어떨까?

- 음식의 풍요를 누리지만 식습관이 불규칙하며 정크푸드의 제물이 되었다.
- 지구 먹이사슬의 정점에 있으나 편리함을 추구하다 운동 능력이 퇴화되었다.
- 각종 첨단기술에도 불구하고 몇천 년 동안 이어온 불면증을 고치지 못했고 대뇌와 몸의 상호작용도 완벽히 이해하지 못한다.
- 외부 위협에 수많은 설비와 조치로 대응하면서 대자연과 단절되었다. 또 신체가 아닌 사물에 의존하면서 몸이 본래 갖고 있던 강력한 정신력과 면역력을 잃었다.

빠른 변화와 치열한 경쟁 환경 아래 우리는 더 많은 노력과 시간을 실적을 쌓는 데 쏟는다. 그 결과 풍요로워진 물질과 첨단화로 육체노동을 기계에 맡기지만 남는 시간과 체력을 소비와 오락에 쏟느라 정작 자기 몸을 돌보고 이해하는 일은 등한시한다. 알고 있다시피 현대인은 건강하지 않은 음식을 즐기고 늘 스트레스에 노출되어 있다. 여기에다 규칙적으로 운동하지 않으며 질병이 생기면 약물에 의존해 해결하려 한다.

내 몸을 이해하고 있는가? 내 몸의 상태는 어떤지, 어떻게 해야 내 몸이 건강해지는지 알고 있는가? 건강은 성공의 판돈이다. 다시 말해 성공하려면 건강이라는 판돈이 필요하다. 건강이라는 기본이 흔들리면 그 어떤 성공을 향해서도 나아갈 수 없다. 그래서 나는 우선 세계적인 건강 전문가를 만나 성공사례를 배우고 지식을 흡수하는 한편 내게 적합한 건강 습관을 길렀다. 그 목적은 강한 정신력 아래 에너지를 발산하며 살아가는 데 있었다.

잘 먹고 잘 사는
간단하지만 확실한 방법

사업 성공과 건강은 양립 가능할까

다행스럽게도 나는 대다수 동년배 사람들에 비해 비교적 건강한 편이다. 몸무게는 늘 그리 뚱뚱하지도 마르지도 않은, 대체로 합리적인 범위 안에 머물러 있고 두툼한 뱃살도 없으며 고지혈증, 고혈압, 고혈당의 3고高도 없다. 이렇듯 그런 대로 건강한 편이고 별다른 질병도 없었지만 어느 순간 내 건강 상태는 여러 측면에서 두드러지게 하락세를 보이기 시작했다. 그중에서도 가장 걱정스러운 것은 최근 몇 차례의 건강검진에서 의사가 '나쁜 콜레스테롤LDL' 지수가 높아졌다고 경고한 점이었다. 개인적으로는 수면의 질이 나빠져 업무 집중력이 떨어지고 정서적으로도 불안정해졌음을 명확히 느꼈다.

피트니스센터에서 개인 트레이너에게 그 상황을 개선할 방법을 묻자 그가 웃으며 대답했다.

"서른 살이 넘으면 몸의 여러 지표 중 지방 비율이 매년 1퍼센트씩 증가합니다. 선생님의 건강 상태는 지극히 정상이에요. 피로를 심하게 느낀다면 운동을 며칠 쉬는 게 어떨까요?"

나이가 들수록 인간의 건강지수는 필연적으로 하락하는 걸까? 일과 건강은 공존할 수 없는 걸까? 일로 만난 세계 정상급 기업의 CEO들은 대다수가 바쁜 와중에도 건강을 잘 관리했다. 미국에 있을 때 내 주변의 중년이나 그 이상의 연령층은 나쁘지 않은 기록으로 마라톤도 완주했다. 어떤 사람은 매년 철인 3종 경기에 참가했다. 이들은 사업에서의 성공과 건강이 양립할 수 있음을 보여주는 긍정적인 사례다. 덕분에 나는 큰 동기부여를 받아 건강 상태를 개선할 방법을 찾아 나섰다.

'건강한 상태'란 어떤 것을 말하는 걸까? 간단히 말해 에너지가 충만하고 내가 하고 싶은 일을 할 수 있는 상태다. 언뜻 별것 아닌 듯하지만 나는 시작부터 많은 문제에 부딪혔다.

어떻게 좋은 음식을 구분할 것인가? 어떻게 좋은 식습관을 기를 것인가? 어떤 운동이 내게 적합한가? 운동을 습관화하는 방법은 무엇인가? 어떻게 최고의 수면 상태를 유지할 것인가? 어떻게 병을 예방할 것인가?

운동을 습관화해야 에너지를 제대로 활용하고 건강지수를 높일 수 있다. 또한 충분한 휴식으로 기력을 회복하려면 잘 자야 한다. 병에 걸리면 내가 하고 싶은 일을 제대로 할 수 없다. 결국 나는 건강 분야에서 이룰 목표를 이렇게 설정했다.

- 식습관을 개선하자. 좋은 음식, 좋은 영양소로 좋은 에너지를 얻자.
- 과학적인 운동 계획을 세워 이를 완전히 체화하자.
- 수면의 질을 개선해 기력이 충만한 상태로 하루를 시작하자.
- 만일에 대비해 질병 면역력을 높이자.

당신이 먹은 음식이 곧 당신이다?

1960년대 미국에서 크게 유행한 말 중 '당신이 먹은 음식이 곧 당신이다You are what you eat'라는 것이 있다. 이는 건강한 음식을 먹어야 몸이 건강해진다는 뜻이다. 어떻게 해야 가장 좋은 방식으로 에너지를 섭취할 수 있을까? 어떻게 해야 가장 좋은 방식으로 에너지를 사용할 수 있을까?

대형 식품회사는 매년 식감과 맛을 조절하는 일에 수십억 달러의 연구비를 쓴다. 그들은 장기적인 시장조사와 데이터 분석을 거쳐 식품시장의 특징, 규칙, 추세 등을 발견했는데 그중 하나가 사람들이 달고 짜고 기름진 맛을 좋아한다는 사실이다. 이 조사 결과에서 우리는 무엇을 알 수 있을까?

생존 환경이 몹시 열악했던 초기 인류는 생리적·심리적으로 지방 함량과 열량이 높은 식품을 갈망했다. 인류의 미뢰는 당분, 염분, 지방에 특별히 민감하도록 진화했다. 그들은 이런 식품을 섭취할 기회가 있으면 언제 닥칠지 모르는 식량 부족에 대비해 가능한

한 많이 먹어 열량을 축적하면서 심리적 만족감과 희열감을 느꼈다. 이처럼 고지방, 고열량 식품을 갈망하는 것은 진화 과정과 유전자 기억에 그대로 남아 대대손손 유전되었다. 식량이 풍부한 현대사회에도 그 갈망은 여전히 존재한다. 그것은 사회 환경 변화로 사라지는 종류의 갈망이 아니기 때문이다.

대형 식품회사들은 이 연구 결과에 근거해 달고 짜고 기름진 맛을 내는 식품을 개발한다. 어떤 과자가 특별히 맛있을 때, 심지어 맛이 좋아 먹는 것을 멈출 수 없을 때 곰곰이 생각해보면 과자는 달거나 짜거나 기름진 맛을 낸다.

한데 식품 공급이 풍부한 지금은 끼니마다 고지방, 고열량 식사를 할 필요가 없다. 오히려 영양학 관점에서 가공식품은 아무런 가치가 없을뿐더러 몸에 나쁜 영향을 미친다. 가령 식품첨가물, 과일의 잔류 농약, 고온에 굽고 튀기고 찌는 동안 발생하는 발암물질은 모두 몸에 나쁜 영향을 준다.

또한 식품의 사회적, 문화적 역할도 사람들의 마음에 영향을 끼친다. 흔히 마음에 상처를 입거나 스트레스를 받을 때 입 안에 무언가를 자꾸 밀어 넣는 것은 허기 때문이 아니라 정신적 위로를 얻고자 함이다. 허전할 때 마음까지 따뜻하게 감싸주던 어떤 음식을 그리워하는 것도 마찬가지다.

이에 따라 식품회사는 인간 심리의 약한 부분을 공략하며 마케팅을 펼친다. 예를 들어 식품회사는 광고, 행사, 프로모션, 기부 등으로 자사 식품에 더 많은 사회적·문화적 함의를 덧붙이려 한다. 만약 얼음을 넣은 코카콜라를 마시면 광고가 주입한 감각 그대로 시원함을 느끼지만 그 순간이 지나면 갈증은 더 심해진다. 식품은 사회적, 문화적 함의로 사람의 마음을 사로잡고 그 마음은 음식 선택에서 결정적인 역할을 한다.

식습관은 건강에 큰 영향을 미친다. 미국 정부가 국민의 건강한 식습관 의식을 높이기 위해 계몽 활동에 힘쓰는 이유도 여기에 있다. 일례로 미국에서는 전문 영양사가 의사처럼 보편적인 존재다. 백악관은 펠로들에게 조건이 좋은 의료보험을 지원하고 영양사도 지정해주는데 당시 나는 영양사에게 어떻게 해야 건강한 식생활을 할 수 있는지 물었다. 그녀는 이렇게 대답했다.

"건강한 음식이 무엇인지는 쉽게 알 수 있어요. 인터넷만 검색해도 금방 영양학 지식을 찾을 수 있지요. 그런데도 건강한 음식을 섭취하는 사람이 적은 이유는 뭘까요? 왜 건강하지 않은 음식을 끊지 못할까요? 그런 행동 뒤에는 심리 문제가 숨어 있어요."

나는 영양사와 대화하다가 심리 문제가 비만 원인의 하나라는 말을 들었다. 가령 음식으로 스트레스를 푸는 사람이 있다. 나빠진 기분을 음식으로 풀려고 하면 살만 찔 뿐이다. 살이 찌면 놀림당하고 기분이 나빠져 더 많이 먹는 악순환에 빠지고 만다.

그럼 나쁜 식습관은 모두 버려야 할까? 담백하고 맛이 없지만 '영양만점 식사'만 하면 먹는 즐거움이 사라지지 않을까? 가끔 정크푸드가 먹고 싶을 때는 어떻게 해야 할까?

영양학자들은 일찌감치 이 문제의 해답을 내놓았다. 건강한 음식을 추구한다고 끼니마다 엄격하게 정해진 대로 먹어야 하는 것은 아니다. 일반적으로 매주 한두 번은 뭐든 먹고 싶은 것을 먹어도 좋다. 즉, '마음대로 먹는 식사'를 정해두고 일주일에 한두 차례 식욕을 충족하라는 얘기다. 아이스크림이든 감자튀김이든 햄버거든 말이다. 단, '마음대로 먹는 식사'를 핑계 삼아 건강하지 않은 음식을 마구 먹어서는 안 된다.

또한 영양학자들은 깊은 정서 체험을 상징하는 음식을 완전히 배제하는 것은 심리적으로 좋지 않은 영향을 줄 수 있다고 본다. 결국 영양학자들이 제안하는 해결책은 일주일에 3번 혹은 한 달에 3일 등으로 건강한 음식을 먹는 횟수를 정해두고 먹는 주기를 서서히 늘려가는 방법이다. 일단 올바른 식습관을 기르면 아무렇게나 마구 먹던 시절이 전혀 그립지 않다. 이 경우 신체 건강과 심리 체험이 균형을 이룬다.

모든 건강 식단에 적용되는 '7대 3 원칙'이란?

나는 영양학 전문가들과 꾸준히 교류하면서 그 과정에 우리가 음식과 관련해 올바른 지식을 제대로 배우지 못했음을 깨달았다. 건강하지 않은 식습관은 거의 예외 없이 잘못된 관념에서 비롯된 것이었다.

몸무게가 늘 표준범위 내에 있고 체지방 비율도 나쁘지 않았던 나는 좋아하는 음식을 먹되 과식하지만 않으면 된다고 생각했다. 그리고 가능한 한 값싼 식재료보다 비싼 식재료를 선택했다. 특히 중국요리를 좋아한 나는 그것을 다른 것보다 더 건강한 음식으로 여겼다. 그러나 영양학자들에 따르면 중국요리는 탄수화물이 대부분이라 중국인은 단백질 섭취량이 높지 않다.

1992년 미국 농림부에서 공표한 '식품지침서'는 식품으로 균형 잡힌 영양소를 섭취하는 방법을 이해하기 쉽도록 도표로 설명하고 있다. 미국인에게 상식으로 자리 잡은 피라미드 모양의 그 도표는 4층으로 이뤄져 있다. 각층에는 영양성분과 매일 섭취해야 하는 황금비율이 표시되어 있지만 미국인은 그 내용을 알면서도 아는 대로 먹지 않았다. 그들이 먹고 싶은 대로 혹은 지금까지 먹어온 대로 먹는 바람에 '영양소 피라미드'라는 상식은 별다른 효과를 거두지 못했다.

문제는 일상 음식이 모두 그 피라미드 안에 들어 있다는 점이다. 예를 들어 영양소 피라미드 안에는 빵이 들어 있는데 빵에도 '좋은 빵'과 '나쁜 빵'이 있다. 닭고기와 감자도 마찬가지다. 프라이드치킨도 닭고기고 감자튀김 역시 감자요리에 속한다. 결국 모든 미국인이 어린 시절부터 영양소 피라미드를 배우지만 그것은 실제로 아무런 도움이 되지 않았다.

음식은 체내에 들어가 영양소와 기타 물질로 분해되고 영양소는 우리에게 각각 상응하는 에너지를 제공한다. 좋은 식품에는 좋은 영양소가 들어 있으며 그 좋은 영양소는 좋은 에너지를 만든다. 결국 필요한 것은 영양소 피라미드가 아니라 '에너지 피라미드'다! 에너지를 기준으로 좋은 지방과 나쁜 지방 혹은 좋은 탄수화물과 나쁜 탄수화물로 분류해야 한다. 이 방식으로 자신이 먹는 식품이 기준을 충족하는지 살피면 좋은 음식을 구분하기도 쉽고 되는 대로 먹는 일도 없다.

내가 만난 영양사는 모두 건강 식단은 '7 대 3 원칙'을 지킨다고 말했다. 이는 70퍼센트를 채소로 하고 나머지 30퍼센트를 단백질, 탄수화물, 좋은 지방으로 구성한다는 의미다. 채소는 특히 미네랄과 미량영양소를 풍부하게 함유하고 수분이 많은 녹색잎채소가 좋다. 채소 섭취는 수분을 보충하는 가장 좋은 방법이며 채소에는 칼슘, 칼륨, 마그네슘 같은 미네랄도 풍부하다. 더구나 채소 섭취 후 체내의 최종 대사산물은 염기성을 띠기 때문에 고기나 달걀이 만든 산과 중화되어 인체의 산성도 균형에 도움을 준다.

그러면 3대 영양소인 단백질, 탄수화물, 지방은 어떻게 섭취하는 것이 좋을까?

단백질은 동물성 단백질과 식물성 단백질로 구분하는데 한 끼 식사에서 한두 종류의 단백질을 섭취하는 것이 가장 좋다. 한꺼번에 여러 종류의 단백질을 섭취하면 신체 흡수율이 떨어진다. 그러므로 소고기나 돼지고기 한 덩이 혹은 생선 한 토막에 채소를 곁들이는 방식이 건강에 더 유리하다.

탄수화물의 주요 공급원은 곡류와 잡곡이다. 도정률이 높은 곡류는 고열량·고당류 식품으로 체내 흡수가 쉽지만 잠시 에너지를 높였다가 사라지기 때문에 열량을 다시 보충해야 한다. 반면 도정률이 낮은 곡류는 식이섬유와 기타 영양소가 풍부해 체내 흡수는 느려도 그만큼 에너지 방출도 느려서 기력이 더 오래간다. 예를 들어 정제한 밀로 만든 빵은 다량의 당과 녹말을 함유하고 있고 인체에 빠르게 흡수되지만, 에너지 방출도 빨라서 인체 내 에너지의 양이 급속히 줄어든다.

연구 결과에 따르면 미국 성인의 당분 섭취 평균값은 식품의약국FDA에서 권고하는 섭취량의 10배를 넘어섰다. 그 주요 원인은 음료, 디저트, 간식 등 각종 식품에 다량 첨가된 당분에 있다. 더구나 도정한 쌀과 빵에 들어 있는 녹말은 체내 흡수 후 당으로 변한다. 이러한 당분을 장기적으로 다량 섭취하는 것은 몸에 위험하며 과일을 섭취해 필요한 당분을 얻는 것이 바람직하다.

흔히 지방을 비만의 원인으로 여겨 건강하지 않은 식품의 대명사로 여기지만 인체에 필요한 지방은 건강에 유익하다. 중요한 것은 어떤 지방을 얼마나 합리적으로 섭취하느냐다. 음식에 들어 있는 지방은 좋은 지방과 나쁜 지방으로 나뉜다. 좋은 지방(불포화지방산 등)은 혈중 지질 조절, 혈전 제거, 면역력 강화와 함께 시력을 높이고 뇌세포를 만드는 역할을 한다. 견과류와 아보카도 등에 들어 있는 식물성 지방은 거의 좋은 지방이다. 나쁜 지방(트랜스지방 등)은 혈중 콜레스테롤 수치를 높이는데 튀긴 음식이나 많이 가공한 식품은 대체로 나쁜 지방을 함유하고 있다.

우리는 조리 방식에서도 최대한 식재료의 영양을 파괴하지 않는 방식을 선택해야 한다. 채소는 생으로 먹거나 가볍게 데쳐 먹는 것이 좋다. 육류는 양념 없이 삶는 것이 좋고 전기구이도 괜찮다. 다만 기름에 튀기는 방식은 가능한 한 피해야 한다. 기름을 과도하게 섭취하면 쉽게 살이 찌고 또 기름은 고온에서 발암물질을 생성하므로 건강에 백해무익하다.

정상급 트레이너는 음식을 먹을 때 상당히 조심하며 최대한 간단하게 먹으려고 한다. 운동선수도 공식에 따라 엄격히 계산해서 몸이 필요로 하는 단백질, 탄수화물의 양을 산출해 식사를 한다. 이들처럼 엄격하고 정밀하게 규칙을 지킬 필요는 없지만 우리도 음식물의 에너지를 정확히 인식하고 올바른 식습관을 실천하도록 노력해야 한다.

1일 2식이나 1일 3식보다
1일 5식이 현대인에게 적합한 까닭은?

우리는 하루에 몇 끼를 먹어야 할까? 보통 하루 세 끼를 표준 내지는 건강한 방식으로 알고 있지만 실은 그렇지 않다. 인류의 식생활 역사를 돌아보면 1일 3식은 근대 산업사회 발전 이후 형성되었다.

생존환경이 열악했던 원시시대에는 고정적인 식사시간 없이 사냥감을 잡거나 들판에서 먹을 것을 발견하면 배가 터지도록 먹는 식이었다. 음식을 신선하게 보관할 방법이 없었기에 그 자리에서 먹을 수 있을 만큼 최대한 먹어야 했다. 그 시대 인류는 식생활이 몹시 불규칙했고 음식이 부족하면 그저 굶는 수밖에 없었다. 오늘날 아기의 식생활은 이런 원시적 식습관을 반영한다. 시간관념 없이 배가 고프면 울고 배가 부르면 잠들지 않는가.

농업사회로 접어들면서 음식 종류가 풍부해지자 인류는 고정적인 식생활 습관을 형성했다. 그러나 오랫동안 대다수 나라에서 아침과 저녁을 먹는 1일 2식을 유지했다. 그리고 산업혁명을 전후해 물질이 풍요로워진 인류는 점차 1일 3식 습관을 형성하기 시작했다. 특히 공장노동자가 일하는 방식에 따라 해가 뜨면 일하고 해가 지면 쉬던 예전의 생활습관이 사라지고 아침, 점심, 저녁이라는 시간 개념이 등장하면서 식사도 3번으로 늘어났다.

오늘날 현대인은 일과 생활 리듬이 빨라지면서 아침을 간단히 먹거나 아예 먹지 않는 경우가 많다. 점심시간은 대체로 한 시간 정도라 급하게 배를 채우고 이후 저녁때까지 일하다 허기져서 저녁에 폭식하기 일쑤다. 이런 식습관은 누가 봐도 건강에 좋지 않다.

그럼 현대인에게 적합한 식생활 방식은 무엇일까? 영양사와 트레이너들은 조금씩 여러 번 먹을 것을 권한다. 생리학상 한 번에 잔뜩 먹으면 몸에 부담을 준다. 육류나 생선류가 나오는 만찬은 더욱 그렇다. 예를 들어 현대인은 점심을 먹은 후 피로감을 느낀다. 음식 섭취로 인체가 더 많은 혈액을 위와 장으로 보내 소화에 힘을 쏟느라 뇌로 들어가는 혈액이 부족해지면서 정신적 피로와 팔다리에 힘이 빠지는 느낌을 받는 것이다. 어떤 사람은 허기가 느껴져야 식사를 하는데 이 경우 업무나 일상생활에 집중하기 어렵다. 더구나 허기를 느끼는 상태에서 식사하면 많은 양을 단번에 먹어치우는 경향이 있다.

많은 양을 먹지 않고 허기도 느끼지 않으면서 계속 맑은 정신과 충만한 기력을 유지하려면 조금씩 여러 차례 먹는 것이 좋다. 즉, 하루 두세 시간마다 5~6번에 걸쳐 음식을 나눠 먹는 것이 바람직하다. 그러면 음식 섭취 사이의 간격이 길지 않아 한 번에 많은 양을 먹지 않는다. 특히 저녁식사 후에는 운동량이 크게 감소하므로 많이 먹지 않도록 주의해야 한다.

장기간 건강한 식습관을 유지하는 4가지 방법

매일 집에서 식사하며 건강 식단을 따르는 것이 가장 이상적이지만 현실적으로 이를 매번 지키기는 어렵다. 회사에 출근하거나 출장 혹은 모임 때문에 바깥에서 식사할 때는 어떻게 해야 건강한 식생활을 유지할 수 있을까?

1일 5식을 선택할 경우 회사에 출근해서도 그것을 지킬 수 있을까? 자기 나름대로 규칙을 정하면 충분히 가능하다. 하루에 5식을 할 경우 평균 3시간에 한 번씩 식사하는 셈이다. 물론 엄격하게 시간 간격을 지킬 필요는 없다. 아침 8시에 식사를 했다면 11시쯤 과일이나 간식을 먹는다. 그러면 점심식사 때 배가 고파 음식 섭취량이 늘어나는 일을 피할 수 있다. 이어 오후 3~4시에 당근, 과일, 견과류 등을 먹는다. 저녁을 6~7시에 먹고 11시쯤 잠자리에 들면 음식을 소화한 상태에서 잠들 수 있다.

쉽게 말하면 정식 식사는 하루 3번이고 끼니 사이에 과일, 견과, 간식 등을 먹는 셈이다. 이 경우 에너지를 적절히 보충해 기력을 유지할 수 있다.

- 아침식사 — 08:00

- 1차 보충 — 10:30~11:00

- 점심식사 — 12:30

- 2차 보충 — 15:00~15:30

- 저녁식사 — 18:30

    모임에 참석하거나 출장을 갔을 때는 식사를 어떻게 조절해야 할까? 모임이 있는 날에는 미리 배부르게 먹고 모임에 참석한다. 그러면 실제 식사시간이 되었을 때 너무 많이 먹지 않을 수 있다. 음식물이 넘쳐나면서 현대인은 영양 결핍이 아니라 영양 과잉 문제를 겪고 있다. 우리의 식생활에 필요한 것은 더하는 것이 아니라 적절히 줄여가는 노력이다.

    출장을 갔을 때는 식재료와 조리방식을 기준으로 생각하는 것이 좋다. 가능한 한 녹말 함유량이 높은 파스타와 마카로니는 피하고 찌거나 가볍게 볶거나 삶은 요리를 선택한다.

    장기간 건강한 식습관을 유지하기 위한 4가지 방법이 있다.

    첫째, 기록하고 현실을 직시한다. 좋은 식습관을 유지하는 가장 쉽고 효과적인 방법은 기록하는 일이다. 한동안 매일 몇 번 식사했는지, 끼니마다 무엇을 먹었는지 기록한 나는 이것이 굉장히 유용하다는 것을 깨달았다. 자신이 어떤 음식을 먹는지 매번 확실히 인지해야 한다. 이 말은 곧 나를 속이는 짓을 더는 할 수 없다는 뜻이다.

    가령 감자튀김 한 접시를 먹고 나서 '괜찮아, 겨우 한 접시잖아'

라고 위안하기 십상이지만 매일 먹은 음식을 기록하면 이번 주에 벌써 다섯 접시나 먹었다는 것이 드러난다. 먹은 음식을 기록할 경우 점차 나쁜 식습관이 사라진다. 물론 20년, 30년 묵은 습관이 한순간에 바뀌는 것은 아니지만 기록은 분명 좋은 출발점이다.

둘째, 충분히 준비한다. 내가 식욕을 느낄 때 간단하고 영양도 우수한 음식이 있다면 주위를 두리번거리며 먹을 것을 찾을 필요가 없다. 나는 늘 견과류 한 봉지를 갖고 다니며 배가 고프거나 정크푸드가 먹고 싶을 때 꺼내 먹는다.

셋째, 유혹을 멀리한다. 일단 음식이 눈에 띄지 않게 한다. TV를 볼 때 손이 닿는 곳에 과자가 있으면 몇 개를 먹게 된다. 영화관에 갔을 때 팝콘 향을 맡으면 팝콘을 먹고 싶은 생각이 든다. 음식은 우리의 시각과 후각을 강력하게 사로잡는다. 하지만 시선을 떼거나 자리를 옮기는 것으로 대부분 유혹에서 벗어날 수 있다.

넷째, 술을 마셔야 할 때는 가능한 한 포도주를 선택한다. 포도주는 천천히 음미하면서 마시는 술로 느긋하게 마시며 대화하는 시간이 늘어난다. 대화를 많이 하면 빠르게 마시고 또 건배하는 상황은 벌어지지 않는다.

운동은 건강이라는
자동차의 '엔진'이다

나이가 들면 순발력은 떨어지지만
지구력은 떨어지지 않는다?

중국에서 창업한 뒤 나는 매일 피트니스센터에서 운동하는 것 외에 개인 트레이너에게 매주 두세 차례씩 운동 코칭을 받았다. 그럼에도 내 체지방 비율은 계속 상승했고 기력과 지구력은 떨어졌다. 내가 그 이유를 묻자 트레이너는 이렇게 설명했다.

"나이를 먹어가면서 자연스럽게 생기는 변화입니다. 선생님이 지금의 건강 수준을 유지하는 것만 해도 훌륭한 일입니다."

생리학상 인간의 순발력은 스무 살 전후로 점차 하락한다. 그래서 단거리 육상경기나 높이뛰기처럼 힘과 순발력이 필요한 스포츠 종목 선수들은 대체로 평균 연령이 낮다. 반대로 지구력은 연장할 여지가 훨씬 더 크다. 지구력은 나이가 들어도 크게 하락하지 않으며 오십 대가 되어서야 완만한 하락세를 보인다.

전형적인 유산소형 지구력 스포츠는 마라톤을 비롯한 장거리 육상경기다. 최근 몇 년 동안 전 세계적으로 인기를 얻은 마라톤은 가히 '전 연령층 운동'으로 자리를 잡았다. 미국에서는 아마추어 마라톤 경기에 칠팔십 대 노인이 참가하는 것도 적잖게 볼 수 있다. 그들 중에는 매년 기록이 나아지는 사람도 있다. 이는 전문적인 훈련으로 지구력 향상이 가능하다는 것을 보여준다.

순발력과 지구력이라는 인체 기능은 인류가 진화해온 결과다. 인류학자들은 원시사회 초기 인류가 맨손이나 조잡한 무기로 대형 사냥감을 잡은 것은 오래 달리는 지구력 덕분이라고 본다. 순발력이든 가속도든 인류는 들판에서 대다수 동물에 비할 바가 아니었으므로 지구력이 핵심 작용을 했을 것이다.

지금도 원시사회 모습으로 살아가는 아프리카의 몇몇 부족은 지구력을 활용한 수렵 방식에 의존한다. 현지인은 그것을 '죽음의 레이스'라고 부른다. 사냥꾼은 사냥감 한 마리를 노려 장시간에 걸쳐 느린 속도로 달리면서 사냥감을 뒤쫓는다. 이때 사냥감이 절대 휴식을 취하지 못하도록 계속 압박을 멈추지 않는다. 이렇게 해서 기력이 다한 사냥감이 멈춰 서면 곧바로 포획한다.

지구 생태계 먹이사슬에서는 이긴 자가 승리한다. 인류는 죽음의 레이스에서 속도와 순발력이 훨씬 앞서는 동물을 지구력으로 눌렀다. 그로부터 수만 년이 지난 오늘날 우리는 여전히 인류가 진화 과정에서 획득한 우위를 점하고 있다.

사실 현대사회에서 인류가 순발력을 사용할 일은 많지 않다. 대개는 지구력을 사용한다. 예를 들어 우리는 하루 종일 정신력을 집중해 각종 사무를 효율적으로 처리한다. 이런 상황에서 지구력은 무엇보다 중요하다.

"나이가 드니 예전만 못하다"는 말은 자기위안이나 핑계에 지나지 않는다. 지구력은 나이가 들어도 떨어지지 않는다. 제대로 훈련을 하면 오히려 더 강화할 수 있다. 마음만 먹으면 다양한 훈련법으로 지구력을 키워 계속해서 에너지를 충분히 낼 수 있다. 그러니 노력해볼 만하지 않은가?

"현재의 의학계에서 확실하게 알려진 알츠하이머병 예방법은 운동뿐이라네"

나이가 들어도 뇌 기능이 떨어지지 않게 할 방법은 없을까? 나는 신경계 분야의 권위자로 스탠퍼드대학교 의과대학원 교수 프랭크 롱고Frank Longo에게 뇌 기능을 유지하고 알츠하이머병을 예방하는 방법을 물어보았다. 롱고 교수는 간단히 대답했다.

"현재 의학계에서 확실하게 알려진 알츠하이머병 예방법은 운동뿐이라네."

연구 결과에 따르면 운동을 규칙적으로 하는 사람이 알츠하이머병을 앓을 확률은 운동하지 않는 사람의 10분의 1에 불과했다. 내가 만나본 대기업 CEO 중 GE의 제프리 이멜트는 매일 아침 5시에 일어나 가장 먼저 운동을 한다고 했다. 운동을 하면서 뉴스를 확인한 뒤 그날의 업무에 들어간다는 것이었다. 실리콘 밸리에서 일하는 IT업계의 큰손들도 대다수가 규칙적으로 일하고 휴식을 취하며 매일 운동을 한다. 그들은 보통 밤 9시 30분쯤 잠자리에 들고 아침 5시에 일어나 운동을 한다.

세계 최고 엘리트들은 왜 운동을 중요하게 여길까? 운동을 꾸준히 지속하면 심장이 튼튼해지고 신진대사가 빨라지며 근육량이 증가한다. 바로 이 변화가 지구력을 키워준다. 또한 운동은 엔도르핀을 생성하는데 이 호르몬은 인체에 더 많은 기력과 힘을 보충해주는 역할을 한다. 운동을 하고 나면 생각보다 피곤하지 않고 오히려 활력이 넘치는 것은 엔도르핀 작용 덕분이다.

현재 많은 사람이 다이어트를 목적으로 운동을 한다. 마른 몸매가 유행하고 심지어 마른 사람이 뚱뚱한 사람보다 건강하다고 생각하지만 의학상 건강은 몸매와 상관이 없다. 건강 기준에서 중요한 것은 인체의 지방 비율이 합리적인 수준이어야 한다는 점이다. 다만 뚱뚱한 사람은 지방 비율이 높고 이는 곧 혈관이 좁아졌을 가능성이 크다는 뜻이므로 심장병 위험도가 높다.

더 중요한 것은 근육량이며 운동량이 같을 경우 근육이 발달한 사람이 소모하는 열량이 그렇지 않은 사람보다 3~4배에 이른다. 이것은 같은 양의 열량을 섭취할 때도 마찬가지다. 또한 근육은 골격을 보호하는 핵심적인 부분이다. 수시로 골절상을 입는 프로 운동선수들이 계속해서 경기를 하는 이유는 운동선수는 근육이 갑옷처럼 단단하게 골격을 둘러싸고 있기 때문이다. 골격은 나이가 들면서 점점 약해지는데 그럴수록 근육의 중요성은 더욱 커진다.

현재 많은 사람이 운동을 하고 있지만 아무렇게나 운동을 하는 경향이 있다. 그러면 운동 효과도 잘 나타나지 않고 오히려 부상을 입을 수 있다. 운동을 시작할 즈음 전문가의 코칭을 받으며 운동에서 잘못된 점을 고쳐 나가면 훨씬 더 효과가 높다.

사람들이 운동을 하면서 가장 쉽게 저지르는 잘못은 무엇일까? 전문 트레이너들은 다음의 3가지를 꼽는다.

첫째, 잘못된 방식으로 힘을 쓴다. 처음 운동을 하는 사람이나 체계적으로 배우지 않은 사람은 종종 힘으로 운동을 하려고 한다. 나도 그런 실수를 했다. 내가 처음 만난 트레이너는 운동의 형식을 중요시해 동작과 자세를 집중적으로 가르쳤다. 근육이 어떻게 작용하는지, 힘을 어떻게 써야 하는지 등의 지식은 알려주지 않았다. 그 탓에 나는 어떻게 운동을 해야 내가 단련하고 싶은 부위를 정확히 단련할 수 있는지 알지 못했다.

직접 근육 구조를 알아보니 놀랍게도 인체에는 약 639개의 근육이 있고 이것이 체중의 절반을 차지했다. 그리고 근육은 주변의 다른 근육과 함께 작용해 하나의 동작을 완성한다. 근육 관련 지식이 부족할 때는 정확한 근육을 써서 제대로 힘을 내는 것이 어려웠다. 등 근육을 단련한다면서 팔 힘을 쓰는 바람에 정작 등 근육에는 자극이 전해지지 않는 식이었다. 힘과 근육을 정확히 사용할 경우 자극에 대항하는 방식으로 근육이 분열했다 재구성되면서 더욱 강한 근육 조직으로 거듭난다.

또 근육 구조를 이해하면 근육통을 더 잘 활용할 수 있다. 근력 운동을 하고 2~3일이 지나면 근육이 붓거나 통증이 생기고 힘이 빠지는 현상이 나타난다. 이런 근육통은 정확한 근육을 써서 운동했는지, 어떤 부위의 근육이 만들어지고 있는지 알려준다. 그러면 다음에 운동을 할 때 잘못된 것을 고쳐 정확히 운동할 수 있다.

둘째, 눈에 보이는 결과만 따진다. 근육의 작용을 제대로 이해하지 못하면 근육 크기만 추구하는 우를 범한다. 특히 많은 사람이 상반신 근육에만 집중하는 경향이 있는데 하반신의 중요성을 소홀히 하면 여기서부터 문제가 시작된다.

우선 단단히 서 있으려면 다리와 엉덩이 근육이 중요하다. 노인들이 잘 넘어지는 것은 다리 힘이 부족하기 때문이다. 우리 몸에 쓸모없는 근육은 하나도 없으므로 신체를 단련할 때는 몸 전체의 균형을 고려해야 한다. 이 관점에서 중요한 것이 등 근육과 코어 근육(골반과 척추를 지지하는 근육)이다. 몸의 모든 부위에 영향을 주는 코어 근육은 여러 동작의 균형을 유지하게 해준다. 그리고 강한 등 근육은 동작에 필요한 힘을 발산하도록 지탱해주는 작용을 한다.

피트니스센터에서 처음 다리 근육을 단련하던 날 나는 몸을 비틀거릴 정도로 불안정했다. 그동안 그 부위의 단련을 소홀히 했기 때문이다. 이후로 나는 신체 각 부위가 몸 전체를 지탱하고 적절히 제 역할을 하도록 모든 부위에 신경 쓰고 있다.

셋째, 성장하려는 노력이 부족하다. 많은 사람이 근력 운동을 꾸준히 하면 자연스레 멋진 몸매를 만들 수 있을 거라고 믿는다. 사실 이런 생각은 불완전하다. 운동을 하면 확실히 몸이 좋아지지만 어느 지점에 도달하면 더 좋아지기보다 그 수준을 유지하기만 한다. 이를 정체기라고 하는데 이것은 몸이 지금까지의 운동 방식과 강도에 완전히 적응했다는 뜻이다. 아무리 반복해서 열심히 운동해도 달라지는 것은 거의 없을지 모른다. 게다가 심지어 퇴보할 수도 있다. 이 시기에는 근육통이 전보다 줄어드는 대신 운동 능력 향상이 느려진다.

인간의 몸은 반복 훈련에 가장 효율적일 뿐 아니라 힘을 덜 쓰는 방식으로 적절히 대응할 만큼 똑똑하다. 쉽게 말하면 인체는 '게으름'을 피운다. 그래서 운동할 때도 끊임없이 몸 상태를 확인하고 새로운 도전을 해야 한다. 즉, 몸이 게으름을 피울 여유를 주지 말아야 한다.

새로운 도전을 하면 다시 근육통을 느끼고 한 걸음 성장하는 감각이 느껴진다. 정체기를 돌파할 경우 운동 역량이 확연히 강해졌음을 스스로 깨닫는다. 체격 변화가 눈에 띄고 더 무거운 바벨을 쓰거나 다양한 방식의 운동이 가능하다. 원하던 결과에 한 발 더 다가가는 셈이다.

> ## "나는 근육통을 느끼는 시점부터 숫자를 셉니다"

근력 운동을 하는 사람은 대략 두 부류로 나뉜다. 한 부류는 전문적으로 근육을 만드는 전업 혹은 반 전업 보디빌더. 이들은 장기적으로 강도 높은 훈련을 하며 약물의 지원을 받아 빠르게 근육을 키운다. 따라서 이들의 신체는 아주 건장하고 단단해 대다수 평범한 사람들이 따라갈 수 없다. 다른 부류는 운동과 식이요법으로 몸을 건강하게 만들려고 운동을 하는 사람으로 말하자면 운동 애호가다.

근육 단련 방식에는 2가지가 있다. 하나는 유선형 몸매를 만드는 것으로 주로 여성들이 선택하며 웨이트 트레이닝을 할 때 무게는 가벼운 대신 횟수가 많다. 나머지 하나는 근육 크기를 키우는 것으로 주로 남성들이 선택하는데 무게를 높이고 횟수를 줄인다.

내가 선택한 운동 방식은 후자였다. 그때 주위 사람들에게 추천받은 사람이 유명한 운동 잡지 편집자이자 트레이너인 크리스 게딘Kris Gethin이다. 그는 전문 보디빌딩이 아니라 일반 운동에 집중하는 트레이너로 음식 조절과 운동을 병행하는 방식을 쓴다. 특히 그는 운동을 생활 속에 융화하는 방법을 연구해 현실적이고 실용적인 운동법을 제안했다. 이런 운동법이야말로 내가 줄곧 배우고 싶던 것이었다.

여러 가지를 고려한 끝에 나는 그가 제창한 12주 하드코어 프로그램12 Week Hardcore Program을 선택했다. 이 프로그램에서는 12주간 집중 훈련을 하며 매일 평균 2시간 30분간 운동한다. 식사는 엄격하게 정해진 식단을 따라야 하는데 일주일에 마지막 하루는 원하는 음식으로 한 끼를 먹을 수 있다. 첫 주 운동 프로그램이 끝난 뒤 원하는 음식을 먹으면 음식이 전해주는 행복감이 얼마나 큰지 실감할 수 있다. 나는 이때 일주일 동안 엄격하게 통제받는 식사를 하며 곤혹스러웠던 기분이 사라지면서 다시 운동 프로그램을 지속할 원동력을 얻었다.

알다시피 신체 단련은 대략 가슴, 배, 등, 어깨, 다리의 다섯 부분으로 나누어진다. 트레이너들은 일반적으로 하루에 한 부분씩 운동하고, 다음 날에는 다른 부분을 운동하는 방식으로 다섯 부분을 순환하는 방식으로 진행하라고 권한다. 그렇게 하면 다섯 부분을 골고루 단련할 수 있다.

이전까지만 해도 나는 역기 들기나 팔굽혀펴기 등 같은 운동을 반복적으로 시행하고 중간에 쉬는 시간이 길었다. 크리스 게딘은 이런 운동 방식에 반대한다. 그의 프로그램에서 가장 강조하는 것은 운동 태도로 그는 운동을 하나의 업무로 여기라고 말한다. 그러니까 온힘을 다해 운동함으로써 그날의 목표를 달성하라는 얘기다. 많은 사람이 운동을 하러 피트니스센터에 간 순간 목표를 반쯤 이뤘다고 생각하지만 그는 단호하다.

"피트니스센터에 간 것은 단지 시작에 불과합니다. 운동하는 동안 계속해서 모든 에너지를 쏟아야 하지요. 고통이 없으면 수확도 없습니다."

모든 운동은 정확한 자세를 취했을 때 가장 힘들지만 힘든 만큼 효과도 크다. 근육통을 느낄 때가 운동이 진정한 효과를 발휘하는 시점이므로 그럴 때일수록 포기하는 게 아니라 오히려 더욱더 노력해야 한다. 언젠가 권투선수 알리가 어떤 사람에게 이런 질문을 받았다.

"당신은 누구나 인정하는 위대한 권투선수니 평소 훈련 강도가 아주 세겠지요? 팔굽혀펴기를 몇 번이나 해야 근육통을 느끼나요?"

알리는 웃으면서 대답했다.

"나는 근육통을 느끼는 시점부터 숫자를 셉니다."

운동은 의지력 훈련이기도 하므로 부단히 스스로를 격려하며 전진해야 한계를 극복할 수 있다. 크리스 게딘은 운동할 때마다 마음속으로 이렇게 생각한다고 한다.

'내가 정해둔 운동량을 채우지 않으면 내 가족 중 한 명이 나를 떠날 것이다. 나는 그런 상황을 원치 않으므로 무슨 일이 있어도 목표를 달성해야 한다.'

그가 애써 이러한 생각을 하는 이유는 목표로 하는 운동량을 채우려는 의지를 다지기 위해서다. 크리스 게딘은 정체기를 벗어나는 방법에서도 독특한 노하우를 들려주었다. 그는 인간의 몸이 똑똑해서 운동에 적응하면 쉽게 관성이 생기고 그때부터 정체기에 들어선다고 했다.

평소 운동을 많이 하지 않는 부위를 단련할 때는 처음에 대체로 근육통을 느낀다. 하지만 시간이 지날수록 운동에 적응한다. 유일한 해결책은 계속해서 몸의 한계를 뛰어넘어 도전하는 것이다. 몸이 내 운동량에 적응해 고정 패턴을 갖지 못하게 만들어야 한다. 크리스 게딘은 몸에 끊임없이 '놀라움'을 선사하라고 말한다. 몸이 어떻게 해야 할지 모르도록 만들라는 얘기다. 그래야 우리는 계속해서 근육통이라는 감각을 되찾을 수 있다.

크리스 게딘이 제시하는 구체적인 정체기 탈출법은 2가지다. 첫째는 DTP Dramatic Transformation Principle(갑작스러운 변화 원칙)이고 둘째는 슈퍼 세트Super Set다. DTP는 같은 동작을 각각 50회, 40회, 30

회, 20회, 10회로 나누어 시행하되 반복 횟수를 줄이는 대신 무게를 점차 높인다. 이어 10회, 20회, 30회, 40회, 50회로 횟수를 늘리면서 무게를 차차 낮춘다. 이것을 두 차례 하면 매번 무게와 횟수가 다르기 때문에 몸의 적응 상태를 깨뜨리는 효과가 있다. 이렇게 운동을 계속할 경우 한계를 넘어설 수 있다. 슈퍼 세트는 서로 다른 동작을 결합해 동시에 시행하는 방식이다. 예를 들어 A와 B 동작을 함께 시행한다고 해보자. 트레이너가 한 세트에 10회씩 다섯 세트를 하라고 할 경우, 슈퍼 세트는 우선 한 세트 10회는 A동작만 하고 그다음 한 세트 10회는 B동작만 한다. 슈퍼 세트는 하루에 적어도 두 군데 신체 부위를 단련하며 각 세트의 동작 사이에는 45초 정도 휴식시간이 있다. 다섯 세트 동작을 모두 마친 다음 몇 분간 휴식을 취한다.

이 운동 과정에서 근육통은 필연적으로 나타난다. 근육통은 몸의 근육이 늘어나고 분해되는 중임을 의미한다. 그런 다음 집에서 쉴 때 근육이 새롭게 조직되고 더 강한 체계를 만든다. 강한 근육은 이러한 방식으로 천천히 만들어진다.

크리스 게딘의 12주 운동 프로그램은 매일 상세한 계획이 잡혀 있는데 나는 모든 동작에 숙달하면서 하루 훈련시간이 2시간에서 45분으로 크게 줄어들었다. 12주 프로그램을 끝낸 뒤 내 몸에 어떤 변화가 생겼을까? 먼저 18.6퍼센트였던 체지방 비율이 8.8퍼센트로 낮아졌다. 전문 운동선수는 체지방 비율을 보통 5~10퍼센트로 유지한다. 이 고무적인 성적에 나는 이후 다섯 번 더 12주 프로그램을 실행했다.

아널드 슈워제네거가 계발한
6주 보디빌딩 프로그램에 도전하다

할리우드 스타이자 전 캘리포니아 주지사로 보디빌딩 계의 모범이라 불리는 아널드 슈워제네거는 이런 말을 했다.

"보디빌더는 내 유일한 직업이다."

아널드 슈워제네거는 열아홉 살에 미스터 유럽 보디빌딩 대회에서 우승했고 스무 살에 미스터 유니버스가 되었다. 이후 보디빌딩 대회 중 최고의 권위를 자랑하는 미스터 올림피아에서 일곱 차례나 우승했다. 1980년 프로 보디빌더 대회에서 은퇴할 때까지 역대 최다 우승자였던 슈워제네거는 1970년 영화계에 진출해 스타덤에 올랐다. 그는 40여 년간 매일 트레이닝을 했는데 약물의 도움을 받는 경우가 드물던 그 시절 자신의 경험을 바탕으로 수많은 웨이트 트레이닝 기법을 고안했다.

나는 크리스 게딘의 12주 프로그램을 여섯 번 이수한 뒤 아널드 슈워제네거가 개설한 보디빌딩 강좌에 등록해 6주간 수업을 받았다. 그러나 충분히 준비했음에도 그 도전은 쉽지 않은 과정이었다. 트레이너가 하루치 운동 과제로 내준 것을 나는 사흘에 걸쳐 완료하곤 했다. 아널드 슈워제네거는 수십 년 동안 매일 그처럼 강도 높은 운동을 해온 것이다.

아널드 슈워제네거가 강조하는 내용은 크게 두 가지였다.

첫째, 운동을 하면서 계속 자기 몸 사진을 찍는다. 나르시시즘이 좀 과한 게 아닌가 싶겠지만 내가 해본 결과 확실히 큰 도움이 되었다. 사진을 찍는 것은 공장에서 상품을 출고하기 전에 품질검사를 하는 것과 비슷하다. 진지하게 자기 몸을 평가하면 어느 부위의 단련이 부족한지 금방 눈에 들어온다.

둘째, 몸이 적응하지 못하도록 계속 새로운 도전을 한다. 처음에 힘들던 운동량도 시간이 지나면 덜 힘들어지는데 그럴수록 운동 효과는 떨어진다.

나는 운동 강도가 크리스 게딘의 방법보다 훨씬 더 높은 아널드 슈워제네거의 6주 프로그램을 이수한 뒤 몸이 눈에 띌 정도로 좋아졌다. 그 운동을 하는 동안 육십 대이면서 체력, 지구력, 몸매가 나보다 훨씬 더 훌륭한 한 투자자를 만났다. 매일 바쁘게 일하는 그는 일주일에 사흘, 그것도 30분밖에 시간을 낼 수 없어서 매번 전심전력으로 운동했고 덕분에 자신의 한계를 넘어섰다고 한다. 한마디로 그는 운동을 반드시 완수해야 할 임무처럼 실행한 것이다. 그는 운동을 자신의 한계를 극복하는 기회로 여겼고 30분 운동으로 최대 효과를 냈다.

그는 내게 자신이 하루에 다섯 끼를 먹는 방법도 알려주었다. 아침식사는 간단히 달걀프라이에 채소를 잔뜩 곁들여 먹는다. 정식 식사는 대개 스테이크인데 생선이나 소고기에 역시 채소를 잔뜩 곁들여 먹는다. 주식은 일정 비율로 조합한 잡곡이다. 흔히 몸을 잘 단련한 사람은 먹고 싶은 것을 마음껏 먹어도 괜찮을 것이라고 생각하지만 실은 그렇지 않다. 오히려 몸을 잘 단련한 사람일수록 먹고 마시는 일에 더 신중을 기한다.

평생 운동을 지속할 수 있는 원동력은 무엇일까? 언젠가 미국 프로농구계의 스타 선수였던 코비 브라이언트가 은퇴 후 SNS에 올린 살찐 사진이 화제가 된 적이 있다. 마이클 조던 역시 중년 이후 살이 찌는 것을 피하지 못했다. 이런 일은 은퇴한 운동선수에게 흔히 나타난다.

프로 운동선수는 열량 소모가 많은 운동을 하느라 고열량 음식을 먹는다. 그러다가 은퇴하면 예전처럼 강도 높은 훈련을 하지 않는 상황에 맞춰 음식을 조절하지 않아 살이 찌고 만다. 평범한 사람들도 젊을 때는 일정 운동량을 유지하다가 직장에 들어가 일에 쫓기면서 점점 운동을 포기하는 경우가 많다.

운동을 인생의 필수불가결한 요소로 여기면 꾸준히 운동하는 것은 그리 어려운 일이 아니다. 충만한 기력, 완벽한 몸매, 건강한 몸과 마음, 절대 사라지지 않는 의지력 등 운동의 장점을 깨달을 경우 운동은 무언가를 희생하는 게 아니라 행복을 추구하고 인생을 즐기는 방법임을 알게 될 것이다.

내가 여행가방 안에 늘 트럼프 카드를 넣어두는 이유

하루 30분밖에 운동할 시간이 없다면 어떤 운동이 최고의 방법이자 가장 효율적인 방법일까?

첫째, 내게 적합한 운동을 찾는다. 어떻게 해야 할까? 운동을 선택할 때는 크게 2가지 측면을 고려하는 것이 좋다. 하나는 자신이 좋아하는 스포츠가 있더라도 특정 장소에 가야 운동이 가능하다면 일주일에 한두 차례밖에 할 수 없다는 점이다. 다른 하나는 몸을 만드는 보디빌딩이나 피트니스 운동에는 유산소 운동, 스트레칭, 웨이트 트레이닝 등이 포함된다는 사실이다. 운동 중 우리가 가장 겪고 싶지 않은 상황은 바로 부상당하는 일이다. 스트레칭은 정식으로 운동을 시작하기 전에 몸을 풀어주어 근육이 수축되거나 굳어 있는 상황을 피하게 해준다. 유산소 운동은 열량 연소와 지구력 단련에 가장 좋은 운동이다. 그리고 웨이트 트레이닝은 골격 보호를 위해 특히 중요하다.

둘째, 운동할 시간을 낸다. 어떻게 운동할 시간을 만들 것인가? 내가 만난 여러 CEO들은 매일 아침 일어나자마자 운동하는 습관을 고수한다. 그러면 따로 시간을 내지 않아도 운동이 가능하고 하루를 시작하면서 활력을 더할 수 있다. 실리콘 밸리에 사는 CEO들은 대부분 조깅을 선택한다. 인텔의 수석부사장 션 말로니는 실리콘 밸리의 본사에서 일할 때 아침 5시에 근처 호수에서 조정 연습을 했다. 저녁에 정기적으로 운동하는 사람도 많다. 하지만 수면 장애가 있는 사람이 저녁에 운동을 하면 대뇌가 흥분 상태에 놓여 잠들기 어려울 수 있다.

그 밖에 시간을 쪼개 운동을 업무나 집안일과 병행하는 방법도 있다. 예를 들면 트레이닝 동작을 하면서 통화하거나 짧은 휴식시간 동안 유산소 운동 한 세트를 한다. 이는 온전히 운동에 집중할 때만큼 운동 효과가 크지는 않지만 시간을 아끼는 좋은 방법이다.

그마저도 시간을 내기가 어렵다면 더 효율 높은 운동 방식을 선택해야 한다. 그것은 바로 짧은 시간 동안 강도가 센 운동을 하는 것이다. 내가 아는 한 CEO는 매주 사흘만 하루에 딱 15분씩 운동한다. 그가 선택한 운동은 짧은 시간에 전력 질주하는 스프린트다. 그는 15분 동안 30초를 달린 뒤 15초 쉬고 다시 30초를 달리는 것을 반복한다. 한번은 그의 운동을 따라 해봤는데 비록 15분이지만 체력 소모가 엄청났다.

셋째, 자신에게 알맞은 운동 방법을 찾는다. 이것은 아무리 생각해도 운동할 상황이 아닐 때 도움을 준다. 나는 바쁜 업무와 잦은 출장 중에도 규칙적인 트레이닝으로 건강을 유지하려 애썼다. 나중에는 '감옥운동법'을 배웠는데 이것이 내게 큰 도움을 주었다.

150여 년 전 스웨덴의 의사 구스타브 산데르Gustav Zander가 최초로 헬스기구를 발명했다. 그것은 형벌도구처럼 생긴 기계로 처음에는 물리치료에 사용했으나 20세기 중엽 운동도구로 널리 보급되었다. 그 이전까지 인간은 체조로 몸을 단련했다. 팔굽혀펴기, 턱걸이 등 체중을 이용한 운동으로 몸을 단련한 것이다. 현대인은 웨이트 트레이닝 기구가 없으면 운동을 할 수 없다고 생각하지만 전통 운동 방법은 기계에 의존하지 않았다. 예를 들어 죄수들이 옥에 갇혀 몸을 단련하는 운동법이 전통 운동에 속한다. 이러한 전통 운동은 시간과 장소에 구애받지 않고 언제 어디서나 가능한 운동법으로 운동시간을 고정적으로 낼 수 없는 사람에게 적합하다.

나는 늘 여행가방 안에 트럼프 카드를 넣어둔다. 시간이 없어서 피트니스센터에 가지 못하면 '감옥운동'을 하기 위해서다. 그 운동법은 그리 복잡하지 않다. 그저 카드를 섞어 펼쳐놓은 다음 한 장을 뒤집어 거기에 나온 숫자만큼 운동하는 것뿐이다(J, Q, K는 모두 10번으로 친다). 단, 몸의 다섯 부위를 닷새 간격으로 나눠 규칙적으로 순환하면서 운동한다. 기구의 도움을 받지 못하는 상황에서는 팔굽혀펴기, 윗몸 일으키기, 철봉 매달리기, 스쿼트, 버피 등으로 똑같은 운동 효과를 낼 수 있다.

가령 오늘은 팔굽혀펴기를 하는 날이라고 해보자. 그러면 카드를 뒤집어 나온 숫자가 한 세트에 몇 번을 하는지 결정한다. 펼쳐 놓은 카드를 모두 뒤집는 데는 20~30분이 걸린다. 전부 합하면 340회 정도에 이르므로 운동 강도가 결코 낮지 않다. 이 방법은 트럼프 카드만 있으면 어디서든 운동할 수 있고 임의로 뽑은 숫자만큼 운동하는 것이라서 운동하는 재미도 있다.

만약 첫날 팔굽혀펴기로 가슴 근육을 단련했다면 둘째 날에는 디프 스쿼트로 허벅지와 엉덩이 근육을 단련한다. 셋째 날에는 윗몸 일으키기로 복부 근육을, 넷째 날에는 턱걸이로 어깨와 등 근육을, 다섯 째 날에는 버피로 전신 근육을 단련한다. 여기서 네 가지 운동은 아무런 도구 없이 가능하며 턱걸이만 약간의 도구가 필요하다. 나는 문 위에 수건을 걸어 문에 몸을 지탱한 뒤 동작을 완성한다. 그러면 일주일간 출장을 가도 매일 운동을 할 수 있다.

운동에서 '현상 유지'는 사실 유지하는 게 아니라 하락하는 것이다. 그러므로 현상 유지에 만족할 것이 아니라 목표를 높이 세우고 계속 발전하려 노력해야 한다. 운동을 꾸준히 하면 현상 유지보다 훨씬 높은 목표를 세워도 처음 운동을 시작할 때보다 목표를 이룰 가능성이 더 커진다.

수면의 질을 높이는 것이
인생의 질을 높이는 지름길이다

스탠퍼드대학교는 불면증을
치료할 수 있을까?

WHO의 최근 통계에 따르면 전 세계 인구의 약 30퍼센트가 수면장애에 시달리고 있다. 나 역시 예전에는 그중 한 사람이었다. 나는 쉽게 잠들지 못했고 한밤중에 깨어나 다시 잠들지 못하는 날이 많았으며 잠을 자도 숙면을 취하기 힘들었다.

주변 사람들과 불면증 얘기를 하다 보니 많은 사람이 자신이 겪는 이런저런 수면장애를 털어놓았다. 어떤 사람은 나이가 들면서 신체 기능이 떨어지면 수면의 질도 자연스럽게 낮아진다고 했고, 또 어떤 사람은 업무 스트레스로 정신이 긴장하면 잠들기 어렵다고 말했다.

불면증 문제를 해결하지 않으면 건강을 근본적으로 개선할 수 없다고 생각한 나는 관련 자료를 찾아보았다. 알고 보니 많은 과학자가 불면증이 사회와 국가 경제에 나쁜 영향을 미친다는 점을 객관적 자료를 근거로 제시하며 지적하고 있었다. 모든 자료의 공통적인 조언은 수면장애가 있을 경우 곧바로 병원에 가서 관련 검사를 받아 원인을 찾아내라는 것이었다. 그런 다음 원인에 따라 알맞은 치료를 해야 한다.

검사를 받아보기 위해 내가 주치의에게 문의하자 그는 스탠퍼드대학교의 수면의학센터를 추천해주었다. 나는 주저 없이 검사를 예약했고 곧 전신검사와 수면 측정을 해야 한다는 연락을 받았다. 검사는 낮과 밤에 걸쳐 24시간 내내 진행되었다. 낮에는 일련의 신체검사를 시행하는데 3명의 수면의학 전문의가 각각 따로 일상적인 수면 상황을 문진했다. 이를테면 날마다 대략 몇 시에 일어나고 몇 시에 잠드는지 등을 물었다. 밤에는 수면의학센터에서 하룻밤을 묵으며 잠든 상태로 한 차례 검사를 진행해 관련 수치를 측정했다.

낮 동안의 검사를 모두 끝내고 밤이 되자 의사들이 나의 온몸에 소형센서를 부착했다. 내가 잠들었을 때 몸이 어떤 상태인지 측정하기 위한 것이었다. 입 안에도 치아교정기와 비슷한 물건을 집어넣었는데 이는 수면 중의 호흡 상황을 측정하는 기구라고 했다. 온몸에 붙인 각종 측정 기구 때문에 불편함을 느끼며 눈을 말똥거리던 나는 어느덧 잠이 들었다. 확실히 기억하건대 그날 나는 한밤중에 몸 위로 뱀이 기어오르는 듯한 느낌에 화들짝 놀라 잠에서 깨어났다. 한참 후에야 나는 수면의학센터에서 검사 중이라는 것을 깨달았다.

　수면의학센터의 의사들은 검사하는 동안 수면 상태를 몇 단계로 나눈다. 입면入眠 단계(1단계), 얕은 수면 단계(2단계), 깊은 수면 단계(3단계), 서파徐波수면 단계(4단계), 렘수면 단계(5단계)가 그것이다. 서파수면 단계에서는 몸의 감각 기능이 현저히 하락하고, 근육 긴장도가 낮아지며, 자율신경 기능도 대체로 떨어진다. 반면 위액 분비와 땀 배출 기능은 오히려 강해지는 양상을 보인다. 그와 더불어 성장호르몬 분비도 현저하게 증가한다. 이러한 서파수면은 성장을 촉진하고 체력 회복을 돕는다고 한다. 렘수면은 뇌파와 동일하게 빠른 파동을 보이는 것이 특징이다. 렘수면 단계에서는 각종 감각 기능과 신체운동 기능이 서파수면 때보다 더 떨어진다. 이때 뇌내 단백질 합성이 증가하면서 새로운 신경 시냅스가 생성된다. 이 렘수면은 유아의 신경계 발달에 도움을 주며 학습과 기억 활동을 촉진한다.

　수면 상태 검사의 주요 목적은 내가 수면의 각 단계에 머무는 시간을 측정하고, 수면 중 호흡장애나 몸의 다른 기능에 문제가 없는지 확인하는 데 있다.

　내 검사 결과는 아무런 병리적 수면장애가 없다는 것이었다. 나는 분명 수면장애를 겪고 있었지만 수면과 관련된 질병이 전혀 없다는 얘기였다. 의사에게 불면증을 개선할 방법을 문의했으나 별다른 소득을 얻지 못했다.

　수면의학센터 전문가들은 현재 수면의학에서 확연히 효과를 보이는 치료는 기능상의 수면장애뿐이라고 말한다. 예를 들어 수면

무호흡증은 수술이나 수면호흡기 등으로 치료할 수 있다. 반면 심리적 혹은 기타 원인으로 인한 수면장애는 약물 복용 외에 뾰족한 치료법이 없다. 그런데 수면의학센터에서는 쉽게 의존증이 생긴다는 이유로 수면제 복용을 권하지 않았다. 수면제를 장기적으로 복용할 경우 오히려 건강을 해칠 수 있다.

그들이 내게 제시한 불면증 개선책은 아주 '익숙한' 것이었다. 잠자리에 들기 전에 여행기나 수필 같은 책을 잠시 읽으면서 대뇌의 긴장을 풀어라! 마음을 편안하게 하고 느긋하게 만들어주는 그런 책은 뇌세포를 자극하거나 깊은 사고를 요하지 않는다.

사실 수면장애는 전 세계를 휩쓸고 있는 심각한 질병이다. 전 세계인 10명 중 3명이 수면장애를 겪고 있다. 수면의학이 가장 먼저 발달한 미국은 이미 1990년대에 국가 주도의 수면 연구센터를 설립했으나 아직도 제대로 된 해결책을 제시하지 못하고 있다. 원인에 따라 맞춤형 치료법(수술과 약물 이외의 방식으로)을 내놓지 못하는 것은 더 말할 것도 없다.

수면의학센터 전문가에 따르면 최근 실리콘 밸리의 창업자나 기업가 중에는 병리적 문제가 아닌 불면증에 시달리는 사람이 많다고 한다. 한편 스탠퍼드대학교 웰니스센터는 약간 다른 각도에서 수면장애를 연구하고 있다. 대다수 의료기관, 수면 연구센터와 달리 웰니스센터는 인간의 심신건강을 개선하고 끌어올리는 방향을 집중적으로 파고든다. 그러므로 어쩌면 웰니스센터의 연구 방향이 병리적 문제가 아닌 불면증 치료에 더 도움을 줄지도 모른다는 생각이 들었다.

스탠퍼드대 웰니스센터의
프레드 러스킨 교수가 제안하는
수면 질을 높이는 3가지 방법

웰니스센터의 프레드 러스킨 교수는 수면 상태의 질과 관련한 내 질문에 첨단기술의 급속한 발전과 현대사회의 문제를 먼저 지적했다. 그는 많은 현대인이 자신도 모르게 과학기술의 노예가 되었다는 사실을 가장 먼저 인식해야 한다고 말했다.

어느 조사 결과에 따르면 미국의 젊은이들이 하루에 휴대전화기를 꺼내 보는 횟수는 200번이다. 200번이 얼마나 놀라운 수치인지 실감이 나지 않는가. 그럼 누군가를 만났을 때 200번 정도 대화를 주고받은 적이 있는지 생각해보라. 아주 많은 사람이 아침에 눈을 뜨자마자 휴대전화기를 확인하며 잠들기 전에 마지막으로 하는 것도 휴대전화기를 보는 일이다. 일할 때도 시시때때로 휴대전화기를 쳐다본다.

사실 스마트폰 액정화면은 빠른 속도로 쉼 없이 깜빡인다. 다만 그 깜빡이는 속도가 육안으로 볼 수 없을 만큼 빨라서 인지하지 못할 뿐이다. 깜빡이는 그 빛은 뇌를 과도하게 흥분 상태로 만들기 때문에 주의력이 떨어지고 수면의 질에 나쁜 영향을 미친다.

어느 연구소에서 2,000명을 대상으로 주의력 검사를 했는데 한 가지 일에 집중하면서 딴짓을 하지 않는 시간이 평균 8초에 불과했다. 이는 금붕어의 집중력보다 1초가 적은 수치다.

프레드 러스킨은 수면의 질을 높이기 위한 방법으로 3가지를 제안했다.

첫째, 최첨단 과학기술 상품과 거리를 두어라. 매일 휴대전화기를 들여다보는 시간을 줄이고 그 시간에 운동, 독서, 그림 그리기, 대화 등을 한다. 휴대전화기를 보거나 인터넷을 서핑하는 것이 아니면 뭐든 좋다.

둘째, '정보 불안증'에서 벗어나라. 이를 위해서는 자신에게 중요한 정보를 골라내는 방법을 익혀야 한다. 실리콘 밸리에서 성공한 사람들 사이에는 포모FOMO라는 말이 유행하는데 이것은 fear of missing out, 즉 '놓칠까 봐 두렵다'는 의미다. 아이러니하게도 성공한 사람일수록 더 많이 포모에 시달린다. 매일 세계에서 어떤 일이 벌어지는지 실시간으로 알아야 한다고 생각하기 때문이다. 그들은 무언가 하나라도 놓칠까 봐 전전긍긍한다.

내가 백악관에서 일하던 시절 그곳 사람들은 대개 1~2분에 한 번씩 뉴스를 확인했다. 백악관의 행정인력에게 정보는 곧 영향력이자 권력이었다. 다른 사람이 아직 알지 못하는 어떤 소식을 내가 알고 있을 경우 그 정보가 내게 특수한 영향력을 부여해준다. 그러다 보니 내게도 1시간에 최소한 5~10차례나 세계 뉴스를 확인하는 습관이 생겼다.

러스킨 교수는 이런 습관에 의문을 제기한다. 여러 번 확인하는 뉴스 중 당신에게 정말로 영향을 미치는 뉴스는 얼마나 되는가? 당신에게 밀접한 의의가 있는 뉴스는 얼마나 되는가? 파편화한 대량의 정보에 둘러싸인 우리는 그러한 정보의 도움을 받아 하는 일이 전보다 더 정교해지고 정확해졌는가? 이러한 질문에 대답하다

보면 우리는 정보가 평소 의사결정에 별다른 도움을 주지 않았음을 깨닫는다.

러스킨 교수는 매일 약간의 시간을 내 그날 벌어진 큰 사건만 확인하면 될 뿐 하루 종일 세계에서 벌어지는 온갖 일을 다 이해할 필요는 없다고 말한다. 절대다수 정보가 우리 생활과 전혀 관련이 없고 사실상 우리의 결정에도 영향을 미치지 않기 때문이다. 자기 자신에게 큰 의미가 없는 정보를 처리하는 데 너무 많은 시간을 들이지 말자.

셋째, 인류의 가장 큰 보물은 대뇌라는 점을 인지하라. 러스킨 교수는 '대뇌를 위한 방화벽'을 만들고 대뇌에 부단히 양분을 제공하라고 말했다. 대뇌에 방화벽이 없으면 잡다한 정보가 마치 컴퓨터 바이러스처럼 침입한다. 이것은 정원을 가꾸는 것이나 마찬가지다. 정원을 아름답게 가꾸려면 수시로 잡초를 뽑아내고 거름을 주어야 하듯 대뇌에도 방화벽과 함께 양분이 필요하다. 러스킨은 매일 적어도 30분 동안 자신에게 큰 의미가 있는 책을 읽으라고 권했다. 과학, 예술, 역사 등 관심이 있는 것이면 어떤 분야든 상관없다.

여기에 더해 러스킨은 현대인의 불면증이 불안감 때문에 생긴다고 말하며 잠들기 전 마음과 대뇌 안정을 지원해주는 2가지를 제시했다. 하나는 명상이고 다른 하나는 하루를 기분 좋은 상태로 맞이하게 해주는 '아침 일과'다. 아침 일과라는 말에 내가 의아해하자 러스킨이 물었다.

"아침에 일어났을 때 정신이 충만하고 활력이 넘쳐 그날 하루를 기대감으로 맞이한 적이 있나요?"

"네, 있습니다."

"아침에 일어나서 그런 기분을 느낀 날이 최근 들어 몇 번이나 있었나요?"

나는 곰곰이 생각하다가 내심 충격을 받았다. 아무리 따져 봐도 20퍼센트를 넘지 않을 것 같았기 때문이다. 러스킨이 조용히 웃으며 말했다.

"어떤 때는 심리 상태가 당신의 하루를 결정짓습니다. '아침 일과'는 심리 상태를 긍정적으로 만드는 좋은 방법입니다."

예전에 인텔에서 일할 때 내 최고위 상사는 문제가 생기면 "좀 생각해보겠다"며 결정을 차일피일 미루기 일쑤였다. 그가 결정을 내리지 않으니 부하직원인 나 역시 선뜻 결정하지 못해 일이 계속 미뤄지면서 심리 상태가 나빠졌다. 그때는 아침에 일어나기가 몹시 싫었다.

이후 나는 센트리노Centrino(인텔의 무선모바일 컴퓨팅 기술 관련 브랜드) 프로젝트를 맡았는데, 큰 프로젝트를 처음 맡는 것이라 스트레스가 엄청났다. 하지만 그때 내 상사는 늘 나를 격려해주었다.

"문제가 생겨도 걱정하지 말게. 내가 자네를 지지하고 있다는 것을 잊지 마."

처리할 일도 많고 스트레스도 크게 받았지만 상사의 격려를 받으니 늘 활력이 넘치고 일하는 게 재미있었다. 심리 상태가 좋아 매일 아침 눈을 뜨면 기분이 날아갈 듯했고 에너지가 가득했다.

심리 상태는 수면의 질에 영향을 준다. 매일 아침을 어떻게 맞이

하느냐 하는 문제는 우리가 인생을 어떻게 대하는가를 결정한다.

아침 1시간이 당신의 인생을 결정한다

할 엘로드Hal Elrod는 저서 『미라클 모닝Miracle Morning』에서 이렇게 말했다.

"아침이 당신의 하루를 결정한다."

책에서 아침의 1시간을 이용해 새로운 하루를 멋지고 아름답게 만드는 방법을 알려주는 할 엘로드에게는 특별한 인생 경험이 있었다. 젊은 시절 교통사고를 당해 며칠 동안 혼수상태에 빠졌던 그는 깨어난 뒤 앞으로 하루하루를 소중히 여기며 활기차게 살아가겠다고 결심했다. 그러나 결심을 한다고 그것을 바로 이룰 수 있는 것은 아니다. 인간이 언제나 최고의 상태일 수는 없다.

결심을 실현하기 위해 구체적인 방법을 찾기 시작한 할 엘로드는 연구를 거쳐 '아침 일과'라는 좋은 방법을 고안해냈다. 즉, 운동을 포함해 독서, 감사하기, 명상, 목표 세우기 등 일련의 과정을 하나의 프로그램으로 만든 것이다. 『미라클 모닝』에서 그는 이렇게 이야기한다.

"매일 아침 1시간을 할애하는 것은 너무 사치스러운 일이라고 생각할지도 모른다. 하지만 한번 해보면 그 1시간이 이후의 15시간 동안 최고의 효율을 내도록 도와준다는 사실을 깨달을 것이다."

솔직히 나도 그 책을 처음 읽었을 때 의심을 했다. 아침마다 따로 1시간을 내야 한다니, 어떻게 매일 그럴 수 있단 말인가? 늘 시간에 쫓기는 사람은 아침에 1시간을 내는 것이 얼마나 대단한 일인지 알고 있으리라. 아무튼 수면 문제를 해결하고 싶은 마음이 컸던 나는 아침 일과를 시도해보기로 했다.

자기계발 강연자이자 베스트셀러 작가인 토니 로빈스도 강연 중에 매일 아침의 '기폭제'를 언급한 바 있다. 토니 로빈스가 하는 아침 일과에는 찬물로 샤워하기, 감사하기, 호흡 운동, 웨이트 트레이닝 그리고 오늘 달성할 3가지 목표 세우기가 있다.

글로벌 펀드 분야를 개척해 '영적인 투자가'로 불리는 존 템플턴 John Templeton 역시 아침 일과의 지지자였다. 그는 투자의 신으로 불리는 워런 버핏Warren Buffet보다 한 세대 앞선 투자가다. 1937년 미국 경제가 침체기에 놓여 모두 주식을 팔아치울 때 템플턴은 1달러 이하 주식을 찾아 각각 100주씩 샀다. 나중에 미국 경제가 회복되자 그는 생애 최초로 100만 달러를 벌어들였다. 또한 제2차 세계대전 이후 모두가 독일과 일본 경제가 무너질 거라고 여길 때 템플턴은 전 재산을 일본에 투자해 엄청난 수익을 올렸다.

결국 월스트리트의 살아 있는 전설로 남은 그는 흥미롭게도 다른 인재들과 비슷하게 아침 일과를 지켰다. 그의 아침 일과 역시 목표 세우기, 감사하기, 운동 등을 포함하고 있었다.

내 친구이자 성공한 기업가인 워런 러스탠드Warren Rustand는 언젠가 내게 인상 깊은 한마디를 들려주었다.

"우리는 매일 잠들 때 짧은 죽음을 경험하는 것과 같아. 아침에 눈을 뜨면서 새로운 삶을 시작하지. 즉, 우리는 매일 삶에서 죽음으로, 죽음에서 삶으로 순환하는 셈이야. 매일 밤 눈을 감을 때 내일 아침 눈을 뜰 거라는 보장이 없으니 눈을 뜨고 있는 오늘 하루를 자신의 일생으로 여겨도 좋잖아. 그런데 왜 자신의 일생(하루)을 최고 상태로 보내지 않는 것이지?"

내가 처음 만든 아침 일과는 이랬다.

아침에 일어나 10분간 자기계발서를 읽는다. 이어 15분 동안 명상을 하고 다시 5분간 스트레칭을 한다. 그다음에는 5분간 동영상 강의를 본다. 마지막으로 약간의 시간을 내 반성을 하고 내가 이뤄야 할 목표나 고쳐야 할 결점을 큰 소리로 외친다. 계산해보니 이 과정에는 약 1시간이 들었다. 나는 바쁠 때를 위해 30분 정도에 끝마칠 수 있는 프로그램도 만들었다.

이 방법을 일주일 정도 시행하자 확실히 일상에 변화가 느껴졌다. 한 달이 지나자 내 상태가 예전과 완전히 달라졌고 점점 느낌이 좋아졌다. 보물이라도 발견한 것처럼 기뻤던 나는 지금까지 4년 동안 아침 일과를 지켜오고 있다. 동시에 나는 잠들기 전에 15분간 명상을 하는 저녁 일과도 만들었다.

일정 시간 동안 여러 차례 조정을 거친 끝에 지금은 편안하게 이 일과를 실천하고 있다. 나는 아침마다 1시간 먼저 일어나 명상으로 몸과 마음을 편안하게 하고 자기계발서와 철학 명언으로 긍정적인 심리 상태를 만든다. 그리고 저녁에는 잠들기 전에 15분 동안 명상을 한다. 전에는 머릿속에 온갖 생각이 가득했으나 명상을 한 뒤부터 생각을 멈추면서 금세 숙면에 빠져들었다. 아침 일과와 저녁 일과를 실천할 경우 몸과 마음 상태를 원하는 대로 통제하고 개선할 수 있다.

만약 한밤중에 깨어 다시 잠들지 못할 때는 어떻게 해야 할까? 실리콘 밸리에서 창업투자펀드를 운용하는 내 친구 고든 리터 Gordon Ritter가 내게 말해준 방법이 있다. 한밤중에 깨면 대뇌는 쉽사리 쉬지 않고 어떤 일을 생각한다. 이럴 때는 속으로 자신에게 말을 건다.

'지금은 잘 시간이고 일을 생각해봐야 아무런 효과가 없어. 그럴 바에는 잠이나 자는 게 낫잖아.'

이 방법을 실천해보니 실제로 효과가 있었다. 이것은 일종의 자기최면일 수도 있고 명상의 또 다른 방식일 수도 있다. 지금 나는 출장을 가거나 다른 도시에 가느라 시차를 겪을 때마다 아침 일과로 컨디션을 완벽하게 관리한다.

하루 5시간 수면으로 활력 넘치는 삶이 가능할까?

인간에게 가장 적절한 수면시간은 어느 정도일까? 5시간만 자고도 기력 넘치는 생활을 할 수 있을까? 이 2가지 문제는 세계 최대 사모펀드 운용회사 블랙스톤 그룹의 창립자 중 하나인 스티븐 슈워츠먼Stephen Schwarzman이 제기했다. 언젠가 그는 매일 5시간만 자도 활력이 넘친다며 그것이 자신의 경쟁력이라고 말했다.

그게 가능할까? 내 경험에 따르면 5시간 수면으로는 활력 넘치는 삶이 불가능했다. 그는 어떻게 그것이 가능할까? 어떤 특별한 방법이 있어서 수면시간을 줄여도 하루 종일 활력이 넘칠 수 있는 것일까?

많은 사람이 인간의 최적 수면시간을 8시간으로 알고 있다. 그렇지만 실제로는 여러 가지 학설이 분분하다. 8시간은 평균치에 불과하며 사람마다 필요한 수면시간에는 차이가 있다. 어떤 사람에게는 9시간이 필요하고 또 어떤 사람은 10시간을 필요로 한다. 반대로 7시간이나 5시간만 자도 충분한 사람도 있다. 과학자들에 따르면 전 세계인의 1~2퍼센트는 매일 3시간이나 그보다 적게 자도 충분하다. 드문 사례이긴 하지만 전혀 잠을 자지 않고도 생활하는 데 지장이 없는 사람도 있다.

한마디로 모든 사람이 8시간씩 자야 하는 것은 아니다. 그럼 사람마다 다른 최적 수면시간은 도대체 몇 시간일까? 재밌게도 나는 최적 수면시간을 측정할 수 있다는 사실을 알아냈다. 그것을 알아내는 방법은 별로 어렵지 않다. 먼저 8시간 수면 후 알람이 울리도록 설정한 다음 1~2주 동안 매일 8시간씩 수면을 취한다. 그때 자신의 상태가 어떤지 확인하고 7시간 30분 수면 후 알람이 울리도록 설정을 바꾼다. 그렇게 다시 1~2주간 몸 상태를 확인한다. 7시간 30분을 자도 충분하면 다시 30분을 줄인다. 이런 식으로 자신의 임계점을 찾아내 최적 수면시간을 알아낼 수 있다.

나는 이 방식으로 6시간까지 수면을 줄였고 결국 내게 적합한 수면시간이 7~8시간임을 알아냈다. 매일 7시간을 자면 나는 기력을 90퍼센트 이상 회복한다. 8시간을 자면 100퍼센트 회복한다. 나는 기력이 90퍼센트면 충분하다고 보고 보통 7시간 정도 잠을 잔다.

잠들기 전에 저녁 일과를 하면 수면의 질을 더 높일 수 있다. 또한 아침에는 아침 일과로 자신의 상태를 더 좋게 끌어올릴 수 있다. 잠을 자다가 계속 깰 경우에는 명상이 도움을 준다. 나는 이러한 방법을 활용한 후부터 더는 수면 문제로 고통을 겪지 않았다.

인간의 잠재력의 한계는
어디까지일까?

전 세계에서 추위에 가장 강한
아이스맨 빔 호프에게 추위를 이기기 위한
호흡법을 전수받다

몸 건강을 유지하고 질병에 걸리지 않으려면 어떻게 해야 할까? 현대 의료행위는 대체로 몸이 병리현상을 보이면 그제야 어떻게 치료할지 생각하는 방식이다. 물론 한편에서는 점점 더 많은 의사가 질병을 예방하는 방법을 고민하고 있다.

나는 어릴 때부터 유난히 추위를 많이 탔다. 안타깝게도 나는 어린 시절을 중국 상하이에서 보냈는데 그곳은 바다를 끼고 있는 도시라 겨울이면 뼛속으로 한기가 파고들었다. 추위가 어찌나 싫었던지 나는 미국에서 대학을 선택할 때도 날씨를 아주 중요하게 고려할 정도였다.

그렇다고 내가 질병에 약했던 것은 아니다. 병이라고 해봐야 감기에 걸리는 정도였는데 어쩌면 감기가 추울 때 잘 걸리는 병이라 추위를 더 싫어했는지도 모른다. 뒤집어 생각하면 내가 1년에 감기에 걸리는 횟수를 2번만 줄여도 2~3주는 더 효율적으로 생활할 수 있다는 뜻이 된다. 그렇다면 내가 추위를 좀 더 깊이 이해해야 하지 않을까? 추위를 잘 이해하면 더 쉽게 감기를 예방하거나 추위에 적응할 수 있지 않을까?

추위는 질병을 예방할 수 있는 좋은 수단이다. 몸의 질병은 대부분 체내 염증 반응에서 기인하는데 추위는 염증을 억제하고 제거하는 효과가 있다. 예를 들어 운동선수가 발을 삐면 의사는 보통 얼음찜질을 권한다.

유명한 미국 작가 팀 페리스Tim Ferris가 팟캐스트에서 자신이 오랫동안 세계 곳곳을 돌아다니며 기인奇人을 인터뷰한 이야기를 들려주었는데, 그중 한 사람이 네덜란드의 '아이스맨' 빔 호프다.

빔 호프는 전 세계에서 추위에 가장 강한 아이스맨이다. 독특하게도 그에게는 추위에 견디는 능력이 있어 지금까지 기네스 기록 20개를 보유하고 있다. 가령 얼음물에서 가장 오랜 시간을 버틴 세계기록은 1시간 52분 42초다. 그는 짧은 바지 하나만 입고 5시간 25분간 핀란드의 북극 얼음 위에서 마라톤을 완주하기도 했다.

빔 호프는 어떻게 추위에 그토록 강한 면모를 보이는 것일까? 그는 추위를 견디는 저항력을 타고난 것일까? 나는 인터넷에서 빔 호프와 관련된 기사를 읽고 그의 2가지 특징을 알아냈다.

첫째, 그의 추위 저항력은 타고난 것이 아니라 스스로 발명한 호흡법을 수련해 얻은 능력이다. 그는 자신의 방법을 누구나 배울 수 있다고 말하며 언제든 다른 사람에게 전수해줄 것이라고 했다.

둘째, 그는 과학자들이 자신이 발명한 호흡법을 연구하길 바란다. 즉, 그는 과학자들이 자신을 연구 대상으로 삼아 일련의 검사를 진행하기를 원한다.

나는 빔 호프에게 추위에 저항하는 방법을 배워 추위를 이겨내고 싶었다. 그러나 한편으로는 그 방법을 배우려면 무시무시한 추위를 견뎌야 할 것 같아서 두렵기도 했다. 호흡법을 배우는 데 실패할 경우 얻는 것 없이 고생만 할지도 모른다는 고민도 있었다.

아이스맨과 함께 한겨울 얼음물에 뛰어들다

빔 호프는 2종류 워크숍을 개설한다. 하나는 매년 여름 (7월) 스페인에서 열리고, 또 하나는 겨울(12월)에 동유럽권에서 열린다. 나는 고민 끝에 5일간 진행하는 워크숍에 참가하기로 했다. 어쩌면 추위에 저항하는 능력을 기를 수 있을지도 몰랐다. 처음 시도하는 것이라 겨울 워크숍을 선택하면 엄혹한 도전을 거쳐야 할 것 같아 여름 워크숍을 선택했다.

실전 워크숍에 참가하기 전 나는 빔 호프의 인터넷 워크숍을 수료했는데 그때 인상 깊은 말을 들었다.

"인간은 자극이 주어지는 환경(긴장하거나 두려울 때 등)에 놓이면 빠르게 아드레날린을 분비합니다. 이것은 인체가 자연스럽게 만들어내는 흥분제로 이때 인간은 짧은 시간 동안 초인적인 힘을 낼 수 있어요. 단 흥분이 지나간 뒤 쉽게 지칩니다."

빔 호프는 자신이 고안한 방법을 쓰면 의식적으로 아드레날린 분비를 촉진하기 때문에 짧은 시간 동안이 아니라 지속적으로 초능력을 쓸 수 있다고 했다. 나는 그의 말에 구미가 당기는 한편 터무니없는 소리라는 생각도 들었다.

스페인으로 떠나기 전 몇몇 의사를 만나 그 일을 논의했다. 그들은 추위에 적응하는 것은 일종의 치료법이자 임상 효과도 있지만 빔 호프가 고안한 호흡법으로 아드레날린 분비를 통제한다는 것은 의학적으로 이해하기 힘든 부분이라고 말했다. 그래도 그들은 내 도전을 격려해주었고 워크숍이 끝나면 어땠는지 이야기를 해달라고 했다.

빔 호프의 여름 워크숍은 스페인 바르셀로나 근처 오르데사이 몬테페르디도 국립공원에서 열린다. 나와 함께 워크숍에 참가한 사람은 모두 20명이었다. 세계 각지에서 온 그들은 직업이 각양각색이었다. 그중 한 사람은 담배, 알코올, 마약 중독자를 치료하는 의사로 사우디아라비아에서 왔다고 했다. 중독을 끊는 전통 방법은 서로 다른 약물을 쓰는 것이지만 중독을 완전히 해결하지 못하는 경우가 많다. 그래서 이 의사는 빔 호프의 특별한 수련법을 체험해보고 자신의 일에 적용할 수 있을지 알아보려고 워크숍에 참가한 것이었다.

일본에서 온 해녀는 나처럼 추위가 무서워서 찾아왔다고 했다. 그녀는 일할 때 심해로 잠수하는데 그곳이 몹시 추워서 추위에 대항하는 방법을 익히려 왔다고 했다. 한 젊은 여성은 서커스단 입단을 준비 중이라고 했다. 그녀는 이번 워크숍에서 자신을 단련할 생각이라고 했다. 다른 한 여성은 전업주부에다 두 아이의 엄마였다. 그녀는 마흔 살 생일에 남편이 어떤 생일선물을 원하느냐고 물었을 때 빔 호프의 워크숍에 참가하고 싶다고 말했단다. 그래서 남편이 그녀에게 그 특별 선물을 해준 것이었다. 의외로 워크숍에 참가한 사람의 절반은 여성이었다.

워크숍 첫날에는 주로 호흡법을 연습했다. 알다시피 대뇌는 산소를 가장 많이 필요로 하는 장기다. 그런데 우리의 평소 호흡은 얕은 편이라 대뇌에 도달하는 산소의 양이 적다. 빔 호프의 호흡법을 쓰면 대뇌에도 많은 양의 산소를 전달할 수 있고 주의력도 훨씬 높아진다. 그는 이런 이론을 강조했다.

"충분히 집중하면 자기 몸을 온전히 통제할 수 있습니다."

빔 호프의 구체적인 지도 방법은 이러했다. 우선 고개를 살짝 들고 최대한 숨을 깊이 들이마신다. 산소를 대뇌까지 전달했다는 느낌이 들면 천천히 내쉰다. 이때 숨을 한 번에 다 내뱉지 않고 반쯤 내쉬었을 때 도로 들이마신다. 이렇게 25번 반복한 다음 5번 완전한 심호흡을 한다. 이것이 빔 호프 호흡법의 첫 번째 세트다.

호흡법의 두 번째 세트는 처음과 조금 다르다. 먼저 숨을 깊이 들이마신 뒤 산소를 대뇌까지 전달했다는 느낌이 들면 숨을 참는다. 이때 대뇌의 산소가 천천히 몸의 각 부위로 전달되었다는 느낌이 들어야 한다. 특히 팔다리까지 전달하는 것이 중요하다. 그런 다음 천천히 내뱉는다. 이것을 반복한다.

우리가 호흡법을 연습한 장소는 국립공원에 있는 커다란 호수 옆이었다. 풍경이 아름다운 그곳에서 두 세트 호흡법을 완성하고 나자 뇌에 산소가 가득 차오른 느낌이 들었다. 확실히 집중력도 좋아졌다.

호흡법 연습이 끝난 뒤 빔 호프가 일어서서 우리에게 호수에 뛰어들라고 말했다. 그가 먼저 호수에 뛰어들었고 여러 사람이 뒤따라 호수에 뛰어들었다. 나도 호수에 들어갔는데 그 호수는 근처의 산에서 흘러내린 물이라 여름에도 수온이 얼음처럼 찼다. 호수에 들어가자마자 머리까지 얼어붙는 듯해 나는 당장 물속에서 나가고 싶은 충동이 일었다. 그때 빔 호프가 외쳤다.

"물속에서 아까 배운 호흡법을 써보세요!"

나는 몸을 꽉 끌어안고 마음을 가라앉힌 뒤 천천히 숨을 들이마시고 내쉬었다. 그러자 내 몸과 대뇌의 반응이 어긋나는 느낌이 들었다. 몸은 여전히 추위를 느꼈으나 점점 더 산소를 공급받은 대뇌는 특별한 감각에 집중했던 것이다.

둘째 날 아침 우리는 여전히 먼저 호흡법을 연습했다. 이번에는 옆에 공기를 채워 만든 튜브 풀장이 있었다. 물이 반쯤 차 있었고 워크숍 진행자들이 한창 얼음을 채우는 중이었다. 호흡법 연습이 끝나자 빔 호프가 얼음물 풀장 옆에 서서 우리에게 물었다.

"누가 저와 함께 여기에 들어가시겠습니까?"

얼음이 가득한 풀장을 보니 조금 겁이 났는데 고개를 들자 빔 호프가 나를 빤히 쳐다보고 있는 게 아닌가. 나는 이를 악물고 '이렇게 된 이상 한번 해보자' 하고 생각했다. 나는 다른 4명의 남자와 함께 일어나 얼음물 속으로 들어갔다.

풀장에 들어가 앉자마자 얼마 지나지 않아 몸이 덜덜 떨렸다. 주변은 전부 얼음이었고 곧 얼어 죽을 것만 같았다. 내 몸이 내게 항의하는 것 같기도 했다.

'너는 왜 이렇게 멍청하냐! 여기서 얼른 나가!'

그때 빔 호프가 얼음물 속에 편안히 앉아 이렇게 말했다.

"호흡법대로 계속 숨을 쉬세요. 주의력을 두 손에 모으고 내가 아까 말한 것처럼 호흡법을 이용해 대뇌에 있는 산소를 팔다리로 보내세요. 특히 두 손으로 산소를 보내세요."

빔 호프와 다른 사람들이 아무렇지 않게 얼음물 속에 앉아 있는 것을 보니 지금 포기하면 망신을 당할 것만 같았다. 나는 이를 악물고 참으며 계속 호흡에 집중했다. 점차 몸에 느껴지는 차가운 기운이 줄어들었고 나도 모르는 사이에 5분이 흘렀다. 마침내 얼음물에서 나왔을 때 내 몸은 온통 시뻘겋게 변해 있었다. 마치 잘 구운 새우 색깔 같았다.

이것은 혈관이 급속도로 수축하면서 혈액이 빠르게 순환하느라 생긴 현상이다. 이는 앞서 말한 것처럼 아드레날린 분비가 가속화하는 것과 같지만 그다지 피로는 느껴지지 않았다. 단지 몸이 떨릴 정도로 굉장한 추위가 느껴질 뿐이었다. 빔 호프가 말했다.

"호흡법대로 숨을 쉬면서 몸의 떨림이 가라앉는지 살펴보세요."

그의 말대로 호흡하자 갑자기 몸이 편안해지면서 떨림이 완전히 사라졌다. 그야말로 놀라운 체험이었다. 나는 더 이상 추위가 두렵지 않았고 몸이 내 의지대로 내재된 잠재력을 끌어내 인체가 온도에 적응하게 만들 수 있음을 깨달았다.

시간이 조금 흐르자 내 심장박동은 평소대로 돌아왔다. 몸이 안정을 찾으면서 대뇌도 전보다 훨씬 더 맑아졌다. 이틀 전만 해도 나는 평생 추위를 싫어하며 살 거라고 믿었으나 이제 추위를 받아들일 준비를 하기 시작했다. 인체의 잠재력은 발전 가능성이 무궁무진하다.

오후가 되자 빔 호프는 우리에게 등산을 권했고 우리는 국립공원의 어느 골짜기로 갔다. 삼면이 산으로 둘러싸인 골짜기에는 차가운 샘물이 솟아나고 있었다. 빔 호프는 우리에게 높은 곳에서 계곡물까지 걸어 내려가라고 했다.

"계곡까지 내려가는 건 어려운 일이 아닙니다. 단, 여러분은 맨발로 걸어야 합니다. 실은 발바닥 감각이 가장 예민한데 평소에는 꽁꽁 싸매고 있어서 대자연과 직접 접촉할 기회가 없지요. 자, 신발을 벗고 맨발로 주변의 자연을 느껴봅시다."

말을 마치자마자 빔 호프는 신발을 벗고 산비탈 아래로 내려갔다. 나는 이 워크숍을 들으려고 특별히 기능성 등산화를 사서 신었지만 어쩔 수 없이 신발을 벗어 배낭에 넣은 뒤 맨발로 산을 탔다. 그렇게 4~5시간을 걸은 그때가 워크숍 일정 중 가장 힘들었다.

골짜기로 향하는 길은 온통 돌멩이와 잡초로 뒤덮여 있어서 한 발 내딛을 때마다 찌릿찌릿한 통증이 느껴졌다. 더러는 몇 미터를 걷는 데 10여 분이 걸렸고 때론 발이 너무 아파 한참 쉬어가기도 했다. 산을 타는 동안 우리는 내내 빔 호프의 호흡법으로 숨을 쉬며 상태를 조금이라도 조절하려 애썼다. 쉽진 않았지만 결국 목표

지점에 도착했다.

저녁식사 시간에 함께 밥을 먹으며 그날 느낀 것을 이야기했다. 빔 호프는 이렇게 말했다.

"인간은 아주 정밀한 기계와 같습니다. 정상적인 상황에서는 외부의 온갖 자극에 서로 다른 반응을 보이지요. 맨발로 산을 내려온 것은 발이 대자연과 직접 접촉하도록 하기 위해서였고 이때 인체는 주변 환경에 가장 정확히 반응을 합니다. 이 반응은 곧바로 대뇌로 전달되죠. 여기서 호흡법은 인체가 어느 정도 대뇌와 분리되도록 해줍니다. 대뇌가 느끼는 자극에서 멀어져 인체 스스로 조절하도록 만드는 것이 목표지요."

많은 경우 우리는 몸의 반응을 무시하거나 그 반응을 억제하려 한다. 이를테면 몸이 피곤할 때는 커피를 마셔 각성하려 하고 위가 불편하면 위장약을 먹는다. 그러나 질병이 있을 때 먹는 약물의 작용은 대체로 부차적이거나 보조적이다. 결국 몸의 면역체계가 조절하게 해야 한다. 많은 사람이 실은 인체가 더 힘든 운동도 버텨낼 수 있음을 믿지 않는다. 약에 의존하지 않고 면역체계만으로 질병을 예방할 수 있다는 것도 마찬가지다. 사실상 우리의 뇌가 몸에 그럴 기회를 주지 않는다. 만약 우리가 대뇌를 최대한 평온하게 유지하면 몸은 더 큰 잠재력을 발휘한다.

셋째 날 우리는 아침 일찍 호흡법 연습을 마치고 다시 얼음물 훈련을 했다. 이번에는 얼음물에서 견디는 시간이 5분이 아니라 10분으로 늘어났다. 전날의 경험 덕분에 이번에는 물에서 도망치고 싶은 생각이 들지 않았다. 나는 얼음물에 몸을 담근 뒤 호흡을 계속하면서 가능한 한 차갑다는 생각을 하지 않으려 애썼다. 얼마 지나지 않아 신기한 경험을 했다. 몸에서 어떤 따뜻한 기운이 느껴졌는데 그 기운은 점차 몸 전체로 퍼져갔다. 내가 그 기운을 더 탐구하려는 순간 10분이 끝나버렸다.

이번에도 여전히 추위가 느껴졌지만 몸은 떨리지 않았다. 다른 사람들과 얘기를 나눠보니 그들도 나와 비슷하게 따뜻한 기운을 느꼈다고 했다. 인체가 이토록 기묘할 줄이야. 내 몸은 뼛속을 파고드는 추위에서도 그토록 커다란 힘을 발휘하고 있었다.

오후에는 국립공원의 또 다른 산을 맨발로 올랐다. 빔 호프는 우리를 데리고 산골짜기 어딘가에 도착했는데 그곳 호수는 햇빛이 거의 닿지 않아 지난번에 들어갔던 호수보다 더 차가웠다. 제일 먼저 빔 호프가 거의 10미터, 즉 3층 건물 높이에서 물속으로 뛰어들었다. 고소공포증은 없었지만 그 높이에서 뛰어내리자니 용기가 나지 않아 망설이고 있는데 그사이 빔 호프는 물에서 나와 우리에게 돌아왔다. 나는 뛰어내리는 데 특별한 기술이 있는지 물었다. 그가 웃으며 대답했다.

"기술? 있지요! 발을 앞으로 내딛으세요. 그거면 됩니다."

주변을 둘러보니 다들 뛰어내리기 시작했다. 나도 앞으로 두 발짝을 더 내딛었고 그대로 아래로 떨어졌다. 처음에는 뛰어내리는 순간 내 신경에 강한 자극이 올 거라고 생각했지만 공포감이 거의 느껴지지 않았다. 차가운 호수로 뛰어들 때의 첫 반응은 공포가 아니라 평온함이었다. 나는 계속 호흡을 하고 있었고 대량의 산소가 대뇌로 흘러들었다가 팔다리로 천천히 흘러가는 것이 느껴졌다.

나는 평온하게 차가운 물을 느꼈다. 어쩌면 지난 이틀간의 훈련은 차가운 환경에 적응하기 위한 준비인지도 몰랐다. 몸은 당연히 몹시 차가운 물을 느꼈지만 대뇌의 첫 반응은 전과 달라졌다. 추위에 위축되어 회피하고 싶은 생각이 더는 들지 않았고 더 차가운 것도 견뎌낼 수 있을 듯했다.

저녁에 다들 둘러앉아 그날 느낀 점을 얘기했는데 며칠 사이에 달라진 자신의 몸에 모두 놀라워했다. 나 역시 그랬다. 추위를 싫어했던 내가 사흘 만에 스스로 얼음물에 뛰어들어 10분 넘게 버틴 것은 대단한 변화였다.

넷째 날에는 얼음물 훈련이 10분에서 15분으로 늘어났지만 이제 나는 추위가 두렵지 않았다. 15분 후 얼음물에서 나오자 몸은 여전히 차가움을 느꼈으나 내가 거기에 완전히 적응했음을 느낄 수 있었다.

공포를 극복하면 못해낼 일이 없다

5일간의 워크숍은 금방 끝났고 우리는 중도포기자 없이 모두들 의지가 더 강해져서 일상으로 돌아갔다. 스페인에서 돌아온 뒤부터 나는 매일 찬물로 샤워를 한다. 찬물이 정신을 더 맑게 해주고 집중력을 높여주기 때문이다. 빔 호프는 추위와 몸, 생각의 관계를 이런 말로 정리했다.

"우리는 간혹 어떤 것에 공포심을 느끼는데 처음 공포가 시작되었을 때 대뇌에서 몸에 한계를 지정해줍니다. 예를 들어 추위를 두려워하면 대뇌가 몸에 견딜 수 있는 추위를 제한하는 지령을 내리지요. 면역체계도 어느 정도 그 지령의 영향을 받고 몸은 대뇌의 지령에 대응합니다. 몸의 떨림과 재채기는 그런 내면의 공포일 뿐입니다. 실제로 몸의 능력은 당신이 생각하는 것 이상으로 강합니다. 그래서 몸이 잠재력을 최대한 끌어내 능력을 발휘하게 하려면 공포를 극복해야 합니다."

그의 말이 아주 심오한 것은 아니었지만 그것을 내가 직접 몸으로 경험하자 몸속 깊숙이 새겨지는 듯한 느낌이었다. 공포는 인간의 잠재력을 묶어두는 장치로 작용한다. 우리는 자신이 견딜 수 있는 극한에 도달했다고 여기지만 사실 그 '극한'은 공포심이 만들어낸 한계인 경우가 많다. 공포를 극복할 경우 자신에게서 더 큰 힘을 끌어낼 수 있다.

내가 빔 호프에게 배운 것은 호흡법과 추위에 저항하는 능력만이 아니다. 나는 어려움에 처했을 때 그것을 담담히 받아들이고 돌파할 방법을 관찰하는 것을 배웠다. 더 중요한 것은 내가 내면의 공포를 정복하는 방법을 찾아냈다는 점이다. 그 방법이 내 인생에 무궁무진한 이익을 안겨주었다.

빔 호프는 늘 인간이 자신의 공포를 극복할 수 있다고 강조한다. 실제로 당신이 공포를 극복한다면 똑같은 방법으로 다른 어떤 어려움도 이겨낼 수 있을 것이다. 이를 증명하듯 그는 추위를 견딘 여러 가지 기록과 함께 섭씨 50도의 나미비아사막에서도 마라톤을 완주했다. 언젠가 빔 호프는 이렇게 말한 적이 있다.

"인체는 내면의 변화를 원동력으로 삼아 스스로를 조절한다. 하지만 자신도 모르게 우리는 점점 더 외부 물질로 조절하려 하고 몸이 스스로 조절할 수 있음을 잊고 산다."

나는 건강 문제도 마찬가지라고 생각한다. 우리는 건강하고 싶어 하지만 식습관이나 운동 개선에 국한해 이를 해결하려 한다. 건강과 우리의 생각은 밀접한 관련이 있다.

가장 간단한 사례가 수면이다. 왜 수많은 사람이 수면장애를 겪을까? 그 이유는 우리가 정신적 압박과 스트레스를 받고 너무 많은 생각을 하며 각종 정서 반응을 일으키기 때문이다. 이 모든 요인은 간혹 대뇌가 몸을 향해 부정적인 지령을 내리도록 만든다. 즉, 우리 몸을 제한하고 심지어 잠재력을 발휘하는 범위를 줄인다. 따라서 우리는 심리 상태가 건강과 관련이 있음을 인지해야 한다. 한마디로 생각은 건강의 핵심이다.

우리는 종종 건강 문제를 사회 탓으로 돌리는데 그건 잘못된 생각이다. 예를 들어 우리는 스트레스와 공포, 불안감의 영향을 받아 건강하지 못한 식습관을 선택하면서도 그것을 인지하지 못한다. 또 수면의 질이 떨어지는 것은 게으름과 공포, 그 밖에 다른 원인에서 나오지만 이를 스스로 해결하기 위한 운동은 하지 않는다. 병이 나면 대개 의사와 약에 의존하고 자신의 치유력은 소홀히 한다.

심리 상태와 생각이 몸에 미치는 영향력과 개선하는 힘이 거대하다는 것을 알아야 한다. 자신의 건강은 스스로 결정해야 한다. 우리에게는 끊임없이 효율적으로 에너지를 방출하고 활력 넘치는 하루하루를 살아가게 만들 능력이 있다.

5장

변화하는 미래에 어떻게
사업을 장악할 것인가?

하버드대학교 경영대학원은 기업의 고위관리직 양성을 목적으로 CEO가 각종 문제를 해결하는 방법을 가르친다. 나 역시 그곳에서 수많은 경영사례를 분석하고 토론했지만 직접 창업해 회사를 경영해보니 생각지도 못한 문제들이 쏟아졌다.

- 첫 번째 문제: 과거에 한 번도 겪지 못한 문제, 심지어 그런 문제가 생길 거라고 생각해본 적도 없는 문제가 발생했다. 특히 창업 초기에는 하나하나 대응하기 힘들 정도로 많은 제안을 받았다. 욕심을 부리면 이도 저도 어려워지므로 어떤 기회는 잡고 어떤 기회는 포기할지 결정해야 했다. 이 문제는 무척 실제적이지만 강의실이나 책에 나오는 사례 분석에는 직접적인 해답이 없었다.
- 두 번째 문제: 마음은 굴뚝같은데 능력이 미치지 못하는 경우가 많았다. 어떻게 해야 더 잘 성장할지 알 수 없었다. 둘이 시작한 회사가 어느새 10여 명에서 100명, 300명으로 늘어났으나 회사규모가 커질수록 내가 해야 할 일도 늘었다. 내가 변해야 했다. 회사규모는 계속 500명, 5,000명, 1만 명으로 늘어날 테고 더 커질지도 몰랐다. 한데 내가 그에 걸맞은 능력을 갖춰 그 많은 직원을 관리할 수 있을지는 미지수였다. 나는 소기업 경영법은 잘 알았고 중기업도 어렵지 않았지만 대기업을 경영하려니 막막하고 당황스러웠다.

미국에서는 스타트업 기업이 소기업에서 대기업으로 발전하는 동안 많은 창업자가 CEO를 맡지 않는다. 회사가 어느 정도 성장한 뒤에는 창업자가 더 훌륭한 경영인에게 자리를 물려주는 것이 좋다. 물론 창업자가 계속 CEO로서 회사를 이끌어가는 기업도 많다. 그 결과는 창업자가 어떤 심리 상태로 회사와 자신의 역할을 마주하는지, 창업자에게 부단히 성장할 방법이 있는지에 달려 있다.

• 세 번째 문제: 세상은 빠르게 변화한다. 어떻게 적응해야 할까? 갑자기 시장이 변화해 어렵게 개발한 상품이 도태되거나 신기술 개발로 많은 인력이 직장을 잃는 일이 흔히 벌어진다. 이런 시대에 우리는 어떻게 미래를 정확히 예측할 수 있을까? 어떻게 하면 브랜드를 오래도록 유지할 수 있을까?

이 3가지는 창업자뿐 아니라 보통사람도 자주 맞닥뜨리는 문제다. 책에 나오는 성공 사례나 강의실의 문제해결 방안은 이런 문제에 큰 효과가 없다. 훌륭한 멘토만 있으면 된다고? 물론 나보다 성공한 기업가도 많고 그들은 확실히 도움을 줄 수 있다. 그렇지만 멘토도 매일 처리해야 하는 일이 많아서 시시때때로 찾아가 질문할 수는 없는 노릇이다.

좋은 멘토를 찾는 것 외에 어떤 방법이 나를 도와줄 수 있을까? 독서도 좋은 방법이다. 번거롭게 누군가를 직접 찾아가 가르침을 청하는 대신 그들이 쓴 책에서 지식과 노하우를 전수받을 수 있다.

2014년 나는 나폴레온 힐Napoleon Hill의 『놓치고 싶지 않은 나의 꿈, 나의 인생Think and Grow Rich』(1937)을 읽었다. 나폴레온 힐은 자동차왕으로 불리는 헨리 포드, 전기를 발명한 토머스 에디슨과 같은 시대를 산 인물이다. 그는 카네기와 포드를 포함해 300여 명의 미국 엘리트, 기업가를 인터뷰한 뒤 이 책을 썼다.

『놓치고 싶지 않은 나의 꿈, 나의 인생』은 성공을 위해 꾸준히 지속해야 하는 방법을 여러 가지로 제안하는데 그중 하나가 '마스터마인드mastermind'다. 이것은 중요하고 효과적인 성장법으로 개인의 두뇌에는 한계가 있으므로 집단의 지혜를 모아 개인의 부족한 점을 메꾸자는 의미다. 우수한 사람들로 구성한 '마스터마인드'를 조직해 정기적으로 한데 모여 문제를 토론하면 개인의 사고로는 도달하기 힘든 효과를 거둔다. 조직을 구성해서 정기적으로 만난다는 생각을 해보지 못한 나는 이 책을 읽고 깨달은 바가 컸다.

유능한 경영자는 어떻게
자신을 관리하고 조직을 관리하는가

30년 역사를 자랑하는 CEO 조직
'CEO 연맹'에 가입하다

일을 하다 보면 누구나 수없이 실수를 저지르며 이제까지 아무도 해본 적 없는 전혀 새로운 실수를 하는 경우는 드물다. 다시 말해 사람들은 대부분 남들이 이미 저지른 실수를 한다. 그래서 서로의 경험을 나누는 것은 커다란 도움이 된다. 다른 사람의 경험이 내게 본보기가 되기 때문이다.

우수한 사람들이 자신의 경험을 공유할 경우 우리는 그 이야기 속에서 유용한 정보를 발견하거나 깨닫는다. 『놓치고 싶지 않은 나의 꿈, 나의 인생』을 읽은 뒤 나는 내게 도움을 줄 최고의 마스터마인드 조직을 수소문했고 그때 베이 에어리어(샌프란시스코를 중심으로 한 광역 도시권) CEO 연맹Bay Area CEO Alliance을 알게 되었다.

400~500명의 각계 CEO로 구성된 이 조직은 30년 역사를 자랑하는데 각종 절차나 규칙을 완비한 만큼 가입하려면 면접을 거쳐야 한다. 이들이 내세우는 선발 기준은 3가지다. 첫째, 자신의 기업을 소유하고 CEO 직위에 있는 사람일 것. 둘째, 소유한 기업이 일정 규모 이상이고 창업한 회사를 더 큰 기업에 매각했거나 새로운 회사를 창업한 경험이 있을 것. 셋째, 자신의 기업을 창업한 경험이 없다면 반드시 대기업 CEO나 그에 준하는 직위에 있을 것.

위 기준을 충족해도 여러 차례 면접을 거쳐 까다롭게 선발한다. 베이 에어리어 CEO 연맹은 여타 포럼과 마찬가지로 여러 가지 활동을 계획하고 경영계의 우수한 인물을 초청해 강연을 연다. 그러나 내가 이 연맹에 가입한 이유는 다른 데 있었다. 연맹은 회원들을 배경이나 경력이 유사한 사람으로 나누어 소그룹을 조직했는데 나는 내 관심사에 따라 첨단기술과 투자 방면 분야의 사람들이 많은 소그룹에 들어갔다. 내가 속한 소그룹의 구성원은 전부 10명이었고 우리는 매달 정기적으로 만나 4시간 동안 업무상의 어려움을 공동으로 해결했다.

일단 문제가 생기면 정기모임 이전에 소그룹을 조직하고 의견을 조율하며 연락 등의 사무를 담당하는 전문 코디네이터에게 알린다. 코디네이터가 의제로 받아들일 경우 1시간 정도 시간이 주어진다. 그러면 모임에서 PPT를 보여주고 자신의 문제를 그룹 내에서 공유할 수 있다. 4시간의 정기모임을 진행하는 동안 휴대전화는 사용할 수 없다. 이때 매우 집중도 높게 소통하며 의제를 제시하지 않은 9명 중 비슷한 경험을 한 사람이 있으면 그 이야기를 들려주기도 한다. 정기모임은 누가 누구를 가르치는 게 아니라 각자의 경험과 견해를 공유하는 형식이다.

처음 정기모임에 참석했을 때 나는 깜짝 놀랐다. 사전에 비밀 유지 협약을 맺었기 때문인지 다들 직접적으로 솔직하게 속 이야기를 했기 때문이다. 회사 경영과 관련된 것 외에 건강, 가정 등을 화제로 삼는 경우도 있다. 각자 생활 속에서 겪은 이야기를 공유하고 남들은 알지 못하는 자신만의 특출한 면을 드러내면서 서로 끈끈한 우정도 생겨났다. 물론 대개는 회사나 일과 관련된 화제를 주로 다룬다.

모임 초반에는 한 사람씩 돌아가며 이번 달에 무슨 일이 있었는지 간략히 공유한다. 이어 2~3명이 자신의 문제를 밝히고 다른 사람들과 토론한다.

제안과 경험에는 커다란 차이가 있다. 제안은 당신이 이렇게 하면 좋을 것 같다는 지침이고, 경험은 내가 이렇게 해본 적 있으니 참고하라는 것이다. 이전까지 나는 대부분 제안(혹은 조언)을 받았고 그것은 경험이 아니었다. 하지만 CEO 연맹에 가입한 후 경영자들이 맞닥뜨리는 문제가 대부분 비슷하다는 것을 알게 되었다. 단, 해결하는 방식은 사람마다 다르다. 각자의 성격과 능력, 과거 경험, 현재 상황, 문제의 심각성 등이 다르기 때문이다. 타인이 제시하는 해결방안은 그의 주관적 판단이 들어간 것이라 보편성이 부족하다. 우리는 어떤 문제에 부딪히면 그것을 해결할 모범답안이 있다고 여겨 누군가가 그 답안을 말해주기를 바란다.

그러나 인생의 여러 문제에 모범답안은 없다. 다만 다양한 사람이 같은 문제를 처리한 방식과 생각, 경험을 참고해 스스로 판단하고 결정을 내려야 한다.

소그룹 정기모임에서 내가 부딪힌 문제로 토론할 때 나는 어떻게 좋은 인재를 찾을지 고민하고 있었다. 나는 이미 모든 인맥과 방법을 동원한 상태였고 정기모임에서 구성원의 인맥을 활용할 수 있지 않을까 기대했다. 좋은 인재나 유명한 헤드헌터를 소개받을 수도 있었다. 그런데 정작 모임에서 얻은 가장 큰 도움은 사고방식 변화였다. 그들은 내가 생각지도 못했던 다양한 방법을 들려주었고 생각을 조금 바꾸니 방법이 정말 많았다.

내가 베이 에어리어 CEO 연맹에서 얻은 것을 몇 가지로 정리해보겠다.

첫째, CEO는 고독하다. 그들은 한 회사를 주관하는 사람으로 문제가 생기면 직원들은 결국 CEO가 마지막 결정을 내려주길 바란다. 그렇지만 CEO도 만능해결사는 아니다. '나도 어떻게 해야 할지 모르겠어'라고 말하고 싶다. 그래도 투자자와 고객 앞에서는 항상 자신감 넘치는 태도를 유지해야 한다. 고민이 많아도 그것을 드러내서는 안 된다.

둘째, 가정은 사업의 초석이다. 많은 경우 사업은 가정생활의 영향을 받는다. 가족 관계가 평화로우면 다른 걱정 없이 사업에 몰두할 수 있다. 그 반대라면 경영자의 집중력이 분산되고 감정이 흔들리면서 사업적 판단에도 영향을 미친다.

셋째, CEO 연맹에서는 사회의 가면을 내려놓고 서로 솔직담백하게 소통한다. CEO는 직급이 높고 중요한 결정을 내리는 사람이라 체면을 따지게 마련이다. 그러나 진정 발전하고 싶다면 체면을 중시하는 마음을 버리고 마음속 문제를 용감하게 공유할 수 있어야 한다. 물론 그러려면 조직구성원 사이에 견고한 믿음이 있어야 한다. 그래서 연맹에는 비밀을 지키라는 규정이 있고 실제로 늘 비밀을 지켰다.

넷째, 각자의 경험은 전부 유일무이하다. 우리는 뭔가 의문이 생기거나 어려움이 닥칠 때 타인의 가르침을 구하지만 어떤 의미에서 그 방법은 잘못된 것이다. 왜냐하면 한 문제를 두고 사람마다 다른 의견을 보이는 일은 매우 흔하기 때문이다. 다른 사람의 경험은 귀 기울여 경청한 다음 내 생각을 다듬고 정립하는 데 활용하는 것으로 충분하다.

마스터마인드 모델에서는 함께하는 사람들이 우수하기만 해서는 안 된다. 그들과 서로 신뢰하고 협력해 문제를 해결할 수 있어야 한다.

"젊은 경영인 협회가 제 목숨을 구했습니다"

베이 에어리어 CEO 연맹에서 얻은 수확이 적지 않았지만 나는 여기서 더 나아가 글로벌 시각을 갖춘 마스터마인드 조직에 참여하고 싶었다. 그렇다면 젊은 경영인 협회Young Presidents Organization, YPO가 최고의 선택이다. 젊은 경영인 협회는 역사가 길고 조직성과가 탁월하며 분포 범위도 가장 넓은 마스터마인드 조직이다.

　나는 젊은 경영인 협회에 가입하기 전 내게 적합한지 알아보기 위해 주변에 이런저런 질문을 했다. 그때 한 사람이 해준 대답이 아직도 기억에 남는다. 그는 사업에서 크게 성공한 사람으로 친구의 소개를 받아 몇 차례 같이 식사를 했다. 한번은 그가 젊은 경영인 협회를 언급했고 나는 얼른 질문을 던졌다.

　"저도 지금 젊은 경영인 협회에 가입신청을 해둔 상태입니다. 하지만 젊은 경영인 협회가 어떤 조직인지 잘 모릅니다. 젊은 경영인 협회에 어떤 가치가 있는지, 그곳이 가입할 만한 조직인지 궁금합니다."

　그는 갑자기 입을 다물더니 그저 나를 빤히 쳐다보기만 했다. 내가 왜 그러냐고 물어도 한참이나 대답이 없다가 토해내듯 "젊은 경영인 협회가 제 목숨을 구했습니다"라고 말했다.

　젊은 경영인 협회는 자신의 경험을 공유하고 상호 협력하는 것을 목적으로 하는 경영자들의 모임이니 경영 능력 향상에 도움을 받을 수는 있겠지만 어떻게 목숨까지 구했다는 것일까?

　사업적 포부가 큰 그는 당시 회사가 한창 성장하던 때라 삶의 대부분을 일에 바쳤다고 했다. 그러다보니 아내나 두 아이와 함께 시간을 보내지 못했고 기어코 아내가 이혼 이야기를 꺼냈다. 더구나 동업자가 회사 자금을 횡령하고 재무제표에 수작을 부리는 바람에 정부의 세무조사를 받아야 했다. 그의 고객은 대부분 큰 부자들이라 평판에 민감했고 회사에 스캔들이 일어나면 더 이상 계약을 맺지 않으려 할 게 빤했다. 그가 몇 년간 일궈온 회사가 하룻밤

사이 망할 지경으로 내몰린 것이다.

미국 법원은 이혼 소송에서 자녀양육권을 대개 어머니 쪽에 주므로 아내와 아이들이 모두 떠나갈 상황인데다 회사 역시 큰 위기에 처하면서 그는 잠을 이루지 못하고 괴로워했다. 심지어 자살을 생각할 정도였다. 여기까지 이야기를 들은 나는 궁금함을 참지 못하고 질문했다.

"어떻게 그런 부정적인 감정에서 벗어난 겁니까?"

"젊은 경영인 협회 안에 있는 소그룹이 나를 살렸습니다."

젊은 경영인 협회가 무엇을 어떻게 한 것일까?

성공한 사람들은 자신의 좌절과 어려움을 다른 사람에게 털어놓기 어렵다. 가족은 회사 운영을 잘 모르고 심리치료사도 경영 문제는 도와줄 수 없다. 그러나 젊은 경영인 협회 내의 소그룹은 다르다. 그들은 모두 경영자라 사업 경험이 풍부하다. 비록 '젊은' 경영인이긴 해도 구성원의 나이가 아주 어린 게 아니라서 다들 그 나름대로 인생 경험이 있다. 어떤 사람은 이혼을 했고 또 어떤 사람은 동업자에게 배신을 당했다. 그래서 가족이나 심리치료사보다 훨씬 더 그의 고민과 아픔을 이해해줄 수 있었다.

더 중요한 것은 소그룹 내에서 구성원들이 진솔한 관계를 맺는다는 점이다. 그가 자신의 사정을 토로하자 금방 구성원 각자의 경험이 쏟아졌다. 그들도 이런저런 어려움을 겪었지만 지금은 다 이겨냈다는 것이었다. 그렇기에 그들의 이야기는 설득력이 있었고 그 관심과 응원에 힘입어 자살하려던 생각을 접었다.

나는 그의 이야기를 듣고 젊은 경영인 협회에 더욱 호기심이 생겼다. 이 조직에는 어떤 에너지가 있기에 이처럼 뛰어난 사람들을 불러 모으고 또 중요한 영향을 미치는 것일까? 나중에 직접 젊은 경영인 협회를 경험해보고 내가 소그룹에 속하자 금방 답이 나왔다.

젊은 경영인 협회 선발 기준 중 절대 바뀌지 않는 것은?

1950년에 설립된 젊은 경영인 협회는 전 세계에 2만 명 이상의 회원이 있고 국제적인 대도시에는 거의 다 지부가 있다. 나는 샌프란시스코 젊은 경영인 협회 지부 소속인데 회원 선발 과정이 꽤 길어서 6~9개월이 걸린다. 먼저 기존 회원의 추천을 받은 뒤 세 사람의 면접을 통과하고 젊은 경영인 협회가 주최하는 행사에 한 차례 참가해야 한다. 이어 위원회에서 진행하는 일련의 선발 과정을 거치는데 이때는 자신이 젊은 경영인 협회 조직에 어떤 가치를 제공할 수 있는지 적극 표현한 보고서를 내야 한다. 마지막으로 위원회의 만장일치를 얻어야 회원이 될 수 있다.

선발 기준 중 절대 바뀌지 않는 것도 있다. 연령 50세 이하, 관리하는 회사의 자산규모 몇천만 달러 이상 그리고 가입신청 당시 반드시 CEO 지위여야 한다. 젊은 경영인 협회의 회원은 대부분 35~50세로 여러 나라와 업계의 엘리트들이다. 회원 중 특별히 젊은 사람들은 대개 가족기업 후계자다.

몇몇 작은 나라에서는 현지 젊은 경영인 협회 조직에 국가의 모든 핵심 인물이 들어온다. 예를 들어 필리핀은 젊은 경영인 협회 회원이 국가 경제의 70퍼센트를 좌우한다. 물론 약간 과장이 섞였겠지만 그만큼 젊은 경영인 협회 회원은 엘리트 중의 엘리트다.

선발 과정을 통과한 나는 9명의 회원으로 구성된 소그룹에 들어갔다. 젊은 경영인 협회 회원은 대부분 자기가 속한 소그룹 구성원과 세상에 둘도 없는 친구가 되었다고 입을 모은다. 젊은 경영인 협회 소그룹에서는 다른 곳에서 말할 수 없는 것도 얼마든지 말하고 이해를 받는다. 다들 입도 무겁다. 현재 보편적으로 쓰고 있는 포럼forum 개념은 젊은 경영인 협회에서 시작된 것이다.

젊은 경영인 협회의 모임도 베이 에어리어 CEO 연맹처럼 한 달에 한 번 모이고 모임은 4시간 동안 진행한다. 소그룹 진행은 9명의 회원 중 한 사람이 맡는다. 처음 모임에 참가했을 때 모두들 나를 뜨겁게 환영해주었다. 모임에서는 다양한 경험을 공유하지만 구체적인 내용은 외부로 유출할 수 없다.

우리는 마치 수십 년간 사귀어온 친구처럼 깊이 있는 이야기를 거침없이 나눴다. 평소라면 내가 그처럼 성공한 사람들 사이에서 마음을 터놓는 일은 거의 불가능하다. 그들에게 나는 낯설고 갑자기 끼어든 사람이었지만 그들은 내게 진심을 다 보여주었다. 나 역시 평소보다 더 진솔했는데 놀랍게도 다른 회원들의 대화는 그야말로 뼛속까지 다 보여주는 느낌이었다.

아무리 크게 성공해도 그 사람 역시 한 개인이라 보통사람이 겪는 문제를 다 겪는다. 그런데 성공가도를 달리면 갈수록 자신의 진실한 모습을 드러내기가 어려워진다. 힘들게 일군 성공에 부정적 영향이 미칠까 걱정스럽기 때문이다. 그런 만큼 모임에서 진짜 자신을 드러내는 것은 경영자에게 무척 중요한 시간이다.

젊은 경영인 협회는 훌륭하고 세계적인 사교 네트워크이기도 하다. 세계 각국에 지부가 있어서 젊은 경영인 협회 회원은 어디를 가든 현지 젊은 경영인 협회 조직과 연락을 취할 수 있다. 또 회원 전부가 비밀유지 협약을 맺기 때문에 젊은 경영인 협회 내부에서 어떤 이야기든 나누고 정보를 숨기지 않는다. 그래서 평소라면 얻기 힘든 희귀한 정보를 얻을 기회가 많다.

젊은 경영인 협회가 베이 에어리어 CEO 연맹과 무엇보다 다른 점은 젊은 경영인 협회는 다양한 업계의 경영자가 참여하는 까닭에 내가 속하지 않은 업계의 흥미로운 인물도 많이 만날 수 있다는 것이다. 이들은 젊은 경영인 협회 조직을 더욱 풍부하게 만들어 주며 다양한 지식을 배울 기회를 제공한다.

가령 건강에 관심이 많은 회원은 젊은 경영인 협회 내에서 건강 모임에 참가하면 된다. 이 모임에서는 유명한 건강 전문가를 섭외해 건강 관련 지식을 배운다. 지역 부동산 사업에 관심이 있다면 역시 젊은 경영인 협회 내에서 관련 모임을 찾을 수 있다. 젊은 경영인 협회 웹사이트에 다양한 정보가 올라오므로 얼마든지 선택이 가능하다.

마스터마인드는 추상 개념이 아니라 현실적인 수단이다. 젊은 경영인 협회 회원은 9명으로 이뤄진 소그룹의 마스터마인드 조직 외에 전 세계 2만여 회원과 관계를 맺는다. 세계적인 마스터마인드 조직인 셈이다. 이런 조직은 보통의 개인클럽과는 그 의미가 완전히 다르다.

이 밖에도 다양한 마스터마인드 조직이 있다. 기업가 모임 Entrepreneur Organization, EO이라는 조직은 '작은 YPO'라고 불리는데 스타트업 기업 창업자나 중소기업 CEO가 주축이다.

마스터마인드 조직에는 대부분 소그룹 제도가 있고 기업가 모임 역시 비슷한 소그룹을 운영한다. 기업가 모임은 여러 스타트업 기업가가 모여 서로 도움을 주고받는다. 스타트업 기업 창업자는 다들 고독한 편이다. 처음 회사를 시작하면 대부분 혼자거나 동업자까지 합쳐봐야 두서너 명이 전부다. 환경도 상대적으로 열악하고 초기에는 온갖 문제가 끊임없이 발생한다. 이럴 때 기업가 모임에서 투자자와 고객 유치, 제품 개발 문제, 동업자와의 갈등 등 다양한 문제의 해결책을 얻을 수 있다.

나는 지금도 매일 수많은 문제를 겪지만 이제는 나를 지지해주고 응원하면서 정기적으로 경험을 공유하며 도움을 주고받는 사람들이 있다. 이들은 내 멘토라기보다 친구에 가깝다. 나는 그들과 사업은 물론 일상생활과 취미 등 다양한 방면의 이야기를 나누며 더 깊은 공감대를 형성하고 있다.

혼자 가면 빨리 가지만 여럿이 가면 멀리 간다

여러 마스터마인드 조직에는 몇 가지 중요한 공통점이

있다. 이에 따라 나는 그 조직이 훌륭한지 판단하는 기준을 세웠다. 말하자면 이것은 내가 속한 마스터마인드 조직을 꾸릴 때 참고할 만한 데이터다.

첫째, 비밀을 보장한다. 젊은 경영인 협회든 베이 에어리어 CEO 연맹이든 소그룹 구성원끼리 나눈 이야기는 모임 공간 바깥으로 흘러 나가면 안 된다. 비밀 준수는 마스터마인드 조직의 지속성 측면에서 가장 중요한 조건이다.

둘째, 제안(조언)이 아니라 경험을 공유한다. 성공한 사람에게 "내가 어떻게 해야 하는지 가르쳐주겠다"고 말하면 그의 첫 반응은 회피나 저항일 것이다. 마스터마인드 조직에서는 '내가 가르쳐주겠다'는 태도를 취하면 안 된다. '내 경험을 들려준다'고 하는 것이 옳다.

예를 들어 플랫폼 없이 기능성 서비스를 제공하는 회사의 한 CEO가 이런 걱정을 한다고 해보자.

"내가 만든 회사는 지금 한창 잘되고 있어. 그런데 시장규모가 제한적이라 3년 내에 대기업에게 먹힐 것 같아."

그가 예상하기로 회사가 빠르게 성장하니 플랫폼 회사에서 3년 내에 그의 회사를 주목할 테고, 그의 회사가 제공하던 서비스를 자사 플랫폼에 추가할 것 같다는 얘기다. 회사가 빠르게 성장할수록 오히려 걱정인데 경영자로서 어떤 결정을 내려야 할지 알 수 없다고 토로한 것이다.

그럼 모임에서 어떤 사람이 이렇게 이야기한다.

"내가 전에 운영하던 회사도 성장 속도가 아주 빨랐어. 동일한 분야에 나보다 규모가 10배 큰 경쟁자가 있었거든. 그 회사와 협력해 사업을 꾸리면서 그쪽이 우리 회사를 인수할 의사가 있는지 떠봤어. 결국 나는 회사를 그쪽에 넘기고 순조롭게 그 시장에서 빠져나왔지."

이 사람은 같은 분야 경쟁자와 좋은 관계를 구축하면 나중에 어떤 방식이든 협력할 수 있다고 생각한다. 또 다른 사람이 말을 꺼낸다.

"내가 운영하던 회사도 성장 속도가 빨랐지. 그런데 내가 보기에는 시장이 이미 정체기에 들어선 상태였어. 기능성 서비스 시장은 한계가 있으니까. 나는 현재 기술을 이용해 비슷한 시장으로 옮겨갔고 몇 년 사이 우리 회사만의 플랫폼을 만들었지."

이렇게 여러 사람이 각자 다른 관점을 제시한다. 그 관점이 옳은지 그른지 평가하는 것은 불필요하다. 각자 경험을 들려주면 그만이다. 그럴듯한 조언보다 이처럼 실질적인 사례가 경영자에게 더 많은 도움을 준다. 여러 사람의 경험에서 다양한 계기를 얻으면 내가 본래 갖고 있던 선택지보다 풍부한 선택지를 얻는다.

우리는 누구나 자신과 같은 목표를 가지고 부단히 노력하는 사람을 찾아 서로 도움을 주고받을 수 있다. 두 사람이 각자 가진 사과를 교환하면 한 사람당 사과는 여전히 한 개지만 두 사람이 생각을 교환하면 각자 2가지 생각을 갖는다.

여러 사람이 모인다고 해서 성공 확률을 덧셈으로 계산할 수는 없으나 분명 성공 확률은 올라간다. '협력'은 현재 단계를 벗어나는 최고의 방법이다. 따라서 마스터마인드 조직을 경험하고 자신을 위한 조직을 만드는 것은 상당히 가치 있는 일이다. 마스터마인드의 진짜 가치는 단지 인맥을 만드는 데서 그치는 게 아니다.

만약 자신에게 적합한 마스터마인드 조직을 찾지 못했다면 직접 마스터마인드 조직을 만드는 것도 좋다. 나폴레온 힐이 『놓치고 싶지 않은 나의 꿈, 나의 인생』을 출간했을 때는 젊은 경영인 협회 같은 조직이 존재하지 않았다. 그렇지만 이런 조직을 구성하는 것은 나폴레온 힐이 제시한 성공 방법 중 하나였다.

나는 한동안 친구들이 구성한 주말모임에 참가했는데 모임 이름이 맨케이션mancation이다. 이것은 'vacation'과 'man'을 합친 말로 남자의 휴가라는 뜻이다. 이 모임은 베트남계 청년 찰스와 톰이 만든 것으로 둘 다 미국에서 창업을 했다. 찰스는 문제가 생기면 내게 전화를 해서 조언을 구했는데 그런 일이 두어 번 반복되면서 친해졌다. 내가 보기에 맨케이션은 그냥 휴가를 보내는 것이 아니라 오히려 소규모 마스터마인드 조직 같았다.

두 사람의 휴가는 특별했다. 그들은 해변에 작은 집을 빌려 각자 배경이 상이한 젊은이 8명을 모집한 다음 어떤 주제를 놓고 이틀간 서로 경험을 나누고 해결방안을 토론했다. 또 각자 인생 경험을 얘기하는 것 외에 최근 무엇을 배웠는지도 공유했다. 이들은 건강을 위한 운동 프로그램까지 마련했고 특별히 트레이너를 초빙해 반나절 정도 빔 호프의 호흡법을 배웠다.

그 젊은이들 중에 명문대를 나왔거나 대기업에서 일한 경험이 있는 사람은 없었다. 그들 사이의 유일한 공통점은 배우는 것을 좋아한다는 것이었다. 인터넷이 발달한 요즘에는 누구나 인터넷에서 자신이 배우고 싶은 내용이나 함께 공부할 사람을 찾을 수 있다. 맨케이션 모임에 참가하면서 나는 성장하려는 의지만 있으면 학력과 배경은 아무런 걸림돌이 아니라는 것을 확실히 느꼈다.

성공한 사람에게 실패는 미래의 성공을 위한 초석이자 원동력이다. 그래서 그들은 자신이 실패에서 무엇을 배웠는지 이야기하는 것을 꺼리지 않는다. 반면 성공하지 못한 사람은 자신의 실패를 감추거나 피하려고 한다. 그러면 실패에서 아무것도 배우지 못해 다음에 또 실패하고 만다.

마스터마인드 조직의 의의는 경험 공유 그 자체에 있다. 학력이나 현재의 성공 여부와는 관련이 없다. 누구라도 뜻이 맞는 사람과 마스터마인드 조직을 만들고 운영하면 된다. 다만 구성원을 뽑을 때는 모임 전체가 공통의 의지력과 성품을 갖췄는지, 같은 방향으로 나아갈 수 있는 사람인지 따져야 한다. 뜻이 맞는 친구 몇 명과 앞서 말한 규칙을 정해 정기모임을 열면 된다. 모임에서는 서로 토론하고 도움을 주고받으면서 자기 경험을 공유하고 함께 문제를 해결할 방법을 모색한다.

한 사람은 아무리 똑똑해도 그냥 한 개인일 뿐이다. 반대로 사람이 많으면 역량이 커진다. 마스터마인드 조직을 꾸릴 때 어려운 점은 역시 '사람'이다. 뜻이 맞고 함께 성장하려는 사람을 찾기가 쉽지 않기 때문이다. 따라서 모임을 만들 때는 구성원을 지혜롭게 선택하는 판단력을 갖춰야 한다. 서로 도우면서 응원해줄 사람, 뭐든 배울 점이 있는 사람을 찾는 것이 중요하다. 시간과 노력을 들이면 누구나 자신의 마스터마인드 조직을 만들 수 있다.

조직 관리의 대가는
인간 본성을 깊이 이해한다

"지금부터 배울 내용은
여러분이 하버드 경영대학원에서
2년간 배우는 내용보다 가치 있을 것입니다!"

2015년 6월과 12월 나는 두 차례에 걸쳐 토니 로빈스의 비즈니스 관리 워크숍 '비즈니스 장악하기Business Mastery' I, II에 참가했다. 이 워크숍은 주요 집단 혹은 기업의 고위관리자를 위한 것이라 그가 진행하는 모든 워크숍 중에서도 고급 과정에 속한다.

기업 경영을 얘기할 때 사람들은 보통 어떻게 전략을 세울지, 어떻게 계획을 세울지, 어떻게 자본과 인력을 배치할지 등의 문제를 토론한다. 하지만 사실 경영자에게 중요한 것은 생각과 심리 상태다. 이 부분에서는 토니 로빈스를 따라갈 전문가가 없다.

첫날 토니 로빈스는 자신이 이 워크숍을 기획한 이유를 설명했다. 그는 잠재력 전문가로 원래는 사람들에게 어떻게 자신의 잠재력을 일깨워야 하는지 가르쳤다. 그런데 그의 강연을 들으러 오는 사람들 중에는 기업 경영자, 월스트리트의 투자자가 많았다. 왜 그럴까? 엘리트로 불리는 그들도 보통사람과 똑같이 생각과 심리 상태 문제에서 자유롭지 않았기 때문이다.

결국 토니 로빈스는 기업 경영자를 상대로 코칭을 해주기 시작했는데 점차 그의 코칭을 원하는 사람이 늘어나면서 요청을 하나하나 들어주기가 어려웠다. 그래서 오랫동안 수집한 기업 경영 문제와 그동안 배운 경영 기술을 정리해 비즈니스 관련 워크숍을 개최하기로 한 것이다.

"지금부터 닷새간 배울 내용은 여러분이 하버드 경영대학원에서 2년간 배우는 내용보다 가치 있을 것입니다!"

토니 로빈스는 강의를 시작하면서 농담을 섞어 이렇게 말했다. 나는 웃으면서 속으로 생각했다.

'너무 허세가 심한 것 아니야? 그가 뭘 가르칠지 어디 들어보자.'

그런데 놀랍게도 그가 이어서 한 말이 내 마음에 깊이 박혔다. 그는 직장생활에서 결정적으로 작용하는 여러 요소 중 고정적인 기능(재무, 인사 등 기계적인 학습으로 얻을 수 있는 기능)은 단지 30퍼센트만 차지한다고 말했다. 나머지 70퍼센트는 사고와 심리 상태가 결정한다는 얘기였다. 특히 CEO의 사고와 심리 상태는 한 회사가 최종적으로 진정한 성공을 거둘지를 결정짓는다.

나는 그의 말에 크게 공감했다. 창업 이후 나는 대부분의 시간을 심리 상태 조절에 쏟아야 했다. 중요한 고객을 잃었을 때 실의에 빠진 감정을 어떻게 끌어올려야 할까? 투자받지 못했을 때 어떻게 내 기분을 다스려야 할까? 경영진 내부에서 의견충돌이 생겼을 때 어떻게 생각을 바꿔야 할까?

토니 로빈스의 워크숍은 '7가지 요소'를 중심으로 진행한다. 그는 어떤 기업이든 성공하려면 다음 7가지 요소를 갖춰야 한다고 말했다.

- 훌륭한 기업문화
- 비전 있는 전략
- 끊임없는 혁신
- 적절한 시장 홍보
- 판매 시스템 구축
- 법률과 재무 분야 시스템 완비
- 지속적인 문제 개선과 최적화

많은 사람이 꿈을 이루고 돈을 많이 벌려면 창업을 해야 한다고 생각한다. 그런데 그 방면에서 좋은 성적을 거두는 것은 생각만큼 쉽지 않다. 성공 여부를 결정하는 많은 요소 중 핵심은 창업자가 창업 초심과 다른 사람의 생각을 진정으로 결합하는가 하는 부분이다. 바꿔 말하면 창업자의 욕구가 사고와 심리 상태 측면에서 직원이나 고객 욕구와 연계되어 있느냐 하는 점이다.

인간이 행복감을 느끼려면 필요한 욕구가 충족되어야 한다. 토니 로빈스가 '운명과의 데이트' 워크숍에서 구체적으로 확실성, 불확실성, 개인의 중요성, 연결과 사랑, 성장, 공헌까지 6가지 욕구에서 만족해야 한다고 말한 것을 기억하는가. 이번 워크숍에서는 비즈니스 성공의 7가지 요소와 행복감을 느끼게 하는 6가지 욕구를 결합해 다양한 방법을 찾아보는 것이 주요 내용이었다.

기본적인 욕구를 정립하는 것은 무척 중요한 일이다. 목표를 세워야 다른 것을 결정할 수 있기 때문이다. 회사 경영자로서 내가 바라는 것이 고객의 안정적인 경제 여건을 보장하는 것이라면 회사를 빠르게 성장시킬 필요가 없을지도 모른다. 아마 급진적 성장 전략보다 안정적인 투자를 추구할 것이다.

만약 나 자신의 욕구를 제대로 알지 못하면 위험성이 높지만 회사를 크게 키울 수 있는 기회를 잡으려고 할지도 모른다. 이럴 때 회사는 키울 수 있을지 몰라도 뒤따라오는 불확실성이 크다. 그러므로 우리는 어떤 일을 하기 전에 왜 그 일을 하려고 하는지, 자신의 욕구에 부합하는지 따져보아야 한다.

기업문화를 세우는 것도 마찬가지 원리다. 회사 경영자는 자신이 채용하려는 직원을 제대로 이해하고 그들의 개인적인 욕구가 회사문화와 부합하는지 살펴야 한다. 회사의 인센티브 제도가 오로지 돈과 관련되어 있다면 어떤 직원을 채용하게 될까? 돈을 가장 많이 신경 쓰는 직원이다. 반면 회사의 제도에 개인 발전과 관련된 부분이 많으면, 직원 개인과 조직의 성장을 하나로 합해 끌어올리려 한다면, 직원은 그런 협력 관계를 중요하게 여기는 사람일 확률이 높다.

경영자 입장에서 이것은 아주 중요한 부분이다. 어떤 회사를 만들고 싶은지, 어떤 직원과 일할 것인지 결정짓는 부분이기 때문이다. 팀워크를 중요하게 생각하는 경영자가 돈을 중요하게 여기는 직원을 채용할 경우 업무 능력은 좋을지 몰라도 조직에 잘 융화하기는 어렵다. 얼마 지나지 않아 그만둘 수도 있다. 그러한 직원은 회사에 남는다고 해도 조직에 좋은 영향을 주지 못한다.

이것은 누구나 쉽게 이해하는 부분이지만 평소에는 놓치기 십상이다. 많은 경영자가 출중한 직원을 원한다. '출중하다'는 것은 결국 업무 능력이 뛰어나다는 뜻인데 여기에 더해 팀워크를 갖추고 언제든 협력하기를 바란다. 하지만 모든 것을 가지려고 하면 결국 아무것도 갖지 못한다.

인텔은 어떻게 거대한 저장장치 부문을 정리하고 중앙처리장치 부문에 집중하여 경쟁력을 강화했나

토니 로빈스는 워크숍에서 7가지 요소에 대응해 기업 발전 과정에서 겪는 7가지 변화도 제시했다.

- 경쟁 변화
- 기술 변화
- 문화 변화

- 흐름 변화

- 고객 변화

- 직원 변화

- 자아 변화

기업이 정체되거나 도산하는 것은 언제든 일어날 수 있는 이 같은 변화 때문이다. 따라서 경영자는 7가지 변화에 어떻게 대처할지 미리 준비해야 한다. 더구나 이 7가지 변화는 반드시 일어나므로 적극적인 태도로 맞이해야 한다.

토니 로빈스는 다음과 같이 강조했다.

"낙관적인 생각은 버려야 합니다. 성공한 과거가 영원히 지속될 거라는 생각은 잘못된 것입니다. 7가지 변화가 언제든 일어날 수 있음을 확실히 인식하고 대응 방안을 생각해야 합니다. 그러므로 적극 변화를 맞이하는 것 외에 변화하는 지점을 정확히 파악하는 것이 중요합니다. 변화는 나쁜 일이 아니라 새로운 기회일 수 있습니다."

처음에 몇 명뿐이던 회사가 수백, 수천 명 규모로 발전하면 어떤 변화가 생길까? 환경도 변하고 인원 배치도 달라질 것이다. 상품이나 핵심 기술을 전면 혁신해야 할지도 모른다.

10여 년 전 인텔사에서 일할 때 나는 동료에게 인텔 CEO 앤드류 그로브Andrew Grove의 이야기를 자주 들었다. 오늘날 인텔의 핵심 상품은 컴퓨터의 중앙처리장치CPU다. 그러나 1980년대에는 인텔에서 가장 중요한 상품이 EEPROM이라는 저장장치였다.

1980년대 중반 일본 기업이 컴퓨터 업계에 대거 진출하면서 저장장치 시장가격이 크게 낮아졌고 인텔은 가격 경쟁을 감당하지 못해 재고가 산처럼 쌓였다. 회사의 자금 흐름도 느려지는 등 위기가 겹쳤다.

1985년 어느 날 앤드류 그로브와 인텔 창립자이자 당시 회장이던 고든 무어Gordon Moore는 곤경을 타개할 방법을 논의했다. 그때 앤드류 그로브가 제안했다.

"새로운 CEO를 뽑는다고 가정해봅시다. 그러면 그가 우리 업무 중 어느 부문을 정리할 것 같습니까?"

고든 무어가 잠시 망설이다가 대답했다.

"저장장치 부문을 포기하겠지요."

"그렇다면 왜 우리가 직접 나서지 않는 겁니까?"

1986년 인텔은 '마이크로프로세서 회사'라는 새로운 슬로건을 내걸고 저장장치라는 죽음의 골짜기를 순조롭게 빠져나와 처리장치 분야로 나아갔다.

변화는 외부에서만 일어나는 게 아니라 내부에서도 일어난다. 한 직원이 막 입사했을 때와 5년 근무했을 때, 10년 근무했을 때는 어떻게 다를까? 그 직원의 가정생활과 개인적인 욕구에 어떤 변화가 생길까? 미혼일 때는 보통 개인적인 성장을 위해 노력한다. 그러다가 가정을 꾸리면 사랑과 인간관계를 더 중요시해 잦은 출장을 원하지 않고 안정적인 업무를 선호한다.

경영자는 직원이 회사를 위해 더 많이 노력하기를, 더 책임감 있게 행동하기를 바란다. 특히 회사가 지속적으로 성장할 때는 직원의 책임과 의무도 커지지만 이런 생각은 현실적이지 않다. 직원들의 인생 사이클도 끊임없이 변화하므로 직원과 그의 변화를 이해해주어야 한다. 좋은 기업가라면 직원의 변화와 바뀐 욕구에 적응할 수 있어야 한다.

실은 경영자 자신도 변화한다. 창업자는 회사를 막 세웠을 때 가장 열심히 일한다. 그러나 회사가 정상 궤도에 오르면 혹은 가정을 꾸리면 발걸음을 조금 늦춘다. 그럴 때는 자신의 욕구가 어디에 있는지 계속 자문자답해야 한다.

토니 로빈스의 '비즈니스 장악하기' 워크숍은 그의 다른 워크숍과 마찬가지로 실용성을 중시했다. 생각과 심리 상태 조절 내용은 주로 토니 로빈스가 강의하고 재무회계, 판매, 영업 등의 내용은 전문가를 따로 초빙해 강의했다. 워크숍 현장에서 회사 문제를 두고 토론하는 사람들을 보니 참가자는 대략 세 부류로 나뉘었다. 간단히 말하면 아직 물에 들어가지 않은 사람, 현재 헤엄치고 있는 사람 그리고 헤엄쳐서 목표지점에 도달한 후 새로운 목표를 찾는 사람이다.

첫 번째 부류는 기업 중역으로 자기 회사를 세우고 싶어 한다. 이들이 워크숍을 들으러 온 이유는 중요한 첫발을 어떻게 떼야 할지 배우기 위해서다. 창업 경험이 없는 사람은 어떤 심리 상태로 창업 과정을 헤쳐가야 할지 전혀 알지 못한다. 어떤 사람은 너무 걱정하고 또 어떤 사람은 너무 낙관한다. 특히 신규 창업자에게는 재무회계 등 숫자를 다루는 문제가 매우 중요하다. 결국 경영자로서의 심리 상태와 재무회계 두 방면에서 전문적인 내용을 제공하는 토니 로빈스의 워크숍은 창업 단계에 있는 사람에게 최고의 워크숍이라고 할 수 있다.

두 번째 부류는 창업 후 한창 회사를 키워가는 사람이다. 창업 과정에서 수많은 문제와 맞닥뜨린 이들은 워크숍에서 해결방안을 찾고 싶어 한다. 참가자를 보면 이들이 가장 큰 비중을 차지하는데 비슷한 경험을 하는 사람들이 워크숍에 집중되어 있다는 것은 확실히 이점이다. 참가자끼리 서로 경험을 공유하고 도움을 줄 수도 있기 때문이다. 예를 들어 내 옆자리의 중년 남성은 10여 곳의 치과병원을 운영하는데 병원을 많이 개업하는 바람에 경영이 힘들어졌다고 했다. 그는 치과의사였고 경영 쪽 지식이 부족해 이를 보충하기 위해서 왔다고 했는데 그에게는 토니 로빈스의 강의가 딱 들어맞는다.

세 번째 부류는 사업이 어느 정도 성장한 사람이다. 그들은 기업 경영에서 다음 목표를 어떻게 세울지 알고 싶어 한다.

흥미롭게도 참가자가 토니 로빈스에게 어떤 질문을 하느냐에 따라 그 사람이 세 부류 중 어디에 속하는지 금세 드러났다. 특히 첫 번째와 두 번째 부류는 쉽게 눈에 들어왔다.

첫 번째 부류는 대개 이런 질문을 한다.

"저는 이 일을 정말 하고 싶은데 경험도 자원도 없습니다. 어떻게 시작하면 좋을까요?"

이럴 경우 토니 로빈스는 대답을 유도하면서 반문한다.

"어떤 자원이 필요하다고 생각하나요?"

그런 다음 참가자가 말하는 자원을 획득하는 방법과 사고방식 변화를 중점적으로 토론한다. 사실 오늘날에는 자원이 부족한 게 아니라 자원을 얻을 능력이 없을 뿐이다. 그 능력은 자기 자신에게서 기인하며 문제는 어떤 생각과 심리 상태인지에 있다. 토니 로빈스가 참가자에게 긍정적·적극적인 사고방식을 권하는 이유가 여기에 있다.

두 번째 부류는 회사 경영의 세부 문제를 질문한다. 토니 로빈스는 이 분야 전문가를 초청해 기업 경영 과정에서 가장 중요한 재무회계와 숫자를 파악하는 부분을 집중 설명하게 했다. 그가 복잡한 재무 분야 지식을 어찌나 쉽고 간단하게 설명하던지 무대 아래 참가자들은 넋을 놓고 강의에 집중했다.

기업 경영의 본질이 궁극적으로 인간 본성의 문제일 수밖에 없는 이유

실용성 외에 이 워크숍의 특이한 점은 참가자들에게 생각할 시간을 충분히 준다는 것이다. 일반적으로 토니 로빈스가 이론 부분을 간단히 설명한 다음 참가자에게 그 지식을 회사 경영에 어떻게 적용할지, 어떤 방법으로 경영 전략과 자신의 심리 상태를 조정할지 자세히 생각할 시간을 준다. 또 모든 참가자에게 이 같은 기초 위에 회사의 발전 목표를 새롭게 세워보라고 요구한다. 이때 7가지 요소를 활용해 발전 전략도 만들어야 한다.

만약 당신의 회사가 막 태동하는 단계라면(앞서 말한 첫 번째 부류) 급진적인 발전 전략을 고려해도 좋다. 일정 규모까지 성장한 다음에는 완만하고 질서 있는 발전 전략으로 지속적인 성장을 이끌어야 한다. 회사가 위치한 성장 단계에 따라 경영자가 마주치는 문제와 해결방안은 달라진다.

예를 들어 당신의 목표가 향후 1년간 회사 이윤을 1,000만 달러로 확대하는 것이라고 해보자. 이 돈은 어디에서 나오는가? 상품 버전을 교체해 대중의 흡인력을 높일까, 아니면 현재 시스템을 유지하는 대신 최적화를 꾀할까? 7가지 요소에 기반해 이 부분을 적극 혁신하거나 구체적인 개선방안을 만들 수 있다.

토니 로빈스는 이 부분 강의에 많은 시간을 할애했다. 그는 어떻게 적절한 심리 상태로 기업 경영 문제를 대할지 설명하면서 함께 맞서 싸울 동료를 찾아내야 한다고 강조했다. 또한 그들의 심리 상태를 어떻게 조율해야 하는지도 상세히 설명했다.

닷새씩 2번의 워크숍을 마친 뒤 내게 깊은 인상을 남긴 내용은 다음과 같다.

- 경영자에게 가장 중요한 것은 심리 상태다. 꾸준히 학습하려는 마음자세로 문제를 대하고 자기 사업을 받아들여야 한다.
- 경영자 자신이 창출할 수 있는 가치와 이루고 싶은 욕구를 잘 생각해보고 명확히 인식해야 한다. 그런 다음 가치와 욕구에 기초해 목표를 설정한다.
- 경영자는 타인의 욕구를 능동적이고 깊이 있게 이해해야

한다. 자기 자신을 포함해 직원과 고객 관리에서 그들의 욕구를 관찰하고 주의를 기울여야 한다.

열흘의 워크숍과 하버드대학교 경영대학원 2년 과정을 직접 비교하는 것은 말도 안 된다. 둘 사이에는 커다란 차이가 존재한다.

하버드대학교 경영대학원은 '업무는 업무로 대한다'는 원칙을 준수하도록 가르친다. 일은 일이고 감정은 고려해야 할 요소에 들어가지 않는다. 어떤 일을 잘 처리하지 못했을 때 감정에 얽매이지 않고 문제 자체를 분석해 실행 가능한 해결방안을 찾아야 한다는 식이다. 그런데 현실적으로는 이것이 쉽지 않다. 사람에게는 당연히 감정이 따른다. 가령 해야 할 일이 많고 시간이 촉박하면 감정적 스트레스가 커진다. 그럴 때는 왜 일을 잘 처리하지 못했는지 검토해 다른 직원과 일을 나누고 일정표를 새로 마련하는 등 해결방안을 적용해야 한다. 그러나 감정적 스트레스가 줄어들지 않으면 문제를 해결했다고 볼 수 없다.

반면 토니 로빈스는 '사람을 먼저 논하고 일은 그다음에 논하자'고 주장한다. 그는 사람의 심리 상태 조정과 감정 관리를 중요하게 생각하는데 이는 하버드대학교 경영대학원의 원칙과 상호 보완할 수 있다.

'사람을 논한다'는 것은 사실상 그 사람의 감정을 살피는 일이다. 특히 중요한 것은 자신의 심리 상태를 어떻게 조절하는가 하는 문제다. 사장의 심리 상태는 조직에 영향을 미친다. 따라서 사장은 자신의 심리를 조절해야 하고 직원은 사장의 심리를 조절해야 한다. 이때 자신의 심리에서 타인의 심리까지 단계적으로 접근해야 한다. 심리를 제대로 조절한 뒤에도 문제를 완전히 해결하지 못할 수 있지만 원동력이 높아지므로 심각하던 문제를 처리하기가 더 쉬워진다.

기업 경영은 결국 인간 본성의 문제다.

사업보다 개인 브랜드를 가져라

새로운 시대의 가장 강력한 무기, 개인 브랜드

잘츠부르크 글로벌 세미나The Salzburg Global Seminar는 컬럼비아대학교 언론대학원과 『뉴욕타임스』의 소유자인 설즈버거Sulzberger 가문이 합동으로 주최하는 프로그램이다. 이 세미나에서는 매년 20여 명의 뛰어난 언론사 경영인을 초청해 1년간 공동연구를 추진하는데 그러는 동안 계절별로 일주일간 세미나를 연다. 나는 언론계 종사자는 아니지만 어느 언론사에 투자한 덕분에 이 세미나에 초청을 받았다.

잘츠부르크 글로벌 세미나는 언론계 종사자의 경영 능력을 제고하기 위한 학술회의로 이들은 언론 매체의 현 상황과 미래 발전의 흐름을 놓고 토론했다. 특히 주류 언론에 별 호감을 받지 못하는 트럼프가 개인 브랜드를 세워 성공적으로 활용하면서 '개인 브랜드 수립'도 토론 주제로 올라왔다.

지금은 전에 없던 기회의 시대다. 최고의 시대이자 최악의 시대인 오늘날 누구나 이 시대에 순응해 자신의 개인 브랜드를 수립해야 한다. 토니 로빈스 워크숍에서 한 초청강사가 이런 말을 했다.

"전통 개인 브랜드는 확고하고 전문적인 능력을 바탕으로 주류 언론의 홍보와 선전으로 만들어졌다. 그래야 개인 브랜드를 수립했다고 볼 수 있었다."

토니 로빈스도 이렇게 말한 적이 있다.

"오늘날 세상은 빠르게 변하고 있고 기술 혁신과 세계화로 모든 업계가 심각한 충격과 도전과제에 직면해 있다."

이런 상황에서는 열심히 노력하는 것만으로는 불충분하며 장기적으로 효과를 거둘 수 있는 개인 가치를 만들어내야 한다. 오늘날 전통 언론의 영향력은 점점 약해지고 그 자리를 뉴미디어가 대신하고 있다. 이는 우리가 개인 브랜드를 수립할 절호의 기회다.

과거에는 어떤 경로로 여론을 전파했을까? 점 대 면 방식이 기본적인 공식 경로였다. 제2차 세계대전의 불꽃이 영국 영토에까지 미쳤을 때 처칠은 유명한 방송연설에서 파시스트에 끝까지 항거하겠다는 결심을 밝혔다. 그의 연설은 영국 국민을 고무했다. 당시에는 보통사람이 자신의 견해를 공표할 수 있는 기회가 드물었다. 한정된 숫자의 주변 사람에게만 자기 관점과 경험을 알리고 자신이 어떤 사람인지 인식하게 해 개인 브랜드를 확립할 수 있었다.

그러나 지금은 정보 전달 경로가 굉장히 다양하다. 전문성의 뒷받침을 받지 않아도 얼마든지 자기 의견을 세상에 알릴 수 있다.

그 대표적인 사례가 '인터넷 스타'다. 대부분 뛰어난 학력이나 전문성을 갖추지 못한 그들은 주류 언론 시대라면 절대 '스타'가 되지 못했을 것이다. 그렇지만 지금은 뉴미디어를 활용해 평범하던 사람이 하루아침에 폭발하듯 유명인사가 되기도 한다. 예를 들어 과거에 패션 전문가가 다루던 화장법이나 옷을 입는 법을 평범한 십 대 소녀가 각종 스타일을 선보이면서 주목을 받고 영향력을 발휘하기도 한다. 그 소녀는 자신의 영향력을 이용해 개인 브랜드를 만들 수 있다.

브랜드는 회사의 전유물이 아니며 지금은 개인 브랜드 시대다. 회사는 도산할 수도 있고 당신이 회사를 떠날 수도 있다. 그러면 당신과 회사 브랜드는 관련이 없어진다. 심지어 그 브랜드가 세상에서 사라지기도 한다. 그렇지만 한 사람의 개인 브랜드는 영원히 그 사람과 관련이 있다.

개인 브랜드 구축은 뉴미디어가 우리에게 안겨준 거대한 기회다. 가령 트럼프는 주류 언론 시대에 부동산 사업이 어느 정도 성공을 거두자 곧바로 TV 방송에 뛰어들었다. 그는 자신이 진행한 리얼리티 프로그램 〈디 어프렌티스The Apprentice〉를 제작해 뉴미디어 물결에 발 빠르게 동참했다. 나아가 트위터 등 새로운 플랫폼을 활용해 개인 브랜드를 구축했고 그 개인 브랜드는 사업은 물론 대통령 당선까지 큰 영향을 미쳤다.

그런데 아직도 많은 사람이 이 사실을 인식하지 못하고 있다. 그들 중에는 학력과 경력이 화려한 사람도 많지만 이들은 좋은 실적을 올리면서도 개인 브랜드를 구축하지 않는다. 그저 회사나 다른 사람의 브랜드를 위해 일할 뿐이다. 개인 브랜드 구축은 사업뿐 아니라 평생 커리어에도 많은 도움을 준다는 사실을 잊지 말자.

뉴미디어로 개인 브랜드를 구축하기 위한 4가지 요소

뉴미디어가 빠르게 부상하는 것을 보면서 전통 언론이 가만히 있었던 것은 아니다. 이를테면 CNN은 페이스북과 여러 뉴미디어 플랫폼에 모두 계정을 갖고 있다. 이러한 플랫폼 이용자 수가 TV 시청자 수를 훨씬 웃돌기 때문이다. 잘츠부르크 글로벌 세미나에 참가한 CNN의 뉴미디어 책임자는 뉴미디어 시대에 개인 브랜드와 기업 브랜드 구축, 뉴미디어와 전통 언론의 차이점을 두고 발언했다.

첫째, 플랫폼을 초월해야 한다.

뉴미디어가 안겨준 새로운 기회 앞에서 기업 브랜드든 개인 브랜드든 플랫폼을 초월해야 성공한다. 어떤 브랜드의 가치는 한 플랫폼에 몇 사람이 방문했는가로 결정되지 않는다. 한 플랫폼에서는 별로 주목받지 못해도 다른 플랫폼에서는 큰 반향을 일으킬 수도 있다. 예를 들어 ABC와 CNN은 막 인기를 끌기 시작한 '페이스북 라이브Facebook Live'와 협력했고, 프로그램 진행자가 스마트폰을 들고 보통사람들처럼 라이브 방송을 하자 시청률이 TV보다 높았다. 한 플랫폼이 개인 브랜드를 전부 대표하는 것은 아니며 여러 플랫폼의 반응이 더해져 개인 브랜드를 형성한다.

둘째, 플랫폼에 따라 차별화해야 한다.

플랫폼마다 고유의 특징이 있다. 트위터는 140자만 쓸 수 있기 때문에 내용이 간단하면서 핵심적이며 시의성에 민감하다. 페이스북은 텍스트 길이에 제한이 없어서 많은 내용을 담을 수 있다. 스냅챗은 젊은 층에게 인기가 많으며 사진이나 메시지가 확인 후 자동 파기되는 '번 애프터 리딩Burn After Reading' 기능이 특징이다. 인스타그램은 주로 사진을 올리기에 좋은 플랫폼이다. 왓츠앱은 이용자들이 메시지 전달 방식으로 소통하는 플랫폼이다.

이렇듯 플랫폼마다 장점이 다르므로 그에 맞춰 다양한 방식과 내용으로 플랫폼에 따라 개인 브랜드를 구축해야 한다. 전통 방송은 무조건 사람들에게 보여주는 형태였다. 그런데 CNN의 뉴미디어 담당자는 플랫폼마다 동일한 콘텐츠를 그대로 올리면 효과가 없다고 했다. 플랫폼에 따라 다른 내용으로 만들어 각기 다른 이용자들의 관심을 유도해야 한다는 얘기다. 페이스북에는 퀴즈나 대결 형식으로 이용자들의 상호작용을 유도하고, 인스타그램에는 사진을 올리면서 숨겨진 이야기를 제공하는 식이다.

모바일 메신저도 지역에 따라 다른 플랫폼을 많이 사용한다. 한국은 카카오톡, 미국은 왓츠앱, 중국은 위챗을 주로 쓴다. 동일한 플랫폼에서도 이용자의 연령대와 환경 등에 따라 내용과 표현 방식이 크게 다르다. 그러므로 동일한 콘텐츠를 여러 플랫폼에 올리는 것으로는 다양한 이용자를 만족시킬 수 없다.

셋째, 양방향 소통이 중요하다.

전통 언론은 일방통행 식으로 정보를 제공했다. 근현대 광고나 방송, 신문은 단일 방향으로만 정보가 움직였고 정보를 받아들이는 대중은 제작자를 향해 반응을 보이기가 쉽지 않았다. 통로가 없거나 숨겨져 있었기 때문이다.

뉴미디어의 특징은 강력한 양방향성으로 모바일 인터넷의 빠른 발전에 힘입은 것이다. 모바일 인터넷은 정보 전달 통로를 확대했고 누구나 쉽게 정보에 접근할 수 있도록 만들었다. 이제는 정보가 전방위적으로 입체 그물망 형태의 구조를 그리며 전달된다. 또한 모바일 인터넷 기술이 인간의 소통과 교류 욕구를 충족해주면서 이것이 개인 브랜드 구축에서 중요한 부분을 차지하고 있다. 양방향성이 뛰어날수록 개인 브랜드의 영향력은 커진다. 양방향성은 우리가 대중의 관심도를 파악하고 정보 전달 흐름과 내재된 규칙을 이해하면서 더 강력한 상호작용을 하게 해주기 때문이다.

넷째, 정보를 은연중에 스며들도록 제공해야 한다.

전통 홍보와 선전 방법은 광고를 찍는 것이지만 요즘 사람들은 그런 식의 광고에 피로감을 느낀다. 오히려 정보가 은연중에 스며들게 하는 방식이 자연스럽고 효과적이다. 상품이 좋다고 직접 말하기보다 재미있고 진실하며 흡입력 있는 이야기를 들려주면서 거기에 상품 정보를 슬쩍 끼워 넣으면 자연스럽게 받아들여진다. 이때 중요한 것은 대중이 그 이야기를 듣고 싶어 하도록 만들어야 한다는 점이다.

종합하면 플랫폼을 초월하고 차별화하고 양방향으로 소통하면서 은연중에 스며들도록 만드는 것이 뉴미디어 시대의 브랜드 구축에서 가장 중요한 4가지 요소다. 이 요소를 잘 활용하면 좋은 브랜드를 만들 수 있다. 특히 뉴미디어는 광고 영역에서 빠르게 발전하고 있으며 현재 미국에서 시장규모가 100억 달러를 넘어섰다.

트럼프는 어떻게 개인 브랜드를 구축했나

잘츠부르크 글로벌 세미나에 참가한 나는 말하자면 외부인이었다. 알고 보니 다른 참가자들은 대부분 서로 아는 사이였다. 언론계 종사자는 아주 많지만 일정 직급 이상 올라온 사람이면 경력도 길고 유명한 편이라 서로 대충이라도 알고 지낸다.

언론계 종사자라고 하면 당장 화려한 이미지를 떠올리기 쉽지만 내가 만난 세미나 참가자들은 대부분 평범한 직장인처럼 보였다. 그들은 미국 사회 여론을 좌지우지하지만 생각해보면 그들은 배우도 아나운서도 아닌 언론사의 경영진이다. 엄청난 시청률을 자랑하는 프로그램을 제작하는 사람도 프로그램의 유명세를 빼면 그저 평범하게 가정을 꾸려가는 사람일 뿐이다. 내가 만난 언론인은 다들 그랬다.

세미나에서 만난 언론인들과 교류하며 나는 몇 가지 사실을 발견했다.

첫째, 그들은 사교 활동에 열심이다. 거의 매일 밤 술을 마시며 수다를 떠는데 새벽 2시가 넘어야 자리를 파할 정도다. 그런데도 이튿날 아침 8시면 출근한다. 나는 이런 생활은 경영대학원만의 전통일 것이라고 생각했으나 언론계도 똑같았다.

사건에 민감한 후각을 드러내는 이들은 사교 활동을 하면서 정보를 수집하고 새로운 이슈를 찾는다. 가령 미국 정치인은 인터뷰를 많이 하는데 특히 대통령 선거기간에는 언론이 먼저 나서서 후보자에게 바짝 붙어 그들의 소식을 보도한다. 정치가들은 가능한 한 개인 이야기를 하지 않으려 하지만 대중은 그런 일을 오히려 더 궁금해 한다. 그러니 어쩌겠는가? 전에 어떤 대통령 후보가 외도 의혹에 휘말린 적이 있다. 기자들은 애인으로 알려진 여성을 인터뷰하고 싶어 했지만 그녀는 절대 응하지 않았다. 이 일은 언론계 내부에 다 알려졌으나 명확한 증거가 없어서 보도하지 못했다. 언론인들은 이곳저곳 쑤시며 증거를 찾으려 애썼는데 그럴 때 서로 사교 활동을 빙자해 정보를 탐색한다.

둘째, 그들은 신기술을 배척하지 않는다. 오히려 새로운 기술을 열렬히 사랑한다. 2016년 대통령 선거는 그해 미국에서 가장 화젯거리였다. 언론은 정치가를 따라다니며 보도에 열을 올렸다. 선거기간 중 후보들은 미국 전역을 돌며 다양한 행사에 참가하고 언론매체는 그것을 취재해 보도한다. 이것이 선거기간의 전통 풍경이다.

그런데 퓨전Fusion이라는 방송국이 페이스북 라이브와 협력해 새로운 보도 방식을 선보였다. 진행자는 선거 후보가 방문한 지역을 찾아가 스마트폰을 이용해 실시간으로 현지 주민의 생각을 보도했다. 시청자들은 보도의 현실감, 진짜 같은 느낌에 푹 빠졌고 방송 효과가 엄청났다. 예전의 뉴스 보도는 사건 현장을 배경으로

리포터가 세심하게 작성한 보도 내용을 말하는 장면을 찍어서 내보내는 것이었다. 그 탓에 시청자들은 뉴스 보도에서 현장감을 잘 느끼지 못했다. 미리 준비한 영상처럼 보였기 때문이다.

사실 사건의 진실을 알려면 깊이 탐색하고 오랫동안 검증해야 한다. 그렇지만 사람들은 사건의 진실보다 '진짜 같은 느낌'을 원한다. 영리한 언론인들은 신기술이 전통 언론에 던진 충격과 영향에 금세 적응해 새로운 시대의 흐름에 맞게 대응했다.

그 밖에도 나는 세미나 기간 동안 언론인의 개인 관점에 귀를 기울였다. 전통 의미의 언론인은 전문 평론가가 아니면 가능한 한 중립적이고 객관적인 태도를 고수하며 개인 의견을 드러내지 않는다. 그렇다고 그들에게 개인 관점이 없는 게 아니다. 다만 TV나 라디오에서 말하지 않는 것뿐이다. 대통령 선거기간 중에 그들은 사적인 자리에서 하나같이 트럼프를 몹시 미워했다.

선거기간 중에 언론은 쉼 없이 트럼프를 다뤘다. 특히 그가 구축한 개인 브랜드 이야기를 많이 했다. 그러나 사적으로는 대부분의 언론인이 "트럼프가 언론을 납치했다"고 표현했다. 그가 공개적으로 언론을 비난하면서 가짜뉴스를 만드는 대중의 적으로 표현했기 때문이다. 언론인들은 당연히 분노했다. 언론도 중요한 정치권력 중 하나인데 그 권력이 트럼프의 일갈로 대중의 적이 되어버린 것이다.

설령 그럴지라도 트럼프는 원래 화제성이 강하고 주목도가 높은 인물이라 그의 소식을 보도하지 않을 수 없었다. 언론은 분명 트럼프를 미워했으나 그의 언론 노출도는 오히려 높아졌다.

어떤 언론인은 트럼프의 허세와 거짓말을 모아 자세히 분석 보도했다. 과거라면 정치 생명이 끝났을지도 모를 그 보도에도 트럼프는 말짱했다. 언론인들은 당황했다. 사람들은 처음에 트럼프를 바보, 멍청이로 여겼고 그가 선거에서 어릿광대 역할을 할 거라고 생각했다. 나중에는 트럼프를 거짓말쟁이에다 사기꾼으로 봤다. 그래서 그가 떠벌린 거짓말을 모아 폭로했다. 더 나중에는 트럼프를 위험한 인물로 묘사했으나 그는 부정적인 보도에 전혀 영향을 받지 않았고 도리어 언론을 공격했다.

사실 언론에서는 아무것도 하지 않는 방법을 쓸 수도 있다. 트럼프를 전혀 보도하지 않는 것이다. 그렇지만 그것은 언론의 책임을 저버리는 일이다. 결국 언론은 트럼프를 몹시 싫어하면서도 그가 가져오는 이익은 취하는 이상한 상황이 벌어졌다. 이처럼 언론의 영향력은 트럼프에게 통하지 않았다. 전통 보도 형태가 깨진 셈이다. 과거 언론은 여론을 주도하면서 한 정치가의 미래를 좌우할 수 있었다. 아무리 명성이 자자한 거물도 추문 한 번이면 쓰러지기 십상이었다. 그럼 왜 트럼프에게는 아무런 영향도 미치지 못했을까? 이는 트럼프라는 한 개인의 특성에 기인하는 한편 이 시대의 독특한 현상이기도 하다.

우선 전통 언론은 여론을 통제하는 유일하거나 절대적인 존재가 아니다. 모바일 인터넷 발달이 전통 언론의 영향력을 크게 떨어뜨린 데다 시의성이 더 강하고 정보도 더 풍부한 뉴미디어가 빠른 속도로 많은 정보를 전달하면서 상황은 더욱 복잡해졌다. 이제 전통 언론은 예전처럼 '내가 말하면 너는 들어야 한다'는 태도를 취할 수 없다.

　여기에다 대중은 진실보다 진짜 같은 감각에 빠져든다. 과거에도 정치가들은 거짓말을 했다. 그때는 전통 언론이 여론을 통제할 수 있었고 정치가는 전문성을 갖춘 모습을 보이려 애썼다. 반면 트럼프는 전문성도 없어 보이고 정치가 같지도 않은데 오히려 그런 모습이 사람들에게 진짜 같은 느낌을 주었다. 요즘에는 정보를 얻을 수 있는 통로가 아주 많다. 사람들은 여러 통로의 정보를 토대로 진실 여부를 판단하며 진짜 같은 느낌은 그들에게 중요한 판단 근거다.

　트럼트 시대 들어 '정치적 올바름'은 부서졌다. 뉴미디어를 강력한 무기로 활용하는 트럼프는 선명하게 구축한 개인 브랜드를 바탕으로 수많은 지지자를 끌어들였다. 지금으로서는 이 변화를 뭐라고 평가하기가 어렵다. 아무튼 개인 브랜드 측면에서 트럼프는 수억 명의 미국인에게 영향을 미치며 의심할 여지없이 거대한 성공을 현실화했다.

"버즈피드는 브랜드를 만드는 중이지 웹사이트를 만드는 게 아니다"라는 말의 의미

　뉴미디어는 개인 브랜드 구축 과정에서 전통 방식을 깨뜨렸다. 첫째, 콘텐츠는 동시에 여러 플랫폼에 올릴 수 있고 심지어 대부분 무료다. 다시 말해 플랫폼에서 형성되는 '팬덤' 자원은 완전히 개방적이다. 둘째, 사람들은 진짜 같은 느낌을 추구하기 때문에 콘텐츠 제작 수준에 까다롭지 않다. 즉, 스튜디오에서 형식을 갖춰 촬영한 프로그램처럼 만들지 않아도 괜찮다. 스마트폰을 들고 언제 어디서나 라이브로 소통해도 괜찮다.

물론 전통 언론에는 여전히 많은 장점이 있다. 또한 뉴미디어가 진입하기 쉽다고 해서 아무렇게나 해도 된다는 뜻은 아니다. 개인 브랜드를 구축할 때는 어느 플랫폼을 사용할지 충분히 고민해야 한다. 현재 존재하는 플랫폼 외에 앞으로 어떤 새로운 방식이 나올지는 알 수 없다. 기업 브랜드를 구축할 때도 기존의 전통 홍보 방식에서 벗어나야 한다.

미국의 뉴미디어 브랜드 버즈피드Buzzfeed는 여러 뉴스를 취합해서 고객에게 보여주는 서비스를 제공한다. 처음에는 자사 웹사이트에서 인터넷의 인기 이슈와 콘텐츠를 모아 고객에게 보내주었다. 지금은 정치, 비즈니스, 문화, 오락, 여행, 수공예 등의 주제로 뉴스 콘텐츠를 제공하는데 이것은 전 세계 30여 개 SNS 플랫폼에 동시에 올라간다. 통계를 보면 버즈피드 이용자의 70퍼센트가 모바일 플랫폼을 쓰고 매달 조회수가 90억에 이르며 미국에서만 1억 6,000만 명 이상이 버즈피드를 방문한다. 이는 역사 깊은 언론『뉴욕타임스』를 훨씬 웃도는 수치다.

현재 미국의 젊은이는 대부분 TV로 뉴스를 보지 않는다. CNN 등의 웹사이트에도 가지 않는다. 그들은 스마트폰으로 버즈피드에 접속해 뉴스를 본다. 그런데 버즈피드는 브랜드를 만드는 중이지 웹사이트를 만드는 게 아니라고 말한다. 이게 무슨 뜻일까? 기업은 보통 자사 플랫폼을 가지려고 한다. CNN만 해도 자사 웹사이트와 모바일 앱을 갖추고 있다. 페이스북과 트위터에도 '공식 계정'이 있는데 이러한 계정을 운영하는 목적은 이용자를 자사 앱이나 웹사이트로 끌어오는 데 있다.

버즈피드는 그렇게 하지 않는다. 그들은 버즈피드가 다른 기업이 만든 플랫폼에서도 '생존'할 수 있다고 본다. 사람들이 페이스북이나 트위터에서 버즈피드의 뉴스를 보더라도 상관없다는 얘기다. 버즈피드는 자사 웹사이트로 이용자를 끌어들이려 하지 않는다. 버즈피드 CEO의 이 관점은 상당히 혁신적이다. 일반적으로 이용자가 다른 플랫폼에 머물러 있으면 그 회사 가치를 창출할 것이라고 생각한다. 그래서 대개는 이용자를 자사 플랫폼에 끌어들여 이익을 얻으려 하지만 버즈피드의 생각은 달랐다. 이용자가 버즈피드를 좋아한다면 다른 회사 플랫폼에 기업 브랜드를 구축해도 얼마든지 수익을 올릴 수 있다!

실제로 그랬다. 큰 플랫폼들은 인기 있는 언론 브랜드와 더욱 긴밀하게 협력하기 시작했다. 이들은 광고수익을 공동 분배하거나 플랫폼의 특성을 활용해 콘텐츠를 다르게 제공하도록 해준다.

현재의 언론 환경으로 볼 때 플랫폼은 뉴미디어든 전통 언론이든 상관없이 콘텐츠가 제일 중요하다. 과거에는 언론사가 하루에 한 번 혹은 일주일에 한 번 뉴스를 생산했지만 지금은 1시간마다 플랫폼에서 계속 뉴스를 갱신한다. 플랫폼의 콘텐츠 수요량도 많다. 이에 따라 버즈피드처럼 독자의 편의를 가장 먼저 생각하고 SNS 플랫폼을 기반으로 하는 뉴미디어는 이용자가 콘텐츠를 이용하고 확산하는 방식을 연구하면서 계속 새로운 서비스를 제공한다.

개인 브랜드 구축과 성공은 많은 경우 자신의 고유한 특성을 드러내면서 이뤄진다. 또한 자신을 그 분야의 권위자로 만들기 위해 끊임없이 노력해야 한다. 젊은 오피니언 리더들이 점점 업계를 바꾸고 있는 오늘날에는 특히 개인 브랜드의 가치를 어떻게 경제 수익으로 전환할 것인지가 중요한 부분이다. 브랜드 구축 과정에서 회사나 개인의 인지도는 계속 높아진다. 그 인지도는 가치를 만들어내며 그중에는 직접 수익으로 전환하는 것이 가능한 경우도 있고 브랜드 구축 과정에서 수익을 얻는 경우도 있다.

지금 이 시대에는 모든 직업인이 개인 브랜드를 구축해야 한다. 눈 깜짝 하는 사이에 변하는 세상이라 기업도 자산도 인맥도 언제든 사라질 수 있다. 그러나 개인 브랜드는 내가 존재하는 한 쉽사리 사라지지 않는다. 브랜드 구축은 쉽지도 않고 하루아침에 이뤄지지도 않지만 일단 만들면 사람들의 생각과 관념에 큰 영향을 미칠 수 있다. 특히 잘 구축한 개인 브랜드는 기업과 개인이 여러 불확실성 요소를 막아내는 데 많은 도움을 준다.

불확실한 미래,
어떻게 사업에서 성공할 것인가

컴퓨터가 자아 인식을 하기 시작하면
어떤 세상이 펼쳐질까

1993년 미국의 유명한 SF 소설가 버너 빈지Vernor Vinge 가 굉장한 영향력이 있는 논문『곧 도래할 기술 특이점The Coming Technological Singularity』을 발표했다. 이 논문은 컴퓨터가 자아 인식을 하게 될지, 만약 컴퓨터가 자아 인식을 한다면 어떤 일이 발생할지 예측한다.

지금까지 컴퓨터는 자아를 인식하지 못한다. 따라서 아무리 능력이 대단해도 우리가 전원을 꺼버리면 구동을 멈춘다. 만약 컴퓨터가 자신의 존재를 인지한다면 그때도 우리가 손쉽게 컴퓨터 전원을 차단할 수 있을까? 아마 컴퓨터는 계속 구동하기 위해 우리의 행동을 방해할 것이다. 컴퓨터 입장에서 전기 공급과 기계 구동은 그들의 생명이나 다름없다.

버너 빈지는 컴퓨터가 영원히 자아 인식을 하지 못하는 것은 불가능하다는 관점을 제시한다. 단순히 지적 능력만 보면 컴퓨터 진화는 인류 진화보다 훨씬 빠르게 이뤄지고 있다. 인류가 지금 같은 대뇌를 보유하는 데 100만 년이 걸렸지만 컴퓨터는 인터넷 덕분에 발달 기점, 정보량, 정보처리 속도 등에서 인류를 훨씬 앞서고 있다. 미래의 어느 순간 컴퓨터는 자신의 존재를 인지할 가능성이 크다. 그때가 소위 말하는 '특이점'이 발생하는 시점이다. 모든 인류 역사는 그 순간을 기점으로 완전히 바뀔 것이다.

그런 시대가 오면 어떤 상황이 벌어질까? 한번 상상해보자.

첫 번째, 컴퓨터가 인류를 '해충'으로 여긴다. 컴퓨터는 자신의 생존을 위협하는 인류를 말살하려고 할지도 모른다. 영화 〈터미네이터〉 시리즈는 1984년 첫 번째 영화에서 이미 그런 미래를 예측했다. 이것은 인간과 기계 사이에 전쟁이 벌어지고 기계가 뛰어난 기술력과 감정적 동요가 없다는 절대 우위를 바탕으로 인류 멸절을 시도한다는 내용이다.

두 번째, 컴퓨터가 인류를 동물의 한 종류로 보고 사육한다. 지금의 보호구역, 국립공원 같은 공간을 만들어 인류를 풀어놓고 키우거나 애완동물처럼 키울지 모른다. 이때 낙관적인 상황은 컴퓨터와 인류가 각자의 길을 가면서 서로 간섭하지 않는 것이고, 비관적인 상황은 영화 〈매트릭스〉처럼 기계가 인류의 의식까지 통제하면서 가상현실 세계에 우리를 가둬두는 것이다. 그 영화에서 인류는 자신이 자유롭게 살고 있다고 착각하지만 실은 기계를 유지하기 위한 에너지원으로 먹혀버린다.

세 번째, 인류와 컴퓨터가 서로 결합한다.

뭐가 되었든 인류의 공포가 만들어낸 이 논쟁은 오랫동안 이어져왔다. '기술 특이점' 개념은 1950년대 컴퓨터의 아버지라 불리는 존 폰 노이만John von Neumann과 수학자 스타니스와프 마르친 울람Stanisław Marcin Ulam의 대화에서 처음 등장했다. 제2차 세계대전 역사를 바꾼 맨해튼 프로젝트(원자폭탄 연구)에 참가한 두 사람은 나중에 자신들이 나눈 대화를 이렇게 회고했다.

"우리는 점점 빠르게 발달하는 과학기술이 인류의 생활방식에 불러올 변화를 두고 대화를 나눴습니다. 기술 발전과 생활의 변화가 인류를 역사적인 '특이점' 단계로 데려갈 거라고 생각했지요. 특이점이 지나면 우리가 현재 잘 알고 있는 인류사회, 예술, 생활방식 등이 더는 존재하지 않을 거라고 보았습니다."

그들의 대화는 수많은 과학자, SF 작가, 예언자가 끊임없이 인용해왔다.

아이비리그보다 더 입학하기 어려운 대학, 특이점 대학

기술 발전은 현존하는 모든 산업에 영향을 미치고 나아가 변화시킬 것이 확실하다. 천재 발명가이자 미래학자이며 자신의 회사를 창업한 레이 커즈와일Ray Kurzweil은 이 사실을 굳게 믿는다. 2005년 그는 자신의 베스트셀러 『특이점이 온다: 기술이 인간을 초월하는 순간The Singularity Is Near: When Humans Transcend Biology』에서 이렇게 이야기했다.

"미래 어느 시점(이 시점은 반드시 도래한다)에 기계는 인공지능으로 완벽하게 자아를 만들고 인류를 초월한다. 그 시점은 인공지능이 인류 지혜의 역사성을 초월하는 때이며 이를 특이점이라고 부른다."

2008년 레이 커즈와일은 구글과 미국 항공우주국NASA 에임스 연구센터Ames Research Center의 도움을 받아 캘리포니아 실리콘 밸리의 중심에 특이점 대학Singularity University을 설립했다. 특이점 대학은 특별한 곳으로 합격률이 겨우 2퍼센트에 불과하다. 그야말로 어떤 아이비리그 명문대학보다 입학하기가 어렵다. 학제도 특이해서 10주 만에 졸업하지만 수업료는 3만 달러에 이를 정도로 비싸다. 놀랄 일은 아직 더 남았다. 이 대학에는 시험이 없고 논문 디펜스(심사 과정)도 없고 학위도 없다. 그런데도 이 대학을 졸업하면 집중적으로 관심을 받는다.

특이점 대학에서는 인터넷의 아버지 빈트 서프Vint Cerf, 테슬라 창립자 일론 머스크Elon Musk, 할리우드의 유명 감독이자 제작자인 제임스 캐머런James Cameron 같은 유명인사를 만날 수 있다. 특이점 대학은 자신들의 사명을 다음과 같이 정리한다.

"학과를 초월해 전혀 새로운 방식으로 미래의 과학기술 리더를 양성하고, 기존 기술을 전복하는 혁신으로 미래 인류 사회의 중대한 문제를 해결한다."

특이점 대학에 있는 사람들은 모두 기술낙관주의자다. 그들은 미래의 과학기술에 푹 빠져 있으며 기술이 모든 문제를 해결해준다고 굳게 믿는다. 에너지 고갈 문제는 기술 발전으로 신에너지를 발견해 해결하고 인구 폭발 문제는 우주를 개척하면 된다고 주장한다. 어쨌든 각종 문제를 모조리 기술로 해결할 수 있다고 본다. 그래서 그들은 여러 기술 분야의 전문가와 최고 권위자를 초빙해 컴퓨터, 인공지능, 유전자 기술 등의 문제를 연구하고 있다.

구글은 왜 특이점 대학 설립을 지지한 걸까? 우선 구글 창립자의 개인적인 관심 때문이다. 그다음으로 구글에 구글 엑스 부서가 있어서다. 이 부서에서는 언뜻 미친 듯하고 황당무계하게 여겨지는 과학기술 관련 아이디어를 연구한다. 그런데 이러한 기술이 현실화할 경우 세상은 완전히 뒤집히게 된다.

투자회사는 곧 상업화할 수 있는 기술에 투자한다. 3~5년 내에 기술을 현실화해 어느 정도 상업적 가치를 창출할 수 있어야 투자 수익이 나올 테니 말이다. 반면 특이점 대학은 더 멀리 내다본다. 그곳에서는 향후 10~20년 뒤 어떤 변화가 있을지, 어떤 신기술이 등장할지 등을 연구한다.

특이점 대학이 개최한 '특이점 수뇌회담'에 참가하다

2017년 8월 특이점 대학은 실리콘 밸리에서 전 세계를 대상으로 한 '특이점 수뇌회담Singularity Summit'을 개최했다. 최근 1년간의 연구 성과와 혁신 기술을 세상에 선보이는 자리였다.

회의 참석자들이 토론한 핵심 주제는 '미래는 어떤 세상이 될 것인가'였다. 이 회담에는 과학기술계의 엘리트뿐 아니라 투자자들도 참가했는데 그때 나도 그 자리에 있었다. 특이점 대학은 학생을 뽑을 때처럼 회담 참가자들에게도 높은 문턱을 설정했다. 혁신적인 리더는 기본이고 자기소개를 비롯해 자신이 혁신한 프로젝트와 미래 발전 계획을 명시한 신청서를 보내야 했다. 여기에 더해 사흘간의 참가비로 3,000달러 정도 비용을 지불해야 한다. 2017년 한 해에만 1,400여 명이 실리콘 밸리에 와서 그 과학기술 향연에 참가했다.

특이점 대학에는 여러 가지 기술이 어떻게 각종 업계를 전복시킬지 토론하는 전문 워크숍이 마련되어 있다. 이것은 금융, 의료, 교통 등의 분야로 나뉘는데 이 기술을 익히면 그 기업은 업계가 변화하는 데 도움을 줄 수 있다. 이것은 각 분야에서 최첨단을 달리는 전문가와 상호작용하며 기술이 어떻게 업계 발전을 가속화할지 이해하고 또 사람들의 생활을 바꿀 수 있는지 논의하는 좋은 기회였다.

회담에서 발표한 미래 예측 중 내가 가장 놀란 것은 '과학기술이 미래 산업과 직업을 어떻게 변화시킬 것인가' 하는 부분이었다. 우선 과학기술이 우리의 직업 계획을 완전히 전복할 것이다. 또한 앞으로 20~30년 내에 많은 직업이 사라질 것이라고 하는데, 그러면 그 직업에 종사하는 사람들은 어떻게 미래를 준비해야 할까?

특이점 수뇌회담에 참석한 이후 나는 그 질문법에 문제가 있다는 것을 깨달았다.

전공학과 선택은 곧 우리가 어떤 분야에서 전문성을 기를지 선택하는 일이다. 과거 공업사회에서는 상품 제조 과정을 대량생산 시스템에 따라 여러 단계로 세밀하게 구분했다. 그래서 소위 '전문성'이 가능했다. 사실 전문성이란 우리가 하나의 생산 단계나 공정을 깊이 있게 공부해 더 효율적인 생산 활동을 하는 것을 말한다. 그런데 오늘날 전문성 요구는 제조업 생산 과정을 벗어나 여러 분야로 확산되었다. 청소년과 그들의 부모는 현재 다음 4가지 변화가 일어나고 있음을 인식해야 한다.

첫째, 어떤 전공학과를 선택하더라도 반드시 인공지능을 공부해야 한다. 오늘날 많은 사람이 인공지능을 공부하고 있으며 인공지능은 모든 산업에 엄청난 변화를 일으킬 전망이다. 즉, 인공지능은 기초 학문으로 부상할 것이고 전통 산업을 혁명적으로 뒤바꿔놓을 것이다. 그 결과 미래 직업에는 인공지능이라는 전문성이 깊이 침투할 것임을 알아야 한다.

둘째, 직업은 계속 사라지는 동시에 새롭게 생겨난다. 우리는 30년 뒤 어떤 직업이 최고로 좋을지 지금으로서는 알 수 없다. 10년 뒤의 미래도 예측하기 어려운 것이 현실이다. 가장 인기 있는 직업에도 생명 주기는 존재한다. 금융업은 여전히 있기 있는 산업이지만 금융업계의 업무 방식은 이미 컴퓨터가 철저히 전복했다. 과거에 뉴욕증권거래소에서 주식을 거래할 때는 우선 전화로 지시하고 거래소 내부의 커다란 홀에서 증권거래인이 지시를 집행하는 방식이었다. 지금은 거래소에서 빨간 조끼를 입고 주식거래 신청서를 든 사람들을 찾아볼 수 없다. 이런 장면은 추억을 자극하는 영화에서나 볼 수 있다. 현실에서는 대부분의 업무가 컴퓨터 프로그램 조작으로 끝난다. 거래 빈도나 효율 면에서 엄청난 발전을 이룬 셈이다.

셋째, 어떤 전공학과든 인재로 성장하는 것이 가능하다. 미래에 어떤 전공학과가 성공을 거둘지 지금은 알 수 없다. 오늘날 인터넷 관련 창업에서 성공한 사람들 중에는 이공계 출신이 많다. 동시에 비이공계 출신 역시 아주 많다. 에어비앤비 창립자 브라이언 체스키Brian Chesky와 조 게비아Joe Gebbia는 모두 로드아일랜드 디자인대학을 졸업했다. 그리고 두 사람은 인터넷 기술과 관련 없는 직장에서 일했다. 오늘날에는 상업적 수요와 일상생활 속 수요를 민감하게 포착할 줄 아는 사람이 새로운 사업모델을 창출해 성공을 거머쥔다.

넷째, 새로운 기회는 계속 생긴다. 지금은 미래에 어떤 새로운 전공학과와 직업이 나타날지 예측하기 어렵다. 그러나 전통 산업은 전복될 테고 우리는 거기서 미래 기회를 추측할 단서를 얻어야 한다. 가령 자율주행자동차가 상용화하면 도시 계획에 변화가 생길 것이라는 예측이 가능하다. 주차장 수요가 줄어들 경우 남는 공간을 활용할 수도 있다. 이는 자동차 구조에도 큰 영향을 미친다. 자율주행이 가능해지면 운전석이 필요 없으므로 차량 내 공간을 다른 용도로 활용할 수 있다. 자율주행 기술은 20~30년 내에 교통업계를 바꿔놓을 것이므로 우리는 발전 기회를 잘 잡아야 한다.

이를 대비해 어떤 지식을 배워야 하는지가 바로 특이점 대학에서 관심을 기울이는 내용이다.

안정적인 전공학과를 찾는 일보다 인간 삶에 관한 통찰력을 키우는 일에 더 집중하라

공업화 시대에는 하나의 전공 학문이 사라지면 다른 전공 학문을 찾으면 그만이었다. 그렇지만 향후 20~30년 내에 우리는 지금까지의 인식을 전부 버려야 한다. 새로운 기술이 산업을 전복하면 우리가 몸담은 업계, 회사에도 커다란 변화가 생길 수밖에 없다. 어떤 통계자료에 따르면 1955년 세계 500대 기업의 평균 존속기간은 75년이었다. 2015년 이 수치는 15년으로 급감했다. 미래에는 기업 수명이 더 짧아질 것이다. 결국 우리는 체계적으로 진로계획을 세워야 한다.

'진로계획' 하면 많은 사람이 가장 먼저 안정적인 전공학과를 찾아야 한다고 생각하지만 안정적인 전공 학과는 존재하지 않는다. 우리는 신기술 도래와 함께 우리가 살아가는 공간이나 생활이 어떻게 변할지 통찰해야 한다. 한 발 앞서 그런 통찰력을 키울수록 보다 정확한 발전계획을 세울 수 있다. 앞으로 30년 동안 어떤 직업을 선택해야 할지, 어떤 직업이 사라질지 지금부터 신중하게 관찰할 필요가 있다.

공업화 시대에는 신기술이 기존기술을 대체했을 뿐 산업 자체는 변화하지 않았다. 이제는 생산모델 전체, 산업 전체가 달라지고 있다.

기업가가 미래에 성공을 거두려면 앞으로 10~20년의 미래 흐름을 이해하는 것이 무엇보다 중요하다. 특히 새로운 형태의 소규모 회사는 처음에 발을 떼기가 어려울 수 있지만 그들은 혁신만이 자신에게 더 많은 기회와 성공을 안겨준다는 것을 알고 있다. 회사에서 어떻게 혁신을 진행할지, 몸집이 큰 대기업이 어떻게 소기업처럼 날렵하게 경영할지는 중요한 이슈다.

비즈니스에서 한 사업가의 성공 여부를 결정하는 가장 중요한 요소는 사고와 심리 상태 그리고 누구와 협력하느냐다. 미래세계를 바꿔놓는 요소는 기술이므로 좋은 사고와 심리 상태에다 개인 브랜드를 구축하는 한편 마스터마인드 조직의 협조를 받아 미래 기술이 어떤 흐름을 보일지 고찰하고 파악해야 한다. 이를 실천하는 기업과 기업가는 미래에 성공을 거둘 확률이 훨씬 높다.

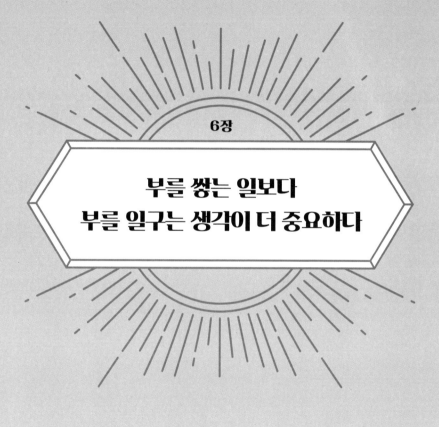

6장

부를 쌓는 일보다
부를 일구는 생각이 더 중요하다

한 사람이 얼마나 부를 쌓아야 욕구를 충족할 수 있을까? 재테크 전문가에 따르면 사람들이 '부'에 보이는 욕구는 4단계로 나뉜다고 한다.

1단계, 재정적 안전financial security

2단계, 재정적 활력financial vitality

3단계, 재정적 자립financial independence

4단계, 재정적 자유financial freedom

기본 욕구는 재정적 안전으로 이는 일상생활 유지에 드는 비용을 감당할 정도의 수준을 말한다. 의식주 비용, 자녀 교육비 등이 여기에 해당한다. 기본 생활을 유지할 자금도 없다면 당신의 재정 상황은 매우 위험하다. 자세히 계산해보면 이 단계에서 필요한 부의 수준은 대부분 별로 높지 않다. 통상 합리적이거나 달성할 수 있는 숫자다.

재정적 활력 단계는 일상생활을 위한 소비 외에 다른 방면의 소소한 욕구를 충족할 수 있는 수준을 말한다. 모임이나 취미 활동, 문화생활, 자기계발 등의 소비는 재정적 안전 수준을 넘어 재정적 활력에 도달해야 가능하다.

재정적 자립 단계는 앞의 두 단계를 넘어 해외여행이나 새 차를 구매하는 등 좀 더 큰 욕구를 충족하는 수준이다. 그 욕구와 금액을 열거해보면 생각보다 목표가 멀지 않다는 것을 깨달을 것이다. 많은 사람이 이 목표를 달성한다.

마지막으로 재정적 자유는 당신과 당신의 가정이 평생 돈 걱정 없이 살 정도의 수준을 말한다. 이 단계에서는 당신이 원하는 모든 물질, 말하자면 전용기, 크루즈선, 호화별장 등을 소유할 수 있다. 누가 봐도 이 단계에 도달하는 것은 쉽지 않다.

사람들은 부의 수준에 관해 2가지 오해를 한다.

하나는 부를 말할 때 걸핏하면 '재정적 자유'를 꺼내는 것이다. 현실적으로 부에 관한 욕구에는 여러 단계가 있는데 모두가 최고 단계에 오를 수도 없고, 모두가 최고 단계에 올라야 하는 것도 아니다.

재정적 자유를 남발하는 사람에게는 대부분 명확한 돈 개념이 없다. 그들은 자신이 얼마나 많은 돈을 가져야 하는지 잘 모른다. 그저 돈은 영원히 써도 모자라지 않을 만큼 계속 벌어야 한다고 여길 뿐이다. 이런 사람은 늘 경제적 욕구를 충족하지 못해 삶이 즐겁지 않고 영원히 소위 '이상적인 상태'인 재정적 자유에 도달하지 못한다. 재테크 전문가는 우선 자신의 재정적 안전, 재정적 활력, 재정적 자립까지 세 단계를 계산해보라고 권한다. 자신의 상황에 대응하는 부의 크기가 얼마인지 구체적으로 알아야 하기 때문이다. 따져보면 많은 사람이 이미 재정적 자립 단계거나 그 이상의 부를 누리고 있다.

다른 하나는 '돈이 있으면 행복하다'는 생각이다. 많은 사람이 재정적 자유란 돈 때문에 걱정할 일이 없는 상태라고 정의한다. 나는 그 설명이 틀렸다고 생각한다. 아무리 돈이 많은 사람도 돈 때문에 걱정한다. 솔직히 이것은 돈을 대하는 심리 상태와 관련이 있으며 당신이 얼마나 부유한지와는 상관이 없다.

세계적인 갑부도 매일 돈 걱정을 할 수 있다. 반대로 약간의 저축만으로도 행복하게 잘 사는 사람도 있다. 그들은 일상적인 소비 외에 여행이나 취미활동을 할 수 있으면 더 큰 부를 원하지 않는다. 여기에다 자신이 좋아하는 일을 하면서 목표와 열정이 있다면 매일 돈 걱정을 하는 갑부보다 삶의 질이 떨어진다고 할 수 있을까?

나는 인터넷 경기의 거품이 최고조일 때 컴퓨터공학을 공부했는데 내 친구들은 졸업하자마자 엄청난 연봉을 받고 직장에 들어갔다. 당시 돈을 많이 벌어 재정적 자유를 획득한 내 친구들은 삼십 대에 은퇴했지만 얼마 지나지 않아 심심하다며 다시 직장생활에 뛰어들었다. 지금 그 친구들은 아무도 은퇴 이야기를 하지 않으며 각자 자기 자리에서 목표를 향해 달리고 있다.

재정적 자유는 모든 사람에게 재정적으로 마지막 꿈의 영역이다. 하지만 막상 그 단계에 도달하면 재정적 자유의 의미는 딱 하나라는 것을 깨닫는다. 바로 어느 정도 진정한 자유를 손에 넣어 하고 싶은 일을 할 시간과 선택지를 갖는 것이다. 이 단계에서는 자기가 하고 싶은 일이 수익을 안겨주지 않아도 상관없다. 어떤 사람은 아무런 보상 없이 몇 년간 봉사활동을 하면서도 늘 즐겁게 살아간다.

큰 부를 소유했지만 좋아하지 않는 일을 하는 사람은 그 부로 자신의 행복을 실현하기 어렵다. 돈이 있는 것이 좋긴 하지만 그 돈으로 무엇을 할 것인가? 나 자신과 가족의 기본 욕구를 충족할 것인가? 취미활동을 할 것인가? 내가 정말로 하고 싶은 일을 하면서 자유를 누릴 것인가? 이러한 문제를 충분히 생각해야 자신이 진정 원하는 것이 무엇인지 알 수 있다. 반면 재정적 욕구 4단계를 생각하지 않으면 평생 돈의 노예로 살아가고 만다.

어떤 사람은 이렇게 말한다.

"앞의 세 단계를 달성하는 것만 해도 아주 많은 돈을 벌어야 합니다."

그건 문제없다. 당신이 자신의 욕구를 분명히 안다면 행복해지는 데 얼마의 돈이 필요한지도 정확히 알 수 있다. 행복과 상관없이 끝없이 욕심을 부리는 것은 4단계와 관련이 없다. 그런 사람은 보여주기 식 소비나 부를 뽐내며 다른 사람과 경쟁하는 것으로 만족을 얻으려 한다. 이 경우 얼마나 부를 쌓든 절대 행복할 수 없다.

결국 우리가 얼마나 부를 쌓아야 하는가는 자신의 심리 상태와 관련이 있다. 재정적 욕구 4단계를 정확히 이해하고 돈의 개념을 올바로 정립해야 거기에 맞춰 부를 쌓는 목표를 세워 안정적으로 나아갈 수 있다.

재테크, 중요한 것은
부에 관한 가치관이다

일반 재무설계사보다 독립투자자문업자를
선택해야 하는 이유

재테크 관련 명언 중 가장 유명한 것은 미국 경제학자로 1981년 노벨경제학상을 받은 제임스 토빈James Tobin의 말이다.

"계란을 한 바구니에 담지 마라."

한데 사실상 많은 사람이 계란을 한 바구니에 담는다. 그 바구니의 이름은 바로 '저축'이다. 물론 은행에 놔두는 것이 가장 좋은 방법이라는 태도는 낡긴 했지만 위험은 없다. 그러나 이 방식으로는 재테크가 아니라 재산이 점점 줄어들 뿐이다.

저축을 선호하던 나도 이것이 합리적이지 않다는 것을 깨닫고 2014년부터 50여 명의 전문 재무설계사를 만나 돈을 관리하는 법을 배웠다. 미국에서 재무설계사는 두 종류로 나뉜다. 하나는 은

행이나 재무관리를 전문으로 하는 대형 금융기관이 고용한 재무설계사다. 이들은 자산이 일정 수준 이상인 고객에게 재무설계와 자문 서비스를 해준다. 다른 하나는 독립투자자문업자Independent Financial Advisor, IFA로 특정 금융기관에 소속되지 않고 고객 자산을 보호·개척해주는 사람이다.

미국에서 70~80년 전에 등장한 재무설계사라는 직업은 엄격한 시험을 거쳐 그에 상응하는 업무자격을 획득해야 활동이 가능하다. 미국에서 고수익 직종에 속하는 재무설계사의 수입은 세 종류로 나뉜다. 그것은 펀드관리비용, 금융상품 판매에 따른 커미션, 기타 수입원이다. 수익 구조 역시 영업방식에 따라 큰 차이를 보인다.

- 기관이 고용한 재무설계사: 급여 + 커미션 일부
- 독립투자자문업자(커미션을 받는 경우):
  기본급 없음 + 펀드관리비용 + 모든 커미션
- 독립투자자문업자(커미션을 받지 않는 경우):
  기본급 없음 + 펀드관리비용

이들의 수입을 보면 재무설계사를 선택하고 싶은 마음이 사라질지도 모른다. 재무설계사는 금융기관이 고용한 사람이든 독립적으로 영업을 하는 사람이든 대부분 금융상품 판매에 따른 커미션을 받기 때문이다. 이들이 고객의 재무를 설계할 때 고객 중심이 아니라 금융상품 중심으로 사고할 게 뻔하지 않은가.

재무설계사가 커미션을 받는다면 이는 절대적으로 고객의 이익을 고려할 수 없다는 뜻이다. 다시 말해 그가 당신에게 추천하는 금융상품이 반드시 최고로 좋은 게 아닐 수도 있다. 예를 들어 어떤 재테크 상품이 아무리 좋아도 재무설계사에게 커미션을 주지 않으면 그는 고객에게 그 상품을 추천하지 않을 가능성이 크다. 대신 그는 커미션 비율이 높은 상품을 고객에게 추천한다. 또 하나 재무설계사에게 커미션을 주는 펀드회사나 대형 금융기관은 가능한 한 그 비용을 고객에게 벌어들이려 할 것이다. 실제로 고객은 재테크에 드는 비용을 지불한다.

만약 당신이 고객의 이익을 최우선으로 생각하는 재무설계사를 고르고 싶다면 펀드관리비용만 받는 독립투자자문업자를 찾아가는 것이 좋다. 그렇지만 이들은 미국에서도 그 숫자가 매우 적다. 내가 아는 한 펀드관리비용만 받는 독립투자자문업자 비율은 5퍼센트에 불과하다. 그중 3분의 2는 기타 비용을 따로 받는다. 이를 계산하면 고객에게 펀드관리비용만 받으면서 기타 비용을 별도로 청구하지 않는 독립투자자문업자는 2퍼센트도 채 안 된다는 말이다.

이들 독립투자자문업자는 자신의 의무에 충실해 고객에게 가장 객관적인 재테크 계획을 제안한다. 우선 그들은 고객의 상황과 욕구에 맞게 개성 있는 재테크 전략을 세운다. 가령 시장에서 고객 수요에 적절히 부합하는 상품을 고르고 또 한편으로는 커미션을 받지 않으므로 상품을 선택할 때 고객의 이익만 보호하고자 한다.

예를 들어 일반적인 재무설계사가 당신을 대신해 펀드를 거래할 때 똑같은 수익률을 보이는 2가지 펀드가 있다면 그는 커미션을 주는 펀드를 선택한다. 그가 펀드를 구매해야 그 펀드가 돈을 번다고 생각하면 된다. 혹은 그가 아는 범위 내에서 다른 펀드가 돈을 더 많이 벌어도 그는 그 펀드를 거래할 의무가 없다.

반면 2퍼센트도 되지 않는 독립투자자문업자는 다르다. 똑같은 펀드 거래도 그에게는 고객을 위해 자신이 아는 범위 내에서 수익률이 가장 높은 펀드를 선택하고 구매할 의무가 있다. 만약 그렇게 하지 않으면 감독기관이 그에게 문제를 제기할 수 있다.

독립투자자문업자는 다른 재무설계사보다 돈을 적게 벌면서 실력은 더 뛰어나야 하고 심지어 감독기관의 엄격한 감독을 받아야 한다면 누가 이렇게 멍청한 짓을 하려고 하겠느냐고? 그래서 독립투자자문업자 비율이 그토록 낮은 것이다. 어찌 보면 그들은 진정 자신의 이익과 고객의 이익을 동일시하는지도 모른다.

내게 딱 맞는 재무설계사 고르기

나는 50여 명의 재무설계사 중에서 2명을 선택했는데 그들은 모두 독립투자자문업자로 브래드와 아이라다. 심리학자였다가 재무설계자로 전업한 브래드는 업계에서 '10억 달러 자산가 전문 재무설계사'라고 불린다. 오랫동안 돈 관련 사고방식을 연구한 그는 사람마다 돈에 관한 생각에 큰 차이가 있고 부자가 되지 못하는 사람은 돈을 벌 능력이 없는 게 아니라 그 생각이 틀렸기 때문이라는 결론을 내렸다.

돈 이야기를 꺼내면 대개 어떻게 더 많은 돈을 벌지 논한다. 상대적으로 어떻게 재산을 지키고 관리할 것인지 논하는 경우는 적다. 브래드는 돈을 대하는 태도가 얼마나 부를 쌓을지를 결정한다고 보았다.

예를 들어 어떤 사람은 돈을 '쓰기 위해 번다'고 생각한다. 그들은 돈을 쓰지 않으면 자기 것이 되지 않는다고 여겨 어느 정도 부를 이루면 열심히 소비한다. 다른 부류는 전형적인 도박심리를 보인다. 이들은 투자 과정에서 손해를 보면 더 큰 리스크가 있는 모험을 해서라도 잃은 돈을 되찾고 싶어 한다. 그러나 그렇게 했다가 더 크게 손해를 보는 경우도 있다. 또 다른 부류는 자신이 엄청나게 많은 돈을 가지면 안 된다고 생각한다. 그들은 투자할 때 쓸데없이 위험을 무릅쓰고 손해를 보더라도 개의치 않는다.

나는 어느 부류일까? 당시 내가 창업한 회사는 경영 리스크가 큰 편이었고 사업자금을 많이 투입한 터라 나는 재테크만큼은 안정적으로 하고 싶었다. 재테크에 신경 쓸 시간이 없는 것도 하나의 이유였다. 그래서 가진 돈을 몽땅 은행에 넣었다가 합리적이지 않다는 것을 깨달은 것이었다.

"저는 독립투자자문업자로서 고객이 더 좋은 투자를 하도록 돕는 것 외에 돈을 대하는 그들의 태도와 생각을 더 완벽하게 정리하도록 해줍니다."

브래드의 이 말을 듣고 나는 마음이 움직였다. 이전에 만난 수십 명의 재무설계사 중에도 투자 실력이 뛰어난 사람이 적지 않았지만 돈과 사고의 관계를 언급하는 사람은 없었다. 또한 그는 돈을 대하는 내 태도를 돌아보게 해주었다. 왜 나는 전통 재테크 방법만 썼던 걸까? 그건 돈을 대하는 내 생각과 심리 상태가 완벽하지 못했기 때문이다.

재무설계사들은 대개 이렇게 말한다.

"우리의 업무는 고객을 도와 그들이 자신에게 적합한 재테크 계획을 수립하도록 돕는 것이다. 계획을 세운 뒤에는 한 발 한 발 목표를 향해 나아간다."

말은 쉽지만 진정 목표를 실현하는 것은 쉽지 않다. 왜 그럴까? 사실 이것은 모든 사람의 사고나 심리 상태와 관련이 있다.

중국인은 대대로 2가지 재테크 방식을 썼다. 하나는 돈을 아끼는 것이고 다른 하나는 돈을 모으는 것이다. 말하자면 중국인의 최대 장점은 저축이다. 그러면 중국인의 재테크는 '안전' 위주일까? 아이러니하게도 중국은 세계에서 주식거래량이 가장 많은 나라다. 왜 중국인은 주식투자에 열을 올리는 걸까? 주식투자 수익률이 다른 재테크 상품 수익률보다 몇 배 높아서다. 중국인은 먼저 수익률을 따지고 그런 다음 리스크를 얘기한다. 돈을 벌고 나서야 계획 문제를 생각하기도 한다.

미국인은 저축을 많이 하지 않는다. 통계 자료에 따르면 20퍼센트가 넘는 미국인이 은행계좌 잔고가 100달러 이하다. 40퍼센트는 잔고가 800달러 미만이다. 미국인은 계좌에 재테크할 만한 돈이 모이면 재테크에 희망을 건다. 그들은 재테크 계획을 세워 리스크를 줄이고 계획을 다시 정리해 수익률을 높인다.

아무튼 당신을 진정 돕고 싶어 하는 재무설계사는 가까운 미래 목표, 재테크 규칙 제정, 재정적 욕구 4단계를 설명하려 한다. 중요한 것은 재무설계사가 나를 충분히 이해하고 내가 금전감각을 완벽하게 정리할 수 있도록 해주어야 한다는 사실이다.

나는 브래드의 관점에는 동의했지만 결국 그를 선택하지 않았다. 그가 어떤 집단에 속해 있음을 알게 되었기 때문이다. 브래드는 심리적으로 고객과의 거리를 좁히는 일을 담당했고 다른 두 사람의 동업자가 구체적인 투자를 맡는 방식이었다. 각자 자신이 잘하는 분야를 책임지는 것은 나쁘지 않지만 고객 입장에서는 여러 사람에게 같은 이야기를 반복해야 하는 소통 문제가 있었던 터라 나는 최종적으로 아이라를 선택했다.

아이라 역시 심리학자로 활동하다가 독립투자자문업자로 전직한 사람으로 재테크와 심리학을 결합하는 관점이 브래드와 비슷했다. 그 외에도 내가 아이라를 선택한 데는 2가지 이유가 더 있었다. 첫째, 그의 회사 구조가 상대적으로 간단해 고객과 직접 만나는 사람은 그 외에 그의 제자 1명뿐이었다. 둘째, 그의 회사는 브래드의 회사에 비해 덜 유명했지만 이는 내가 그와 교류할 기회가 더 많다는 것을 의미했다. 사실 재무설계사는 세무업무를 처리해주는 회계사처럼 어찌 보면 평생의 친구라고 할 수 있다. 그래서 내게 더 많은 시간과 노력을 쏟아줄 사람을 선택한 것이다.

계약을 결정한 뒤 나는 아이라와 그의 회사를 상세히 조사했다. 그와 동시에 그의 다른 고객을 찾아가 지금 어떤 상황인지 물었는데 답변이 모두 훌륭했다. 나는 내가 접촉한 재무설계사에게 모두 동일한 질문을 했다. 2008년 금융위기 때 어떤 생각을 했습니까?

어떤 투자 건이나 상품에 투자했나요? 수익률은 어땠나요? 결국 나는 아이라가 업계에서 20~30년 일하는 동안 경기가 가장 좋을 때와 가장 나쁠 때 모두 투자실적이 나쁘지 않았음을 발견했다. 이 모든 것을 종합적으로 판단해 나는 아이라와 투자자문 계약을 맺었다.

투자자들이 자신과 타인을 이해하는 수단으로 텍사스 홀덤 포커를 적극 활용하는 이유

주류 경제학은 통상 2가지 기본 가설을 세운다. 첫 번째는 모든 사람이 이성적이라는 가설이고, 두 번째는 변수를 하나만 설정하고 다른 조건은 전혀 바뀌지 않는다는 가설이다. 사실 이런 가설은 이론에 불과하며 현실과 커다란 차이가 있다. 점점 더 다원화하는 세계에서 인간의 본성과 다른 복잡한 변수를 고려하지 않으면 당연히 현실에서 멀어진다.

공업화 시대부터 200년 가까이 모든 과학 연구는 이 같은 일련의 가설 위에 이뤄졌다. 우리는 비이성적이고 짐작할 수 없는 것은 모두 존재하지 않는다고 가정하고 계량화할 수 있는 것만 연구한다. 그러나 현실은 그렇게 간단하지 않다. 더구나 비이성적인 부분의 중요성이 갈수록 더 커지고 있다.

2017년 말 노벨경제학상은 행동경제학을 창시한 리처드 탈러 Richard Thaler에게 돌아갔다. 여기서 '행동'이란 심리학 개념과 경제학을 결합한 것으로 처음에는 좋은 평가를 받지 못했다. 많은 전통 경제학자가 그의 이론에 코웃음을 쳤다. 그러나 사실상 우리는 이성적인 인간을 가정할 이유가 없으며 개인과 집단의 경제행위에 담긴 의미를 더 깊이 이해하고 연구하는 것이 보다 현실에 부합하는 이론을 세우는 길이다.

돈을 대하는 태도를 되돌아보면서 나는 나를 새롭게 인식했고 자아의식도 더 강해졌다. 다음 문제는 재테크 방면에서 어떻게 나 자신과 타인을 더욱 잘 인식할 것인가 하는 점이었다. 나는 도박장을 선택했다. 휴가기간을 이용해 라스베이거스에 가서 한 달간 텍사스 홀덤 포커Texas Hold'em Poker를 연습한 것이다. 미국 투자업계에서 인기를 끌고 있는 텍사스 홀덤 포커는 투자자들이 보기에 자기 자신과 타인을 이해하는 가장 좋은 방법이다. 그래서 투자자들은 거의 다 이 포커 게임을 할 줄 알고 심지어 이쪽에서 유명해진 사람도 있다.

내가 라스베이거스에 있는 동안 때마침 매년 한 차례 개최하는 포커 대회 월드시리즈 오브 포커World Series of Poker, WSOP가 열렸다. 이 대회는 매년 1~2만 명의 관광객을 불러 모은다. 이 대회에서 가장 중요하고 상금이 많은 종목이 텍사스 홀덤 포커 경기로 1만 달러의 참가비를 내야 경기에 나갈 수 있다. 며칠간의 예선전 끝에 10강이 가려지면 우선 6천 달러의 상금을 분배받는다.

대회 시즌이면 라스베이거스에서 여러 투자기관의 파트너를 비롯해 방송과 영화계 스타 같은 상류층 인사를 볼 수 있다. 물론 그들도 포커 대회에 참가하러 온 것이다. 투자자들은 왜 텍사스 홀덤 포커를 좋아할까?

내게 텍사스 홀덤 포커를 가르쳐준 코치는 브랜든 애덤스Brandon Adams라는 친구다. 하버드대학교에서 경영학 박사 과정을 밟던 그는 단조롭고 지루한 연구실 생활과 드넓은 논문의 바다에서 헤엄치느라 골치가 아프면 라스베이거스에 가서 텍사스 홀덤 포커를 즐기다 오곤 했다. 그러다가 자신이 포커 게임에 천부적 재능이 있음을 깨닫고 하버드대학교를 자퇴한 뒤 아예 텍사스 홀덤 포커 전문 도박사가 되었다.

몇 년간 노력한 끝에 브랜든 애덤스는 미국 텍사스 홀덤 포커에서 랭킹 4위까지 올랐다. 경기 외에도 그는 여러 포커 대회 분석관으로 참가했고 유명한 텍사스 홀덤 포커 코치로 활동했다. 그의 코칭을 받으려면 시간당 5백 달러를 내야 한다. 나는 그가 월드시리즈 오브 포커에 참가하던 시기에 그에게 텍사스 홀덤 포커의 기술을 배웠다. 그는 내게 반복적으로 1가지를 이야기했다.

"텍사스 홀덤 포커를 할 때 처음 1시간 동안은 카드로 놀지만play cards 그 뒤에는 사람으로 노는 거야play the person."

보통 도박사는 자기 수중의 패에 집중하는 동시에 다음 패가 돌 때 어디에 돈을 걸지 같은 단순한 생각만 한다. 반면 포커 고수는 게임 상대에게 주의력을 집중한다. 일단 전체 게임 상황을 주시하면서 게임 상대를 관찰하는데 여기에는 몸짓언어, 대화 속도, 지나가는 표정 등이 다 포함된다. 이와 함께 자신의 행동에도 주의를 기울인다.

게임 초보는 자기 손에 필승의 패가 들어오면 몹시 흥분하는데 그 감정은 미세표정이나 몸짓언어로 고스란히 드러난다. 내가 브랜든과 함께 포커를 연습하던 초기에 딱 그랬다. 흥분하는 것은 물론 말하는 속도도 빨라졌고 더 생각할 것도 없이 손에 든 패를 내놓았다.

진정한 고수는 게임에 임할 때 딱 2가지를 중요시한다. 첫째, 상대방의 빈틈을 찾는다. 빈틈이란 속일 수 없는 습관적인 동작을 말한다. 둘째, 수시로 자기 자신을 검사해 자신의 빈틈이 게임 상대에게 보이지 않도록 한다. 고수의 마음으로 포커를 할 때는 완전무장하고 상대가 나를 공격할 틈을 주어서는 안 된다. 동시에 상대방을 꼼꼼히 여러 방면으로 관찰해 빈틈을 잡아야 한다.

텍사스 홀덤 포커를 재무관리의 '게임판'으로 보면 둘 사이에서 몇 가지 공통점을 찾을 수 있다.

첫째, 우리는 생각보다 자기 자신을 잘 이해하지 못하지만 포커는 나를 더 잘 이해하게 해주는 방법이다. 포커를 해보면 자신의 또 다른 면을 찾아낼 수 있고 그것은 투자할 때 중요한 의미를 지닌다. 투자방식을 기준으로 사람들을 크게 분류할 경우 공격형과 수비형으로 나뉜다. 그러므로 자신이 어떤 유형인지 파악하고 이를 수시로 조율하면서 투자해야 한다. 수비형 투자를 하는 사람은 시장이 불안정할 때 자신의 손에 쥔 패가 수익을 낼 거라고 확신하면 그 판단을 밀고 나가는 것이 좋다. 만약 공격형 투자를 하는 사람이라면 그럴 때일수록 판단을 재고하고 자신의 패가 정말로 크게 투자할 만한 가치가 있는지 살펴야 한다.

둘째, 자신의 라이벌을 관찰하고 이해하는 것 역시 중요하다. 시장에 갑자기 큰돈을 투입해 주가를 최고점까지 올려놓았을 경우 당신은 시장이 어떤 유형인지 판단해야 한다. 만약 공격형 시장이라면 지금 나타나는 영업이익은 진실이 아닐 가능성이 크다. 어디까지나 상황을 예의주시해야 하며 흥분해서 맹목적으로 낙관적인 예상을 하면 안 된다.

우리는 흔히 인생이라는 도박판에 너무 깊이 빠져 가진 패가 너무 나쁘다고 원망한다. 만약 하늘이 내게 더 좋은 집안, 더 많은 기회, 더 큰 행운을 주었다면 분명 성공했을 거라고 여긴다. 사실 당신이 손에 어떤 패를 쥐고 있든 결국 승패를 결정하는 것은 오로지 2가지 요인이다. 나 자신을 잘 다스리고 타인을 잘 관찰하는 것 말이다. 당신은 자신의 감정과 생각을 통제하고 개선할 수 있으며 또한 타인의 감정과 생각을 관찰하고 인지할 수 있다. 승리의 신호는 상대방이 실수를 많이 하는 데서 오기도 하고, 내가 실수를 적게 하는 데서 오기도 한다. 그러니 가능한 한 평정심을 유지하며 자신의 투자 과정을 지켜보아야 한다.

사업 소유자와 실행자의 2가지 신분을 누구보다 철저히 관리한 야후 창립자 제리 양

흔히 "심리 상태가 부의 크기를 결정한다"고 말하지만 실제로 심리 상태에 얼마나 큰 위력이 있는지는 잘 인식하지 못한다. 어떤 사람은 큰돈을 번 후 몇 년 만에 다 날려버려 빈털터리가 되기도 한다. 투자 기술이 부족하거나 시장이 불안정한 것도 영향이 있겠지만 중요한 것은 심리 상태. 이것은 내가 재무설계사들과 교류하면서 얻은 가장 큰 교훈이다.

'부'를 대하는 한 사람의 심리 상태는 그의 관점과 규칙에 잘 나타난다. 한 기업가가 회사를 잘 운영해 어느 정도 부를 쌓으면 그는 개인과 회사의 부를 분리하려 한다. 이때 그는 2가지 신분, 즉 사업을 실행하는 기업가와 사업을 소유하는 투자자의 위치에 선다. 전자는 회사 직원이자 기업가치를 창출하는 주체다. 후자는 자신의 지분을 소유한다.

사업을 실행하는 기업가는 끊임없이 일해 기업가치를 창출해야 하고, 사업을 소유하는 투자자는 회사가 만든 이익을 향유하며 일하지 않아도 무언가를 만들어낼 수 있다. 수많은 사람이 파산하는 이유는 이 2가지 신분을 제대로 통제하지 못했기 때문이다.

창업자에게는 특히 이 점이 중요하다. 회사가 어느 정도 안정 궤도에 올라서면 돈을 사업 소유자 신분에 투입해야 한다. 그래야 사업 실행자로서 어떤 곤경에 처하든, 다시 말해 직책에서 물러나거나 외부 자본의 침입을 받거나 회사가 도산했을 때 개인의 부를 보전하고 이후의 생활을 지탱할 수 있다.

예를 들어 제리 양Jerry Yang은 1995년 데이비드 파일로David Filo와 함께 야후를 공동 창립해 한동안 CEO 직책을 맡았다. 이후 20여 년간 6명의 CEO가 야후를 거쳐 갔고 회사도 여러 차례 부침을 겪었다. 한때 야후의 기업가치는 1,250억 달러를 넘었지만 2016년 핵심 자산을 매각하면서 야후의 직접 경영 시대는 막을 내렸다.

현명하게도 제리 양은 사업 소유자와 실행자의 2가지 신분을 적절히 관리했다. 그는 일찌감치 자신의 지분 중 일부를 빼내 투자 방식으로 가치를 보전하고 늘린 것이다. 이에 따라 나중에 그는 야후를 떠났지만 부의 크기에 별다른 영향을 받지 않았다.

토니 로빈스도 강연에서 이와 관련된 사례를 들려준 적이 있다. 그의 한 친구가 잘나가던 회사를 2억 달러에 매각했을 때 토니 로빈스는 그중 일부를 떼어 재테크를 하라고 권했다. 그때 그 친구는 고개를 저었다.

"5억 달러쯤 번 다음에 생각해볼게."

그는 모든 돈을 라스베이거스의 부동산에 투자했고 당시 부동산 경기가 좋아서 금세 5억 달러를 벌었다. 그때 토니 로빈스가 다시 권했다.

"목표를 실현했으니 이제 돈의 일부를 개인 계좌로 옮겨 재테크를 해."

그러나 친구는 그의 말을 듣지 않았다.

"다음 목표는 10억 달러야. 그때까지는 계속 노력해야지!"

"자네는 돈이 얼마나 더 필요한 건가?"

"사실 돈이 더 필요하지는 않아. 내가 갖고 싶은 것은 이미 가졌어."

다시 말해 그는 재정적 자유 단계에 도달했다. 그렇지만 그는 한 사업에서 다음 사업으로, 또다시 다음 사업으로 계속 눈을 돌렸다. 왜 그럴까? 자신의 부와 관련해 계획도 목표도 없었기 때문이다. 그는 돈을 벌고 또 벌었고 목표도 도착점도 없이 계속 달렸다. 그

때 그 친구는 토니 로빈스에게 이렇게 말했다고 한다.

"10억 달러를 벌면 그때는 충분할 것 같군."

그는 은행에서 대출을 받아 라스베이거스의 카지노 옆에 호화로운 초고층 아파트를 지었다. 그런데 얼마 지나지 않아 2008년 서브프라임 모기지론 사태가 터졌고 부동산 업계는 심각한 타격을 입었다. 재산이 거의 9억 달러에 근접했던 그는 순식간에 빈털터리가 되었고 여기에다 은행 대출금 1억 달러가 빚으로 남았다. 미국에서 부동산 개발을 할 때는 회사뿐 아니라 개인이 연대보증을 서기도 하기 때문에 그는 집과 차도 모두 빚을 갚는 데 써야 했다. 가진 것을 모두 잃은 셈이다.

많은 사람이 더 큰 부를 이룰 능력에는 관심을 보여도 자신의 부를 지키고 관리하는 일의 중요성은 소홀히 한다. 회사나 사업은 당신의 부에서 일부에 지나지 않는다. 당신이 더욱 잘 경영해야 하는 것은 회사와 사업의 범위 바깥에 있는 부, 즉 오직 당신에게 속한 개인의 부다.

사실 우리는 부의 모든 단계에서 자신의 상황을 분석하고 구분할 수 있어야 한다. 반드시 자신에게 속하는 부를 남겨두어야 하며 그런 다음 그 돈으로 개인 자산 계획을 세우고 실행해야 한다. 그러면 나중에 업무상 문제가 생겨도 개인은 여전히 자신의 수요를 충족하는 수준의 부를 유지할 수 있다. 절대 실패하지 않을 상황일지라도 마지막 보루는 남겨두어야 하는 법이다.

창업투자 세계의 잠재력은 무한하다

투자자의 사관학교 카우프만 재단

우리는 일을 하면 일정한 보수를 받고 사업을 잘 꾸리면 생활이 더 풍족해지고 부유해진다. 그런데 여기에는 그에 상응하는 시간과 노력을 들여야 한다. 즉, 질병이나 실직 같은 상황에 놓여 더는 일할 수 없을 경우 보수와 수입은 끊기고 만다. 그래서 많은 사람이 만일에 대비해 저축을 하는데 저축은 부를 늘리는 정도가 상당히 제한적이다. 시간의 제약을 받지 않고 개인의 영향을 최소화하면서 부를 눈에 띄게 늘리는 방법은 무엇일까? 바로 투자다.

투자 목표 관점에서 투자는 2가지로 구분할 수 있다. 하나는 상장한 기업에 투자하는 것으로 증권시장에서 주식과 채권을 거래하는 일이다. 이를 유통시장secondary market 투자라고 한다. 다른 하나는 상장하지 않은 기업에 투자하는 방식인데 이를 발행시장 primary market 투자라고 한다. 발행시장 투자에 종사하는 투자회사는 주로 창업투자펀드와 사모펀드다.

나는 친구의 추천을 받아 창업투자를 적극 추진하는 카우프만 재단Kauffman Foundation 주최의 교육 과정에 등록했다. 이 교육 과정은 2년간 진행하며 주요 교육 내용은 '어떻게 발행시장에서 뛰어난 투자자가 될 것인가'에 관한 것이었다. 길고 자세한 신청서를 작성하고 면접을 거쳐 나는 운 좋게도 이 재단 교육 과정에 들어갈 수 있었다.

사실 창업투자는 상대적으로 폐쇄적인 업계로 이 업계에서 일하는 사람들은 대개 자신이 무엇을 하는지, 어떻게 하는지 거의 노출하지 않는다. 평소에 나도 창업투자 분야는 깊이 접촉할 방법이 없었다. 더 중요한 것은 이 업계는 전통 '도제식 시스템'으로 후배를 키운다는 점이다. 카우프만 재단은 투자자를 양성하는 교육 과정을 운영하는 유일한 재단으로 무척 인기가 있을 뿐 아니라 인정도 받는다.

창업투자 분야는 창업자의 수요를 충족하는 한편 창업자와 어깨를 나란히 하면서 전진한다. 특히 창업 자체가 혁신과 변화로 충만하기 때문에 창업투자 분야도 부단히 혁신하고 변화해야 한다. 더불어 체계적인 방식으로 더 좋은 업계 종사자를 양성해야 한다.

카우프만 재단의 설립 이념은 바로 모든 창업투자 분야의 가장 우수한 자원을 모아 우수한 투자자를 양성하는 데 있다. 이에 따라 카우프만은 이 분야에 관심이 있는 뛰어난 젊은이를 선발해서 실리콘 밸리의 창업투자기구와 연계해 이들이 회사에서 일하게 했다. 이들의 급여는 카우프만 재단에서 부담하고 2년간 그 회사에서 일하는 동시에 재단의 수업을 들었다. 한마디로 이론과 현장을 다 잘 아는 인재를 배출하는 시스템이다. 지금까지 미국에서 이 정도 수준의 프로그램을 운영하는 곳은 카우프만 재단이 유일하다.

그런데 최근 몇 년간 카우프만 재단에도 여러 가지 변화가 생겼다. 참여자는 창업투자 분야에 진입하고자 하는 젊은이에서 업계 경력자들로 바뀌었다. 심지어 그들은 창업투자회사를 운영하거나 대형 창업투자회사에서 관리자 혹은 파트너로 일한다. 업계에 발을 들이기 전의 젊은이에게는 물론 훈련이 필요하지만, 경력이 긴 사람들에게도 좀 더 체계적으로 학습하고 집단지성의 힘을 빌려 혁신함으로써 새로운 방향을 모색하려는 욕구가 있다. 결국 카우프만 재단은 참가자 선발 기준을 점점 높였고 이제 최소 관리자급 이상이어야 가능하다. 이와 함께 교육 과정에 과제 연구 부분을 추가했다. 창업투자의 미래가 어떻게 변화할지, 어떤 미래 흐름을 예측하는지 등을 연구하는 것이다. 그 밖에 카우프만 재단은 더는 교육 참가자의 급여를 내주지 않고 오히려 참가들에게 8만 달러의 교육비를 받는다. 이렇게 해서 권위 있는 '창업투자 분야의 특별 교육 과정'이 만들어졌다.

워크숍이 열리는 장소도 실리콘 밸리에서 전 세계로 확장돼 참가자는 실리콘 밸리, 뉴욕, 런던, 캔자스시티, 싱가포르, 이스라엘 등에서 교육에 참가할 수 있다. 참가자들은 세계적인 혁신 흐름에 따라 혁신자들이 운집한 지역에 모여 학습하고 현지의 뛰어난 창업투자자들과 토론한다.

모든 투자 프로젝트에는 리스크가 있다. 나는 카우프만 재단의 교육 과정에서 선진 창업투자 기법을 비롯해 우수한 투자자들이 어떻게 리스크를 대하는지, 어떻게 리스크를 통제하는지 배우고 싶었다. 그들이 오랫동안 각종 성공과 실패 경험에서 얻은 노하우나 깨달음을 전수받고 싶었던 것이다.

"창업투자는 '홈런'이 아니라 '그랜드슬램'이다"라는 말의 의미

창업투자란 말 그대로 창업하는 기업에 투자하는 것을 의미한다. 투자한 뒤 그 스타트업 기업이 성공할지 도산할지는 아무도 모른다. 카우프만 재단의 교육 과정에서 나는 기존 관념을 뒤집는 경험을 수없이 했다. 특히 본질적인 문제에서 그랬다.

전통 관념에서 우리는 투자란 반드시 안정적이어야 하고 가능한 한 리스크를 피해야 한다고 여겼다. 이는 리스크를 일정 수준 이하로 통제해야 투자 프로젝트가 안전하고 또 그런 전제가 있어야 많은 사람이 자금을 투자한다는 개념이다. 하지만 현실적으로 창업투자 분야에서 이런 투자 방식은 좋은 방법이 아니다.

성공한 창업투자펀드는 다음과 같이 운영한다. 예를 들어 투자자가 1억 달러를 투자하면 펀드매니저는 매년 2퍼센트의 펀드관리비용을 받고 투자 기한은 약 10년이다. 이 경우 펀드매니저는 아무것도 하지 않고도 2,000만 달러가 계좌에 들어오며 투자자의 실제 투자금액은 8,000만 달러로 변한다.

다시 계산해보자. 이 펀드가 100가지 항목에 투자한다고 할 경우 평균 매 항목마다 80만 달러를 투자한다. 결과를 좀 더 이상적으로 가정해보자. 이중 80퍼센트 항목이 최종적으로 2배 수익을 남기고 다른 항목은 자본금을 전부 잃었다고 하자. 그러면 80만 달러 × 80퍼센트 × 200퍼센트 / 1억 달러 = 28퍼센트가 된다. 즉, 28퍼센트가 수익률이다. 이렇게 계산하니 실적이 상당히 훌륭하지 않은가?

그러나 이 수익률을 10년으로 나누어 생각하면 1년 수익률은 3퍼센트에도 미치지 못한다. 괜찮은 채권수익률과 비교했을 때 특별히 좋은 점이 없다. 여기에다 우리는 80퍼센트의 투자 항목이 성공한다는 가설을 세웠는데 이는 무척 놀라운 성공 확률이다. 또 2배 수익을 올린다고 가정했다.

만약 성공 확률이 80퍼센트보다 낮고 각 항목 수익률도 2배보다 낮다면? 버는 돈이 너무 적다. 사실상 창업투자 분야 고수들의 목표는 우리의 상상과 크게 다르다. 그들이 추구하는 것은 넓은 범위의 성공이나 2배 수준의 수익이 아니다. 그들은 하나의 목표만 노리며 그것은 바로 펀드의 투자수익이다. 이는 그들이 전략을 결정하는 데 가장 중요한 논리다.

통상 1억 달러의 창업투자펀드는 평균 15~20개 스타트업 기업에 투자한다. 만약 이중 한 회사가 수백 배나 수천 배 이윤을 남기면 이 펀드는 훌륭하게 투자한 셈이고 펀드 전체의 투자수익에 크게 기여한다. 나머지 회사가 전부 실패하고 투자금을 전혀 회수하지 못하더라도 20분의 1인 투자가 100배를 벌었으므로 수익률은 원래 투자금의 5배에 이른다. 이 숫자는 우리가 앞서 계산한 수익률 28퍼센트보다 훨씬 높다. 원금을 회수했을 뿐 아니라 훨씬 많이 벌어들였다.

전설적인 창업투자 전문가 빌 걸리Bill Gurley는 이런 말을 했다.

"창업투자는 홈런(수 배의 수익)이 아니라 그랜드슬램(수백 배의 수익)이다."

이는 창업투자회사가 왜 유니콘(주가총액 10억 달러가 넘는 스타트업 기업)을 그토록 열심히 찾아다니는지 잘 설명해준다. 정상급 창업투자 전문가는 투자한 10개 스타트업 기업 중 몇 개가 성공하는지에 신경 쓰지 않는다. 몇 개가 실패하거나 각 항목이 가장 심각한 투자 실패라 해도 원금의 전액 손실일 뿐이다. 그런데 가장 좋은 결과는 상한선이 없어서 원금을 훨씬 상회하는 투자수익을 벌기도 한다.

지금까지 우리는 창업투자를 이성적이지 않은 투자로 여겨왔다. 심지어 어떤 사람은 창업투자란 돈을 불살라버리는 짓이라고 말하기도 한다. 사실 이 생각은 창업투자 논리를 잘못 이해한 것이다. 창업투자가 안정적이지 않은 것은 더 큰 투자수익을 추구하기 때문이다. 그들이 찾는 것은 원금 회수를 넘어 더 큰 수익을 안겨줄 하나나 둘 정도의 유니콘이다. 많은 투자자가 처음에 이 부분을 오해한다.

나는 카우프만 재단의 교육 과정을 듣는 동안 창업투자자이자 뛰어난 기업가이기도 한 데이비드라는 사람을 만났다. 그는 인터 넷에서 양말을 주문제작하는 '작은 장사'를 한다. 데이비드는 왜 양말 사업을 선택했을까? 우선 미국에서 주문제작 양말의 제작 단 가는 2~3달러인데 판매가는 10달러가 넘는다. 여기에다 인터넷 점포라 초기자금이 낮아서 그가 양말을 팔아 얻는 이윤은 거의 70퍼 센트에 이른다. 그다음으로 양말은 전형적인 소모품으로 몇 달 지 나면 또 사야 한다. 한마디로 질 좋은 양말을 공급하면 재구매율을 걱정할 일이 없다. 또한 요즘 젊은이들은 다양한 스타일을 추구하 기 때문에 주문제작 방식으로 자기만의 특별한 상품을 구매하려 한다.

처음 투자를 시작하고 몇 년간 데이비드도 다른 사람이 으레 그 렇듯 '안정'을 선택했다. 그다지 욕심을 부리지 않은 그는 손해를 보지 않는 회사를 몇 군데 골라 투자한 후 2~3배 수익을 올리면 될 거라고 생각했다. 몇 년간 데이비드의 투자 실적은 상당히 훌륭 했다. 그러다가 우연히 우버에 투자해 엄청난 투자수익금을 받은 그는 투자 개념이 완전히 뒤집혔다. 데이비드는 자신에게 이런 질 문을 던졌다.

"투자성공률이 중요한가? 물론 중요하다. 시장분석과 리스크 통제가 중요한가? 역시 중요하다. 하지만 그것 외에 보통의 창업 투자자와 정상급 창업투자자의 차이는 어디에 있을까?"

차이는 다른 데 있지 않았다. 유니콘 스타트업 기업에 투자하느 냐 아니냐가 그 차이를 만든다. 이름을 날리는 최고의 창업투자자 를 만나면 어떤 사람은 투자에 성공한 몇 개의 큰 회사 이름을 열거한다. 또 어떤 사람은 자신이 투자한 회사는 유명하지 않아 이름을 들어도 모를 거라고 말한다. 그렇지만 최고의 창업투자자는 바로 그런 몇 개 회사가 거두는 성공 덕분에 출자자들에게 거대한 수익금을 돌려준다.

아이디어를 실현한 후 세상이 어떻게 바뀔지 설명할 수 있어야 한다

유니콘은 원래 신화나 전설 속에 존재하는 동물로 심지어 괴물로 불리기도 한다. 유니콘 스타트업 기업 역시 그렇다. 그렇다면 우리는 어떻게 그 '괴물'을 찾아야 할까?

유니콘을 찾는 일은 매우 어렵다. 창업투자자들이 끊임없이 배우고 노력하는 이유가 여기에 있다. 어느 스타트업 기업이 유니콘이 되는 것은 미래의 일이므로 관점이 시대를 앞서야 하는데 그것은 일반인에게 거의 미친 이야기처럼 들린다.

우리는 지금 미친 소리처럼 들리는 사업 아이디어를 찾아야 한다. 미친 소리에도 2가지 종류가 있다. 첫 번째는 아이디어가 애초에 말이 안 되고 현실에서 동떨어져 있는 경우다. 말하자면 순수하게 미친 소리다. 두 번째는 현실에 기반하면서도 한 발 앞서 있는 아이디어다. 지금은 미친 소리 같지만 알고 보면 그 나름대로 근거와 단서가 있으며 미래로 연결될 수 있다. 이런 아이디어가 언젠가 현실화되면 세상을 뒤집어놓는 변화를 일으킨다. 두 번째 생각이 시대를 앞서 가는 정도는 대개 5~10년이다. 우리는 그 흐름을 쉽게 발견하기 어렵고 누군가는 미쳤다고 할 수 있다. 그러나 인터넷이나 스마트폰을 떠올려보면 그 미친 생각에 아무런 근거가 없지 않음을 쉽게 알 수 있다.

좋은 창업투자펀드는 일반적으로 매년 20퍼센트가 넘는 수익률을 출자자에게 돌려준다. 말하자면 10년간 펀드 전체 금액이 약 3배 늘어난다. 이 목표를 달성하려면 정말 미친 생각을 하면서 세상을 전복할 혁신 기업가와 기업을 찾아야 한다. 그래서 정상급 창업투자자는 안정이 아니라 유니콘을 추구한다. 물론 자원을 조정하고 최적화와 개선으로 수익을 올리려고 하는 스타트업 기업은 좋은 아이디어로 사회에 좋은 영향을 미치면서 변화를 주도하고 돈도 번다. 그렇지만 창업투자자가 개선형 혁신으로 단지 2~3배의 수익률을 기대하는 것은 아니다. 장기적으로 아주 큰돈을 벌 수는 없기 때문이다.

만약 어떤 사람이 이렇게 말한다고 해보자.

"제게 다른 사람들이 다 미쳤다고 하는 아이디어가 있는데 당신에게 말씀드리고 싶습니다."

그럴 때 보통사람은 얘기를 들은 뒤 흘려버리거나 다른 많은 사람처럼 미친 소리로 치부한다. 반면 실리콘 밸리의 유명한 투자자 마이크 메이플스 같은 사람은 그 아이디어에 주목한다. 그는 먼저 다른 사람이 그 아이디어나 그 사람에게 보이는 반응을 믿지 않는다. 반대로 '미친 놈'이라는 말을 듣는 친구의 미친 소리를 재미있게 여긴다. 투자자가 제대로 듣지 않으면 아이디어가 나중에 황금

알을 낳는 거위가 될지 허황된 소리일지 판단할 수조차 없다. 만약 그가 정말로 미친 사람이라면 어쩌다 미친 소리를 들었다고 생각하면 그만이다. 손해 볼 것은 없다.

그러나 그 아이디어가 미래의 유니콘이 된다면 이보다 더 좋을 수는 없다. 마이크 메이플스는 아이디어를 제안하는 사람에게 그 아이디어를 실현한 후 세계가 어떻게 바뀔지 설명해달라고 부탁한다. 바로 이 부분이 중요하다. 만약 그 사람이 묘사하는 세계가 정말로 세상을 더 훌륭하게 바꿀 것 같다면 실제로 세상을 바꿀 위대한 아이디어일 가능성이 크다.

그 아이디어가 정말로 위대할 경우 마이크 메이플스는 그제야 리스크를 검토한다. 그는 그의 배경과 경력을 조사하고 어떤 근거가 있는지 살핀다. 또 그에게 다른 경험이 있는지, 종합적인 능력은 어떤지, 그의 팀이 어떻게 이 아이디어를 실현할지 등을 검토한다. 즉, 먼저 아이디어를 이해하고 확인한 다음 어떤 요소가 리스크를 낮출 수 있는지 고찰한다.

사실상 어떤 아이디어든 최초의 모습 그대로 발전하는 것은 불가능하다. 좋은 길을 계획해도 나중에 갈 수 없는 길임을 발견할 수도 있다. 창업자는 오랫동안 아이디어를 다듬는다. 그 길은 아무도 가지 않은 길이기 때문에 더듬더듬 어둠 속을 걷는 것과 같다. 이때 창업자가 경험하는 좌절과 곤경은 다른 사람은 상상하기 힘들다. 그래서 투자자는 그 사람이 어려움을 견딜 만큼 의지력이 강한지, 초심을 잃지 않고 세상을 바꿀 '미친 아이디어'를 현실화할 수 있을지 살핀다.

마이크 메이플스는 우버에 투자하지 않았지만 그 기업의 경쟁자인 차량공유 앱 리프트Lyft에는 투자했다. 우버보다 먼저 만들어진 리프트는 처음부터 개인 차량 소유자들을 대상으로 서비스를 시작했다.

당시 많은 사람이 온갖 걱정을 하며 이 생각을 받아들이지 않았다. 개인 차량 소유자가 처음 보는 사람을 자기 차에 태워야 하는데 그가 강도로 돌변하면 어떻게 해야 할까? 승객 입장에서 운전자가 위험한 인물이 아니라는 것을 어떻게 믿을 수 있을까?

사람들은 특히 안전을 고려할 때 실현성이 낮다고 여겼다. 그러나 표층 장애물 때문에 아이디어에 담긴 엄청난 시장기회를 완전히 부정할 수는 없다. 더구나 이 아이디어는 현실화하면 세계를 바꿀 만큼 큰 영향을 미칠 수 있었다. 만약 당신이 창업자에게 이들 문제를 어떻게 해결할 것인지, 사람들의 걱정을 어떻게 없앨지 물었다면 어떨까? 그들 역시 순식간에 좋은 답을 내놓기는 어렵다. 왜냐하면 그들도 단지 아이디어만 있을 뿐 실제로 시도하지 않았기 때문이다. 또 그들에게 좋은 해결방안이 있어도 당신이 믿는다는 보장이 없다. 이 단계에서 마이크 메이플스는 단지 아이디어가 세계를 바꿀 수 있는가에만 관심을 보인다. 구체적으로 어떻게 실행할지는 다른 문제다.

만약 아이디어를 실현하면 세계가 어떻게 바뀔까? 리프트의 창립자는 이렇게 말했다.

"제가 해낸다면 이 세계는 크게 달라질 겁니다. 우선 사람들은 개인 차량을 소유할 필요가 없습니다. 언제 어디서든 차를 불러서

타면 되니까요. 자동차는 '상품'에서 '서비스'로 바뀝니다. 이 경우 우리의 외출과 일상생활에 엄청난 변화가 생기겠지요."

그 당시 이것은 간단한 답변이었지만 알다시피 지금 우리는 보다 구체적인 방법을 많이 생각해낼 수 있다. 그때 마이크 메이플스는 다시 안전 문제 따위를 꺼내 해결방안을 들었지만 사실 그는 구체적인 방안에는 큰 관심이 없었다. 실제로 문제를 해결할 무렵이면 자연스럽게 모든 문제가 바뀌어 있을 것이기 때문이다. 그가 보고 싶어 한 것은 창업자의 사고방식과 개인 성품이었다. 그는 결국 리프트에 투자하기로 했고 1천 배의 수익을 올렸다.

창업투자에서 선발한 항목이 거대한 성공을 거두면 수익률이 아주 높아 처음 투자금액을 훨씬 웃돈다. 물론 실패하는 스타트업 기업이 더 많을지도 모른다. 그러나 투자한 기업 중 몇 개만 성공해도 펀드 전체의 성공은 확실하다. 이것이 유니콘 기업의 매력이다.

가치 있는 투자가
가치 있는 인생을 만든다

진정한 투자자 벤 트럭의 펀드 분투기

내가 처음 창업한 회사는 금융 서비스를 제공했는데 당시 나는 월스트리트 최고의 투자기구를 비롯해 300여 명의 투자자와 직접 만나 협력 관계를 맺으면서 그들에게 많은 영향을 받았다. 성공한 투자자들은 각자 개성이 있으면서 그들만의 공통점도 지니고 있다. 그중 가장 인상 깊었던 친구가 벤 트럭Ben Truck이다.

벤 트럭은 월스트리트의 펀드매니저로 젊은 나이에 큰 성공을 거뒀다. 그는 서른다섯 살이 되기도 전에 20억 달러를 운용하는 펀드회사 밀게이트 캐피털Millgate Capital의 파트너가 되었다. 사실 그의 시작은 초라했다. 애널리스트로 일하다가 창업을 했지만 돈이 없어서 설립자금은 고작 200만 달러에 불과했다. 월스트리트에서 200만 달러로 사업을 시작한다는 것은 말이 안 되는 일이었다.

사모펀드 관리회사가 받는 관리비용은 대개 '2-20' 형태다. 2는 회사가 모은 펀드금액의 2퍼센트를 관리비용으로 받는다는 뜻이고, 20은 수익의 20퍼센트를 커미션으로 가져간다는 의미다. 1,000만 달러의 펀드에서 관리비용인 20만 달러면 한 회사의 일상 운용자금 정도다. 그래서 1,000만 달러 이하의 펀드는 월스트리트에서 살아남기가 거의 불가능하다.

작은 사무실을 하나 빌린 벤 트럭은 급여를 가져가지 않는 형태로 창업을 결정했다. 우선 200만 달러로 시작해 천천히 해나갈 생각으로 여러 투자자를 만났는데 그들은 입을 모아 말했다.

"당신의 경력은 참 좋은데 회사규모가 너무 작군요. 당신이 어느 정도 실적을 내면 그때 다시 이야기합시다."

펀드매니저의 능력을 판단할 때 그 기준은 보통 이렇다. 첫째, 펀드규모를 본다. 내가 만난 우수한 펀드매니저는 10억 달러 이상을 운용하는 사람들로 업계 상위 10퍼센트에 들어갔다. 둘째, 펀드매니저의 실적을 본다. 실적이 좋은 펀드매니저는 대개 규모가 큰 펀드를 운용한다. 실적이 좋으면 투자자가 몰려서 펀드규모가 커질 수밖에 없다. 이에 따라 펀드업계는 소수의 상위권 회사가 업계에서 대부분의 비중을 차지하는 경향이 두드러진다.

주식 유통시장에서 펀드는 대개 '몸집'으로 좋고 나쁨을 보여준다. 주가는 매일 등락을 거듭하고 이는 눈으로 확인이 가능한 수치다. 장기투자를 하는 폐쇄형 펀드도 최소한 매년 한 차례씩 투자자에게 현금화를 허용한다. 그래서 펀드는 매년 결산하는 실적이 매우 중요하다. 계절별로 많은 펀드회사에서 투자자를 모아놓고 보고회를 여는데 실적이 좋은 회사는 더 많은 투자자의 시선을 끌고 실적이 나쁘면 금세 자금이 빠져나간다.

시장 정보가 투명해 월스트리트에서는 펀드회사의 실적이 어떤지 금방 알려진다. 펀드의 체급과 매년 수익률 등 공개된 정보는 누구라도 직접 펀드의 좋고 나쁨을 정의하게 만든다. 투자자는 펀드를 선택하기 전에 이 중요한 정보를 수집해 검토하며 심지어 5년이나 더 긴 기간의 실적을 전부 비교하기도 한다.

알다시피 월스트리트의 경쟁은 몹시 격렬하다. 펀드회사가 아무리 크고 펀드매니저가 아무리 유명해도 1년 성적이 좋지 않으면 투자자는 돈을 빼려고 한다. 2년째 성적이 좋지 않을 경우에는 아마 다시는 투자자를 모으기 어려울 것이다. 이런 경쟁을 뚫고 오랫동안 업계 상위권을 유지하는 펀드회사와 펀드매니저는 분명 최고 중의 최고일 테고 펀드규모와 투자 수준 역시 일류일 것이 분명하다.

이런 경쟁 환경에서 200만 달러로 회사를 시작한 벤 트럭의 앞길은 험난할 수밖에 없었다. 처음에 투자금액을 충분히 모으지 못하면, 즉 처음 6개월 혹은 길게 잡아 1년 안에 좋은 투자 성적을 내지 못하면 그는 성공할 확률이 거의 없을 것이었다.

그럼에도 그는 항상 평온했다. 그것이 신기해서 내가 직접 물어본 적도 있다.

"어떻게 그런 심리 상태를 유지할 수 있는 거지?"

"나 자신의 관점과 이념을 굳게 믿는다면 투자를 계속하지 않을 이유가 있나? 나 역시 한 사람의 투자자야. 내가 내 돈으로 투자하는 게 안 될 건 또 뭐람?"

나는 벤 트럭 같은 사람이야말로 진정한 투자자라는 생각을 했다. 그는 자신의 생각과 능력을 믿었고 흔들림 없이 계속 회사를 운영했다. 실제로 그는 좋은 투자 성적을 거뒀으며 점차 자금이 들어오면서 펀드규모가 200만 달러에서 5,000만 달러로 늘어났고 2년째에는 2억 달러가 되었다.

버크셔 해서웨이 주주총회가 50년간 최고의 명성을 이어온 비결

월스트리트에서 헤지펀드 관련 업무에 종사하는 사람은 모든 일에 의심하는 태도를 보이는 한편 자신의 생각을 굳건하게 지킨다. 이처럼 서로 다른 2가지 성격을 동시에 보여주는 사람이 전설적인 투자자 워런 버핏이다. 나는 하버드대학교 경영대학원에 다닐 때 워런 버핏의 '가치투자' 강연을 직접 듣기도 했다. 나중에는 그가 주관하는 지주회사 버크셔 해서웨이의 주주총회에 참석하기도 했다.

매년 그날 전 세계 경제의 관심이 미국 중서부 네브래스카주의 작은 도시 오마하로 쏠린다. 수만 명이 금융투자업계의 축제에 참석하기 위해 상주인구 40만여 명의 오마하로 몰려들기 때문이다. 버크셔 해서웨이의 주주총회는 세계에서 가장 유명한 투자회사의 연간 주주회의로 지금까지 50여 년간 이어져왔다. 강연에서든 주주총회에서든 워런 버핏은 2가지를 강조했다.

'첫째, 나는 내가 아는 회사에만 투자한다. 둘째, 시장이 호황으로 달아올랐을 때 나는 냉정해진다. 반면 시장이 절망에 빠졌을 때 나는 흥분한다.'

언뜻 간단해 보이지만 이를 실천하기는 정말 어렵다. 워런 버핏은 강연에서 간결한 언어를 사용해 재미있게 얘기한다. 한번은 어떤 사람이 이런 질문을 했다.

"당신은 어떻게 해서 투자의 신으로 불릴 만큼 투자를 잘하는 겁니까?"

"저는 아는 것에만 투자합니다. 아주 간단하게 들리죠? 실제로는 그렇지 않습니다. 우리는 많은 일을 진정으로 이해하지 못하다가 수없이 '왜'를 질문하고서야 알게 되지요."

다른 사람이 그에게 계속 질문하자 워런 버핏이 다시 이야기했다.

"저는 1가지 사실을 놓고 끊임없이 '왜'라고 질문합니다. 더 이상 질문할 게 없다고 생각할 때까지요. 또 관점이 서로 다른 사람들을 만나 그 사실을 설명해보라고 합니다. 저는 그들에게 계속 질문을 던지면서 그들이 왜 그런 관점을 보이는지 이해하려고 합니다. 물어볼 만한 사람에게 전부 질문하고 제가 확인할 수 있는 모든 관점을 확인한 다음에야 제가 '그 사실을, 그 회사를 이해했다'고 생각합니다. 그때가 되어야 저는 제가 투자할 회사인지 아닌지 알 수 있습니다."

이것도 쉽지 않지만 두 번째는 더욱더 하기 힘들다. 시장이 미친 듯이 흥분해 있을 때 냉정을 지키는 것이 쉽겠는가? 경력과 학력이 화려한 사람마저 흥분하는데 평범한 사람이야 더 말해 무엇 하겠는가. 시장이 절망적일 때도 마찬가지다. 뛰어난 사람들이 동시에 절망하는 상황에서 어떻게 혼자 흥분할 수 있을까?

상장기업 버크셔 해서웨이는 거대한 주주 집단을 보유하고 있다. 대다수 헤지펀드처럼 충실한 투자자를 거느리고 있지만 시장 흐름에 따라 그들도 오르락내리락할 수밖에 없다. 시장이 미쳐 돌아가면 사방팔방에서 회사에 압력을 가할 것이다.

"주가가 높아질 때 사서 떨어지기 직전에 파는 것은 투자의 기본입니다. 오늘 주가가 많이 올랐으니 얼른 사야지요. 당신이 저를 위해 돈을 벌어주지 않는다면 도대체 하는 일이 뭡니까?"

또 시장이 비관적일 때는 이런 말을 한다.

"주가가 급격히 떨어지고 있는데 왜 팔지 않는 겁니까? 주가가 계속 떨어질 게 두렵지 않습니까?"

심지어 돈을 빼겠다고 위협하는 투자자가 있을지도 모른다. 이럴 때 자신의 생각을 계속 밀어붙일 자신이 있는가? 워런 버핏은 이러한 상황에 놓여도 인내심 있게 대응했다.

"저는 시장이 미친놈처럼 군다는 것을 잘 알고 있습니다. 시장은 어떨 때 제게 달려와 '이 물건이 얼마나 좋은지 알아요?'라고 합니다. 그래서 비싼 값을 주고 사면 얼마 지나지 않아 똑같은 물건을 '정말 쓰레기 같은 물건이군요'라며 싼값에 팔아버리라고 합니다. 이런 미친놈을 상대하는 방법은 간단합니다. 시장이 어떤 것을 미친 듯이 버리려고 할 때가 실은 그 물건을 살 절호의 기회입니다. 제가 할 일은 시간을 들여 어떤 업계, 어떤 회사를 살펴보고 이해하는 것이지요. 그러다가 저 '시장'이라는 미친놈이 주식을 마구 팔아치울 때 제가 알고 있는 좋은 회사, 좋은 산업에 투자하는 겁니다. 이게 제가 돈을 버는 간단한 방법입니다."

뛰어난 투자자는 시장 변화에 따라 파도처럼 출렁거리지 않고 버핏이 말한 것처럼 이해하기 위해 질문하고 평정심을 유지하면서 자신감 있게 지속한다.

"나는 내가 완전히 이해한 것에만 투자한다"

헤지펀드는 투자 대상 기업과 관련해 투자이론을 세워 회사를 다방면으로 평가한다. 소위 '이론'이란 공식이 아니라 판단 근거를 말하는데 이 이론으로 투자 대상 기업을 어떻게 정의할지 결정한다. 예를 들어 누군가가 이렇게 묻는다고 생각해보자.

"이 회사에 가치가 있다고 생각합니까?"

이때 대답은 가치가 있다, 가치가 없다 혹은 알 수 없다는 3가지로 할 수 있다. 회사가 가치 있다고 생각할 경우 그 이유는 무엇일까? 그 회사의 주식가치를 100달러로 평가하는데 실제 주가는 50달러라고 해보자. 당신은 그 회사의 주식을 100달러로 평가하는 이유, 실제 주가가 50달러인 이유를 댈 수 있어야 한다. 그 이유가 바로 헤지펀드의 투자이론이다. 이것은 공식이 아니라 오히려 종합적인 판단이며 장기간의 관찰과 조사 연구로 얻어낸 결론이다.

개중에는 시장가격이 그 회사의 상황을 가장 잘 반영한다고 생각하는 사람도 많다. 만약 당신이 시장에서 얻은 정보로 어떤 회사의 가치가 현재의 시장가치보다 높다고 판단하면 당신은 그 회사의 주식을 살 가능성이 크다. 반대로 현재 시장가치보다 회사의 가치가 낮다고 생각하면 그 회사의 주식을 팔 확률이 높다. 당신이 그 회사의 주식을 보유하지 않았다면 사거나 사지 않을 테고, 이미 그 회사의 주식을 보유하고 있다면 팔거나 계속 보유할 것이다. 그래서 시장의 주식가격은 그 회사의 실제 상황을 반영한다고 볼 수 있다.

그렇지만 이것은 완전한 사실이 아니다. 장기적으로 볼 때 시장은 대부분 실제 상황을 반영한다. 반면 단기적으로는 인간의 주관적인 감정과 정보 불균형으로 많은 점에서 불확실성이 존재한다. 사람들이 심하게 낙관적이거나 비관적이라면 어떨까? 성격 측면 때문에 시장을 잘못 예측할 수도 있다. 규모가 큰 판단 오류는 그만큼 시장에 미치는 영향도 크다.

투자이론을 깊이 숙고하고 시장주기 흐름을 명확히 한 다음 중요한 것은 유발요인이다. 가령 업계와 회사 방향을 바꾸거나 회사 주가 흐름의 전환점이 될 '도화선'을 찾아내야 한다. 이 전환점이 언제 도래할지, 도화선이 무엇일지 예측할 수 있으면 전환점에 도달하기 전에 먼저 투자이익을 거두도록 조치를 취할 수 있다.

정말로 뛰어난 투자자는 탐정과 같다. 그들은 해당 회사의 가장 큰 고객, 고객의 구매성향, 수요량, 고객이 상품을 구매하는 원인 등을 분석한다. 이 모든 정보를 분석한 뒤에는 가격구간을 정한다.

해당 회사의 주가가 최고점을 찍었을 때 주식을 팔아야 이익을 극대화하기 때문이다. 이를 위해서는 상세한 시뮬레이션을 해야 하는데 월스트리트의 펀드회사는 어느 곳이나 시뮬레이션을 거친다.

이렇게 해서 모든 것을 정리하면 도화선에 불이 붙는 순간을 기다리면 된다.

그럼 간단히 정리해보자.

- 업계와 회사를 연구하고 투자이론을 확정한다. 어떤 회사가 기술적 우위를 점하고 있더라도 업계 흐름과 주기에 영향을 받는다는 것을 확인해 주식을 매도할 기회를 찾는다.
- 다방면으로 자문을 구해 업계의 주기 법칙을 명확히 하고 도화선에 불이 붙는 시점을 확정해 그 시점이 오기 전에 주식을 매도한다.
- 시뮬레이션을 거쳐 주식을 매도할 가격구간을 설정하고 계획에 따라 엄격하게 실행한다. 최대한 주가가 최고점에 올랐을 때 매도해야 이익을 극대화하지만 실제로 가격이 언제 최고점인지는 알 수 없다. 그래서 원래 설정한 가격구간에 진입하면 곧바로 매도해야 한다.

헤지펀드에는 워런 버핏의 이론을 실행에 옮기는 체계적인 시스템이 존재한다. 그러나 많은 일이 생각처럼 순조롭지는 않다. 주식을 매도했는데 두세 달 후에도 주가가 계속 상승할 수도 있다. 이런 상황에서는 압박감을 느끼고 자신의 판단을 의심하게 된다.

이때 자신의 가설을 꼼꼼히 살펴보고 그래도 옳다는 판단이 선다면 계속 매도해야 한다.

투자자들은 보통 매일 주식시장을 확인하지만 표면적인 숫자의 증감만 볼 뿐이다. 이들은 주가가 오르면 기뻐하고 내리면 침울해한다. 반면 뛰어난 투자자는 상황을 명확히 이해하기 전에는 성급하게 결정하지 않는다. 그들은 완전히 파악할 때까지 질문을 멈추지 않으며 결정한 뒤에는 자신을 굳게 믿는다. 당신도 이런 자세를 갖추고 싶다면 워런 버핏이 말한 2가지를 잊지 말아야 한다.

"나는 내가 완전히 이해한 것에만 투자한다. 다른 사람이 미쳐 돌아갈 때 나는 신중해지고, 다른 사람이 절망할 때 나는 더 열정적으로 변한다."

워런 버핏은 단기적인 주가 예측은 하지 않는다. 그는 자신이 투자한 기업을 깊이 이해하며 그 기업이 장기적으로 실현할 내재가치를 믿는다. 그는 이런 말을 하기도 했다.

"만약 당신이 어떤 주식을 10년간 보유하지 못할 거라면 그 주식을 1분도 보유하지 않는 게 낫다."

이 말은 조금 과장한 측면도 있지만 워런 버핏이 수십 년간 투자자로 일하며 얻은 깨달음을 잘 담고 있다. 어찌 보면 그의 인생 철학이라고 할 수도 있다. 당신이 완전히 이해하지 못하면 투자하지 말아야 한다. 투자 대상을 이해하는 과정에서 당신은 투자 여부를 더욱 분명하게 판단할 수 있고 그러면 더는 시장의 움직임에 쉽게 좌우되지 않는다.

인생도 마찬가지다. 무슨 일이든 얕게 경험하고 쉽게 포기한 채 여기저기 두리번거리며 눈앞의 이익만 추구하면 당신은 조금만 풍파를 겪어도 쉽게 자신감을 잃어 결국 아무것도 성취하지 못할 것이다. 재테크도 인생도 단기간에 엄청난 실적을 올리는 것은 쉽지 않다. 오래도록 유지할 성공을 원한다면 계속 배우고 이해하며 자신의 인식을 높여야 한다. 많은 사람이 일단 돈을 벌면 시간과 기회가 있으니 자신을 성장시킬 수 있을 거라고 생각한다. 그 생각은 순서가 틀렸다.

부를 정확히 인식하려면 자기 자신과 투자 대상을 이해하는 동시에 창업투자, 가치투자 사고방식을 갖춰야 한다. 우리는 우선 부를 창출하고 보전하는 정확한 인식부터 확립할 필요가 있다. 그래야 부를 창출하는 것이 순조로워진다.

인간의 잠재력의 한계는
어디까지일까?

내가 다시 빔 호프의
동계 아이스맨 워크숍을 찾은 이유

나는 세계 최강의 아이스맨 빔 호프에게 단순히 호흡법
만 배운 게 아니다. 추위를 견디는 능력을 익히기만 한 것도 아니
다. 나는 그 멋진 스포츠맨에게 어려움을 담담히 받아들이고 그것
을 관찰하면서 해결법을 찾는 방법을 배우고 익혔다. 특히 중요
한 것은 그 과정에서 내가 내면의 두려움을 정복하는 효과적인 방
법을 알아냈다는 사실이다. 그것은 평생 내게 많은 도움을 줄 것
이다. 이 학습과 성장은 나를 여러 방면에서 성숙하게 했고, 나는
2017년 크리스마스이브에 빔 호프의 동계 아이스맨 워크숍에 등
록했다. 이번에는 동유럽의 추운 지역에서 얼음과 눈에 둘러싸여
꽁꽁 언 강물에 들어갔다.

동계 워크숍이 가까워졌을 무렵 빔 호프가 예전 동계 워크숍 때 찍은 사진을 보내주었다. 솔직히 그 사진을 보니 주저하는 마음이 들었다. 동유럽의 설산 아래에서 반바지와 스노부츠를 신은 사람들이 산 정상을 향해 걷고 있었다. 내가 이들처럼 할 수 있을까? 그래서 빔 호프에게 물었다.

"이 사람들이 얼마나 걸었죠?"

"왕복 6시간 정도입니다."

그 순간 '그걸 어떻게 견뎌?' 하는 생각이 들었지만 결국 해낼 거라고 믿은 나는 일정에 맞춰 비행기에 올랐다. 워크숍이 열리는 폴란드의 작은 도시 프제시에카에 도착했을 때 하늘에서는 계속 눈꽃이 흩날리고 있었다. 폴란드의 12월은 1년 중 가장 추운 때다. 나는 손을 비비고 입김을 불면서 생각했다.

'나는 여기가 싫다. 끝도 없이 내리는 눈이 싫다!'

이 생각을 인식한 뒤 나는 조금 놀랐다. 내가 언제부터 눈을 싫어했을까? 어렸을 때 겨울이 되면 어머니가 옷을 따뜻하게 입으라고 당부했다. 추우면 병에 걸린다는 말을 자주 들으며 내가 자연스럽게 추위와 '병'을 연결한 것 같다. 더 나아가 나는 추위와 눈을 동일시했고 눈을 보자마자 병에 걸리는 것을 연상하며 싫다고 생각한 것이다.

워크숍 첫날 우리는 2조로 나뉘었다. 한 조는 부부끼리 온 사람들로 구성한 남녀혼합 조였고, 다른 한 조는 남은 남자들 19명으로 구성했다. 나는 그 조에 속했고 우리 조는 빔 호프가 옛날에 살던 집을 배정받았다. 그 집은 방이 4개에 화장실이 2개였는데 평균 5명이 방 하나를 썼다. 겨울이라 바깥은 눈이 내리고 바람이 휘몰아쳤지만 집 안은 화기애애했다.

우리는 거실에 모여 수다를 떨며 각자 워크숍에 참가한 이유를 이야기했다. 한 참가자는 베네치아에서 온 음악가였는데, 그는 예술계 종사자는 특히 심리적 스트레스가 심하다고 말했다. 젊을 때는 관객 앞에 설 때 제대로 실력을 발휘하지 못할까 봐 스트레스를 받았고, 나이가 좀 든 뒤에는 늘 비슷한 곡을 연주하는 데 진력을 내면서도 공연에서 실수할지 모른다는 초조감에 시달렸다고 한다. 그래서 그는 빔 호프의 워크숍을 듣고 스트레스를 극복하거나 완화하고 싶다고 했다.

인상적인 이야기를 들려준 부자父子도 있었다. 일흔 살이 넘은 아버지가 아들을 데리고 참가했는데 그 아들이 다발성경화증이라는 희귀질환을 앓는다고 했다. 이 병은 만성염증질환으로 중추신경계의 탈수초성 질환(신경세포의 축삭을 둘러싸고 있는 절연물질인 수초가 탈락하는 질병)이다. 병이 진행되면서 근무력증, 인지장애, 균형장애, 우울증 등의 합병증이 생길 수 있다. 그는 빔 호프의 워크숍을 듣고 아들이 느끼는 감각을 간접 체험해 아들을 더 잘 보살피고 싶다고 했다.

벨기에에서 온 중년 남성 3명의 사연도 흥미로웠다. 그들은 대학 때부터 친한 친구로 20여 년이 흐르는 동안 각자 가정을 꾸렸고 가족끼리도 친하게 지냈다. 그런데 2명이 어디서 빔 호프의 이야기를 듣고 도전해보자는 결정을 내렸다고 한다. 세 번째 친구는 그 사실을 전혀 모르고 있다가 출발 전날 통보를 받았다.

"휴가를 가려고 하는데 같이 갈래?"

두말없이 동의한 그는 비행기를 타고 나서야 휴가를 가서 얼음으로 뒤덮인 산을 타야 한다는 사실을 알았다고 했다. 이야기를 듣던 사람들이 온통 웃음을 터뜨렸다.

다들 자기 자신에게 도전하기 위해, 삶의 지식과 깨달음을 얻기 위해 왔다고 했는데 추위가 싫고 그것이 두려워서 공포심을 극복하려고 왔다는 사람은 나 혼자였다. 내가 사람들에게 질문을 던졌다.

"나는 어릴 때부터 눈을 싫어했습니다. 그래서 다른 사람들은 눈을 어떻게 느끼는지 궁금하군요."

어떤 사람은 눈이 마음을 편안하고 고요하게 만들어준다고 했다. 또 다른 사람은 눈이 순결을 상징한다고 말했다. 눈을 보면 예쁘다는 생각이 든다는 사람, 대자연의 신비를 느낀다는 사람도 있었다. 나는 여러 사람의 이야기를 들으며 그들의 감각을 빌려 눈을 향한 나쁜 인상을 바꿀 수 있지 않을까 생각했다.

그들이 화롯가에서 계속 이야기하는 동안 나는 창문 앞에 서서 바깥의 흩날리는 눈을 바라보았다. 나는 이미지를 떠올리는 방식으로 내 머릿속 '각본'을 바꿀 생각이었다. 먼저 새하얀 설원에서 귀여운 아이가 즐겁게 뛰어노는 장면을 상상했다. 상상 속에서 아이는 눈 위를 데굴데굴 구르면서 행복해했다. 나는 상상 속 장면을 점점 키우는 동시에 예전에 어머니가 내게 옷을 두껍게 입으라고 당부하던 장면을 흑백사진으로 바꾸고 점점 줄여 까만 점으로 만들었다. 원래 각본을 새로운 버전으로 수정한 다음부터 나는 눈을 보며 느끼던 두려움과 공포감에서 벗어날 수 있었다.

미래를 향한 첫 걸음은
지금의 편안한 상태에서 벗어나는 일부터
시작하라

하계 워크숍과 마찬가지로 동계 워크숍도 닷새간 진행한다. 처음 이틀은 역시 호흡법 훈련과 얼음물 수련을 했다.

첫날 얼어붙은 연못에 들어가 우리는 적어도 2분을 버텨야 했다. 이튿날은 얼음이 둥둥 뜬 강물에 들어가 5분간 몸을 담그고 있었다. 여기까지가 우리의 첫 번째 관문이었다.

이어 이틀간 등산을 했다. 셋째 날은 적응훈련을 먼저 했는데 우리는 등산화와 짧은 바지만 입고 도보로 2시간 동안 산행했다. 넷째 날은 왕복 6시간이 걸리는 산길을 따라 등산을 했다.

등산을 시작하기 전 빔 호프가 호흡에만 집중할 뿐 말하지 말라고 당부했다. 말을 하면 대뇌 에너지를 소모하고 집중력을 흐트러뜨려 산소와 에너지가 전신으로 전달되지 않기 때문이다.

등산하는 동안 계속 눈이 내리고 바람이 불었다. 기온은 섭씨 영하 30도까지 떨어졌고 나는 호흡과 발걸음의 리듬을 일치하려 애썼다. 한 발 내딛으면서 숨을 들이쉬고 다시 한 발 내딛으면서 숨을 내쉬는 식이었다. 이렇게 호흡에 집중하는 동안 나도 모르게 뇌가 평온해지는 것을 느꼈다. 평온함 속에서 대뇌는 신체의 각 부분에 에너지를 보냈다. 등산하는 동안 나는 특별히 춥다는 느낌을 받지 못했다.

산 정상에는 스키장이 있었다. 다들 리프트를 타고 올라갔지만 우리는 리프트 아래부터 걸어서 정상까지 간 것이다. 눈이 많이 쌓여서 전용 스노부츠를 신고도 미끄럼 방지를 위해 아이젠까지 착용했기 때문에 한 발 내딛을 때마다 깊이 발자국이 남았다.

설산 등반은 3구간으로 나뉜다. 1구간은 1시간 30분 정도 걷는데 길 양편에 나무가 늘어서 있고 경사도 심하지 않다. 그때까지만 해도 나는 지나가던 스키장 이용객과 사진을 함께 찍을 정도로 여유가 있었다. 호흡의 리듬을 따라 안정적으로 걸었고 대뇌는 평온했으며 내 몸을 완전히 통제한다는 느낌을 받았다. 추위도 거의 느끼지 않았고 오히려 조금 따뜻했다. 따뜻한 기운이 온몸에 가득한 것을 느끼면서 빔 호프의 말이 이해가 갔다.

그런데 2구간에 오자 갑자기 눈발이 거세지고 바람이 심해졌다. 길은 평탄했지만 바람이 세게 불어서 걷기가 힘들었다. 2구간을 걷는 1시간을 '공포의 1시간'이라고 부른다. 예전 워크숍 때 눈보라가 너무 심해 주변 환경이 잘 보이지 않는 바람에 넘어져 구른 사람이 있었다고 한다. 그래서 참가자 전원이 거기서 등산을 멈추고 온 길을 되짚어 돌아가야 했다. 2구간에서 나는 확실히 추위를 느꼈다. 바람이 몸에 불어올 때 잠깐 정신이 분산되면 뼛속까지 얼릴 것 같은 추위가 엄습했다. 나는 최대한 정신을 집중하면서 체온을 유지하려고 애썼다.

3구간은 경사가 심했다. 거의 직각으로 올라가는 길이라 몇 곳은 밧줄을 잡고 기어올라야 했다. 이곳은 마지막 30분 구간인데 등산 자체의 강도가 세서 다들 호흡이 거칠었다. 나도 내가 호흡하는 소리를 정확히 들을 수 있었다. 이 구간에서 우리 조의 일흔 살 넘은 할아버지는 힘에 부쳐 더 걷기 힘들 정도였다. 사람들이 번갈아가며 그를 부축해서 걸었고 할아버지 자신도 의지가 강했다. 잠시 휴식을 취한 뒤 스스로 걸으려고 애쓰며 부축해주는 사람에게 "고맙습니다. 조금 있다가 내가 직접 걸을게요"라고 말하기도 했다. 그의 굳은 의지가 우리 모두에게 큰 격려가 되었다.

산 정상에 도착했을 때 사실 나는 더 걸을 수 있을 것 같았다. 그곳이 결승점이 아니라 휴식하는 곳이라는 생각도 했다. 그곳에서 빔 호프는 가방에서 옷을 꺼내 입으라고 지시했다. 그때까지 우리는 몸통을 드러낸 채 걸었고 에너지를 생존에 중요한 신체부위를 보호하는 데 집중했다. 옷을 입으면 지금까지 에너지를 보내지 않았던 신체 말초(손가락이나 발가락 끝)에도 혈액이 돈다. 그러면 신체는 추위를 이기기 위해 떤다. 우리는 산 정상에서 옷을 입으며 한편으로는 몸을 떨고 다른 한편으로는 다른 사람이 떠는 모습을 쳐다보았다. 아주 재미있는 순간이었다.

이어 우리는 뜨거운 차를 조금 마시고 휴식을 취했다. 간단하게 음식을 먹으며 에너지를 보충하는 사람도 있었다. 그러면서 다들 대화를 나누었는데 첫 마디는 누구나 비슷했다.

"와, 정말 믿을 수가 없어요. 제가 진짜 해내다니!"

자신감 있게 시작했지만 눈을 맞으며 3시간 동안 등산하는 것은 쉬운 일이 아니다. 정상에 도착하기 전까지는 정말 해낼 수 있을지 확신하기 어려웠다. 그것은 나도 마찬가지다. 나는 인간의 잠재력이 얼마나 대단한지 다시 한 번 느꼈다. 나는 추위를 싫어하고 무서워했지만 며칠간의 훈련을 거치면서 추위 그 자체를 과학적으로 관찰하고 체험하면 합리적으로 조절할 수 있음을 깨달았다.

정상에서 잠시 휴식을 취한 후 다시 산을 내려가야 했다. 산을 내려오는 길은 길었지만 오르는 동안 겪은 어려움을 생각하면 두려울 게 없었다. 나는 내가 어려움을 충분히 극복할 거라고 믿었다. 정상은 3시간의 종착지이자 하산 과정의 출발지다. 앞으로 우리는 긴 여정을 거칠 것이다. 그 산을 내려가는 것뿐 아니라 끝이 보이지 않는 인생길을 걷는다. 중요한 것은 우리가 계속 길을 걸어간다는 사실이다.

그 순간 나는 마음 깊이 평온함과 고요함, 자신감으로 충만한 기분을 느꼈다. 그 심리 상태라면 어떤 일이든 할 수 있을 것 같았다. 두려운 일을 마주쳐도 평온하게 대하면서 한 발 한 발 그 일을 겪으면 된다. 그 과정에서 두려워하던 일을 더 많이 알고 배울 수 있다. 과학적인 방식으로 쉼 없이 학습하면서 평온한 심리 상태로 삶을 마주하면 해내지 못할 일이 없다.

스스로 한계를 설정하지 않으면 한계는 없다. 편안한 상태에서 한 발 벗어나려면 우리는 더 많은 대가를 지불해야 하지만 결국 그보다 더 많은 것을 얻는다. 우리는 여러 분야에서 자신의 한계를 깨뜨릴 수 있다. 현재 각자 편안한 상태에 있더라도 사실 그 상태에 완전히 만족하는 것은 아니지 않은가.

만약 누군가가 스트레스가 있느냐고 물었을 때 없다고 대답할 사람은 극히 적을 것이다. 지금 이 시대는 불안과 초조함으로 가득하다. 불안해서 다들 여러 가지 방법으로 발전하려고 애를 쓴다. 그러나 진정 발전하려면 많은 노력이 뒤따라야 한다. 노력한다는 것은 곧 우리가 편안한 상태에서 벗어난다는 것을 의미한다.

더 멀리 추구하고 싶다면, 진보하고 싶다면, 먼저 자신이 머무는 편안한 구역과 그 경계선을 인식해야 한다. 그런 다음 경계선을 넘어 자신의 활동 범위를 넓히고 한계에 최대한 가까이 다가가야 한다.

모두 자신의 문제를 해결할 수 있다는 사실을 인식하고 문제를 똑바로 마주 보는 여정을 떠나길 바란다. 그 여정에 오로지 고통과 좌절, 고난만 있는 것은 아니다. 순수한 경험과 그에 상응하는 깨달음도 있다. 산봉우리를 향한 여정에는 자신의 한계를 극복하는 희열도 분명 있다. 이 여정은 산 정상에 도착했다고 툭 끊어지지 않으며 미래에 우리가 내딛을 무한한 발걸음을 따라 끝없이 이어진다.

나는 어릴 때 『서유기』를 좋아했다. 이 책의 등장인물은 대부분 현실에는 없는 신선이나 요괴인데 묘사가 생생하고 유머러스했던 기억이 난다. 나는 책에 푹 빠져 이런 생각을 했다.

'손오공은 자존심이 세고 승부욕이 강해서 늘 손해를 본다. 왜 자기 성격을 고치지 못하는 걸까? 저팔계는 식탐이 많고 게으르다. 사부님을 지킬 능력이 있으면서도 요괴만 보면 도망치기 바쁘고, 맛있는 음식과 예쁜 여자만 보면 정신을 못 차린다. 참 답답하다. 삼장법사도 이상하다. 저 사람은 누가 봐도 나쁜 요괴인데 왜 맨날 손오공이 문제를 일으켰다고 오해를 할까?'

『서유기』에서 내가 가장 궁금했던 점은 손오공은 순식간에 10만 8,000리를 갈 능력이 있는데 왜 서천에 불경을 가지러 갈 때 힘들게 먼 길을 걸어갔을까 하는 점이었다. 심지어 그 길에 요괴들이 득실거려 죽을 위기도 여러 번 넘긴다. 지금은 왜 그래야 했는지 이해한다. 삼장법사와 손오공 일행은 반드시 힘든 길을 거쳐야만 했다. 그것이 그들이 성장하는 '영웅의 여정'이기 때문이다.

이 여정에서 일행은 81번의 재난을 겪으며 성숙한다. 손오공은 더 이상 다짜고짜 싸움을 벌이지 않는다. 저팔계는 여전히 식탐이 많고 게으르지만 자기 역할을 제대로 해낸다. 삼장법사도 마침내 제자들을 신뢰하고 올바른 판단을 내린다. 어릴 적 내가 생각한 것처럼 손오공이 삼장법사를 업고 순식간에 서천에 도착했다면 그는 불경을 가지고 돌아와도 여전히 오만방자하고 거친 망나니였을 터다. 저팔계 역시 쉽게 포기하고 이도 저도 해내지 못하는 성격 그대로였을 것이고, 삼장법사도 시시비비를 제대로 구분하지 못하고 동료를 믿지 못하는 사람으로 남았을 것이다.

『서유기』속 이야기만 그런 것이 아니라 우리 개개인도 다 그렇다. 고난과 실패는 우리를 성장하게 하는 초석이다. 어떤 사람이든 손오공, 저팔계, 삼장법사의 단점을 조금씩 지니고 있다. 다만 우리 자신이 그 단점을 쉽게 인식하지 못할 뿐이다. 길고 긴 영웅의 여정이 끝나야 자신을 이해하고 바꿀 수 있다.

또한 나는 『서유기』에서 후반으로 갈수록 손오공이 요괴를 만났을 때 혼자 당해내지 못하고 보살이나 신선에게 도움을 청한다는 사실을 발견했다. 손오공은 신비한 무기를 빌리거나 보살과 신선을 직접 모셔와 요괴를 무찌른다. 개인의 능력이 아무리 뛰어나도 사회 전체에 비하면 미약하다. 다른 사람의 역량과 경험을 흡수하고 과학 지식, 역사적 사례 등을 배우는 것은 인생에서 만나는 각종 고난과 도전과제를 해결하는 좋은 방법이다.

내가 지난 몇 년간 해온 일이 바로 이런 것이다. 세계 최고의 이론가, 과학자, 실천가를 찾아가 각 분야에서 가장 과학적이고 효율적인 방법을 배우고 스스로 성장을 도모한 일은 말하자면 인생의 보물을 손에 넣기 위해 스스로 준비한 81번의 재난이었다.

『서유기』의 내용 가운데 어릴 때는 이해하지 못하고 그저 우습다고만 생각했던 것이 지금 다시 읽으면 새롭게 다가온다. 우스웠던 부분이 의미심장하게 보이는 것은 책 내용이 달라져서가 아니라 내 시각이 달라졌기 때문이다.

성공을 향한 길은 한 발 한 발 가야 한다. 서천으로 불경을 가지러 가는 일을 하룻밤 사이에 할 수 없듯 성공하려면 그에 맞는 행동을 장기적으로 지속해야 한다. 어떤 행동을 오랜 기간 이어가려면 적절한 계획을 세워 몸에 습관이 배도록 만들어야 한다. 습관은 매일 꾸준히, 게으름 피우지 말고 쌓아가야 한다.

나는 여전히 불안하지만 전보다 불안감을 느끼는 빈도가 줄었다. 불안할 때의 반응도 달라졌다. 내가 왜 불안감을 느끼는지 정확히 이해한 다음 불안감을 느끼는 원인을 개선해 심리 상태를 조절하게 되었다. 즉, 나는 긍정적인 감정으로 불안감을 금세 대체할 수 있다.

이 책에서 여러 번 언급한 토니 로빈스는 심리 상태를 조절하는 여러 가지 효과적인 이론과 실용적인 방법을 알려주었다. 어떤 사람이 그에게 물었다.

"심리 상태를 바꾸는 방법을 이렇게 많이 알려주었는데 당신 자신은 어떻습니까?"

"저도 어떨 때는 기분이 처지고 우울합니다. 그렇지만 저는 15초 원칙을 지키고 있어요. 어떤 부정적인 감정도 15초 안에 통제하고 긍정적인 감정으로 바꾸는 것이죠."

많은 사람이 어떤 일 때문에 불안하고 초조하면 1시간, 하루, 한 달, 심지어 평생을 거기에 얽매여 살아간다. 이제는 나도 학습과 실천, 지속으로 나 자신을 위한 15초 원칙을 지킨다. 대부분의 감정을 15초 내에 인식하고 조절하는 것이다.

"황정위는 역시 똑똑해."

예전에 이런 말을 들으면 자부심을 느꼈다. 그런데 최근 몇 년간의 학습으로 지식이 중요하긴 해도 전부는 아니며 더 중요한 것은 지혜임을 깨달았다. 지혜는 지식의 양이 아니라 지식을 분석하고 운용해서 자신을 위해 올바른 판단을 내리고 상황을 통제하는 능력을 말한다.

나는 지난 몇 년간 부단히 지혜를 키웠고 그 과정에서 기쁨을 느끼는 한편 전보다 내 인지 수준이 훨씬 성장했음을 깨달았다. 내가 그간 배운 것을 많은 사람과 나누고 싶어서 이 책을 썼다. 세계 정상급 인사들에게 배운 자아 성장 방법을 시간이 부족하고 상황이 여의치 않아 나처럼 일일이 돌아다니며 배우기 어려운 사람들에게 알려주고 싶었다. 평생 꾸준히 배우는 습관을 유지하면 누구나 인생 여정에서 점점 더 완벽함에 가까워질 것이라고 믿는다.

독자 여러분이 더욱 완벽에 가깝고 성공한 인생을 만들어가길 바란다.

감사의 말

지난 몇 년간 나는 세계 각지를 돌아다니며 '평생학습'을 실천했다. 내가 이동한 거리는 10만 킬로미터에 달하고 배우고 실천하는 데 들인 비용은 50만 달러가 넘는다. 또 100여 권의 책을 읽고 20여 차례나 유명한 워크숍과 강연에 참가했다. 수많은 전문가와 유명인사를 직접 찾아가 최대한 가까운 거리에서 가르침을 구했으며 매일 꾸준한 연습과 실천을 계속하고 있다.

그 모든 경험을 이 책에 담았다. 이제 독자 여러분에게 이 말을 하고 싶다. 인생에서 마주치는 모든 문제를 영웅 전설에 나오는 '악룡'이라고 생각하라. 악룡은 영웅이 무찔러야 하는 대상이다. 악룡을 무찌르러 힘든 여정을 떠나는 영웅처럼 의미 있는 학습과 발전의 시간을 거칠 때마다 인생 이야기를 완전히 새롭게 쓸 수 있다.

이 책의 기획, 집필, 출판, 홍보 기간 중 나는 운 좋게 각 분야의 다양한 사람들에게 도움을 받았다. 그러한 도움이 있었기에 책을 쓰는 여정이 순조로웠다고 생각한다. 이 자리를 빌려 도움을 준 사람과 단체에 감사의 마음을 전하고자 한다.

우선 어머니께 감사드린다. 어머니가 주신 모든 것에 감사한다. 또한 큰 이모와 넷째 이모에게도 감사한다. 내가 중국에 있을 때 이모들은 나를 친자식처럼 따뜻하게 돌보아주었다.

다음으로 베니(펑자룽)에게 특별한 감사를 보낸다. 베니는 내가 설립한 회사 위워沃캐피털의 상하이지사 CEO다. 그는 업무가 바쁜데도 내가 무에서 유를 창조하는 집필 과정을 지나오는 동안 함께해주었다. 베니가 일에 보여주는 열정과 노력을 항상 고맙게 생각한다.

이어 내가 감사를 표할 사람은 크리스틴(쑨리)이다. 그녀와 이 책을 기획하던 날들이 지금도 생생히 떠오른다. 그녀는 늘 기획회의에서 나온 이야기를 꼼꼼히 기록했고 내가 쓴 글에 다 표현하지 못한 다른 생각이나 느낌이 없는지 물어봐주었다. 내가 더 풍부한 내용과 명료한 맥락으로 말하고 싶은 내용을 충분히 전달할 수 있었던 데는 그녀의 도움이 컸다. 그녀의 인내심 있고 열정적인 도움에 감사한다.

또한 위워캐피털의 모든 직원에게 감사한다. 특히 알렉스(성즈환), 잭(장하오제), 섬머(양즈팅) 등에게 고마움을 전하고 싶다. 모두 한마음으로 단결했기에 내가 더 좋은 책을 쓸 기회를 얻었다.

이 책에 추천사를 써준 분들에게도 감사한다. 판덩독서회 창립인 판덩, 자위펀드 창립자 겸 이사장인 웨이저, 후룬리포트 창립자

루퍼트 후지워프, 중국미술관 관장 우웨이산 선생님, 중국 하일대 교육기금회 부이사장 선젠궈 여사님, 세계 최고의 아이스맨이자 '추위 견디기' 세계 기네스기록 보유자인 빔 호프, 몸짓언어 전문가이자 전 FBI 대테러정보팀 소속 정보 판독가인 조 내버로께 감사한다.

이들은 바쁜 와중에도 내 원고를 자세히 읽어주고 유용한 지적을 해주었다. 그들 덕분에 나는 이 책을 다양한 각도에서 바라보는 인지력과 통찰력을 발휘할 수 있었다. 또 그들의 긍정과 격려가 있었기에 나는 계속해서 책을 쓸 원동력을 얻었다.

특별히 한 사람에게 감사의 말을 전하고 싶다. 중국 출판계에서 사귄 친구 장하이타오다. 그는 내게 책을 쓸 기회를 열어주었다. 장하이타오는 풍부한 출판 경험과 뜨거운 열정, 전문성, 세심함으로 내게 올바른 방향을 알려준 사람이다. 내가 『미국을 향한 여정』과 『하버드 6가지 성공습관』까지 2권의 책을 순조롭게 출간한 데는 그의 도움이 절대적이었다.

또한 중국대백과전서출판사 사장 류궈후이, 서기 류샤오둥, 총편집장 보조이자 소년아동백과전서분사 사장 류진솽, 사장보조 겸 영업부 주임인 천이왕, 총편집실 주임 후춘링, 교육분사 사장 천광, 보급분사 사장 렌수샤, 보급분사 총편집장 리원, 이 책의 책임편집자 류자, 책임교정자 량시, 출판인 무윈우와 타오펑 등 여러분께도 감사한다. 기획부터 내용 편집, 제작, 홍보 등에서 이들의 많은 도움을 받았다.

지난 2년간 나는 연이어 『미국을 향한 여정』과 『하버드 6가지 성공습관』을 출간했다. 그 과정에서 새로운 친구를 많이 사귀었고 옛 친구와 더 깊은 우정을 나누었다. 그들이 내게 보여준 관심과 도움은 감동적이었다. 여기서 감사인사를 전한다.

감사할 분이 아직 많지만 지면 관계상 이만 줄이는 점을 양해해 주기 바란다.

많은 분의 도움과 응원에 힘입어 내 책이 세상에 나올 수 있었다. 나는 이 책을 읽고 더 많은 사람이 한계를 깨고 성장하길 희망한다. 내 관점, 생각, 이야기를 책으로 써서 공유하는 것은 그런 이유 때문이다. 다시 한 번 모든 분께 감사를 전한다.

하버드 6가지 성공습관

1판 1쇄 발행 2021년 1월 15일

지은이 황정위
옮긴이 강초아
펴낸이 이재두
펴낸곳 사람과나무사이
등록번호 2014년 9월 23일(제2014-000177호)
주소 경기도 고양시 일산서구 강선로 142, 1701동 302호
전화 (031)815-7176 팩스 (031)601-6181
이메일 saram_namu@naver.com
디자인 유경희

ISBN 979-11-88635-38-2 03190